Yogi Bhajan, Gurucharan Singh Khalsa

BreathWalk® – das neue Yoga-Walking

Yogi Bhajan
Gurucharan Singh Khalsa

BreathWalk® – das neue Yoga-Walking

VAK

VAK Verlags GmbH
Kirchzarten bei Freiburg

Titel der englischen Originalausgabe:
Breathwalk®. Breathing your way to a revitalized body, mind and spirit

Erschienen bei: Broadway Books, a division of Random House, New York
ISBN 0-7679-0493-1
Die deutsche Ausgabe erscheint mit freundlicher Genehmigung von
The Doubleday Broadway Publishing Group, a division of Random House, Inc.

Bibliografische Information der Deutschen Bibliothek
Die Deutsche Bibliothek verzeichnet diese Publikation in der Deutschen Nationalbibliografie; detaillierte bibliografische Daten sind im Internet über http://dnb.ddb.de abrufbar.

VAK Verlags GmbH
Eschbachstraße 5
79199 Kirchzarten
Deutschland
www.vakverlag.de

2. Auflage: 2007

Übersetzung: Isabella Kowatsch, Elisabeth Lippmann, Swami Deva Kila
Fotos: Elke Hennemann, Annette Wulff
Lektorat: Norbert Gehlen
Umschlagfoto: Elke Hennemann
Umschlaggestaltung: Hugo Waschkowski, Freiburg
Satz und Druck: Himmer AG, Augsburg
Printed in Germany
ISBN: 978-3-935767-95-8

Inhalt

Vorbemerkung des Verlags

Dieses Buch dient der Information über eine Möglichkeit der Gesundheitsvorsorge und Selbsthilfe. Wer sie anwendet, tut dies in eigener Verantwortung. Autoren und Verlag beabsichtigen nicht, Diagnosen zu stellen und Therapieempfehlungen zu geben. Die Informationen in diesem Buch sind nicht als Ersatz für professionelle Behandlung bei körperlichen oder psychischen Problemen zu verstehen.

Widmung

Dieses Buch ist all jenen gewidmet, die ihrem Leben und dem Leben anderer neue Vitalität und Inspiration „einhauchen“ möchten.
Es ist auch Guru Ram Das gewidmet und allen Lehrern, die diese Methode mit entwickelt haben, die uns dabei hilft, ein außergewöhnliches und „schwungvolles“ Leben zu führen.

Vorwort

Jedem, der eine einfache Methode sucht, um sein Leben zu verbessern, möchte ich *Breathwalk®* wärmstens empfehlen. Dieses Buch zeigt Ihnen buchstäblich einen „Weg", sich selbst zu helfen. Jeder von uns *geht* und *atmet*. Bei Breathwalk® kommt hinzu, dass man seine Aufmerksamkeit konzentriert, rhythmisch atmet und Klänge einsetzt. Dies löst eine Entspannungsreaktion aus, die unser kognitives und unser physiologisches Potenzial direkt anspricht. Breathwalk® ist eine Methode, mit der Sie gleichzeitig etwas für Ihren Körper und Ihre Stimmung tun. Er aktiviert Ihre inneren Selbstheilungskräfte. Ich habe den Heilungsprozess und die wissenschaftlichen Grundlagen für erfahrungsgemäß wirksame Techniken wie Meditation mehr als dreißig Jahre lang erforscht. Ich bin überzeugt davon, dass jeder von uns sie anwenden kann. Wir alle können einfache Entscheidungen treffen, um ein besseres und erfüllteres Leben zu führen.

Bei meiner Forschungstätigkeit habe ich festgestellt, dass eine rhythmische Übung, die man mit konzentrierter Aufmerksamkeit ausführt (wie beim Breathwalk®), eine Entspannungsreaktion auslöst. Außerdem ist es diese spezielle *Kombination* – nicht nur die Übungen oder das Gehen *allein* –, die Ihre Stimmung hebt und Ihre Selbstheilungskräfte aktiviert.

Breathwalk®, wie er hier von Yogi Bhajan und Gurucharan Khalsa vorgestellt wird, umfasst fünf Schritte. Mit den ersten beiden, Aufwecken und Ausrichten, lenken Sie Ihre Aufmerksamkeit auf Ihren Körper und auf das Gehen. Der dritte Schritt verbindet Intervalle rhythmischen Gehens mit kontrollierter Atmung und geistiger Konzentration. Das ist eine klassische Methode, um die Entspannungsreaktion auszulösen. Es ist auch eine grundlegende Methode, um Ihren Geist für die kognitive Umstrukturierung zu öffnen, die bei wirklichen Heilungsprozessen stattfindet. Das, was in diesem Buch mit dem Begriff „Urklänge" bezeichnet wird – eine einfache Klangskala beim Gehen –, hilft Ihnen, das ständige „Geschnatter" in Ihrem Kopf abzustellen. Im vierten Schritt, Balancieren, kann es sein, dass Ihr Geist ganz still wird, sodass Sie für neue emotionale Reaktionen offen sind. Wie die Autoren erläutern, können Sie beim fünften Schritt, dem „Innerwalk", Ihren Geist lenken, sich merken, wie Sie zu Wohlbefinden gelangen, und jegliche inneren Konflikte minimieren. Diese Sequenz ist eine ausgezeichnete Übung für Körper und Geist, die Ihnen die Fähigkeit verleiht, Wohlbefinden zu erleben und es aus Ihrer Erinnerung wieder wachzurufen.

Wir leben in einer Zeit, in der uralte Techniken wie Gehen und Meditieren neu erforscht und mit modernen wissenschaftlichen Methoden überprüft werden. Und wir müssen noch viel darüber lernen, was körperliche Betätigung und Meditation für unsere Gesundheit, unser emotionales Gleichgewicht und unsere geistige Klarheit tun können. Mit ihrem Buch leisten Yogi Bhajan und Gurucharan Khalsa einen wertvollen Beitrag zu diesem fortdauernden Forschungsprozess.

Dr. Herbert Benson

(Dr. H. Benson ist Gründer und Leiter des *Mind/Body Medical Institute*, außerordentlicher Professor für Medizin an der *Harvard Medical School* und Autor des Buches *Heilung durch Glauben. Selbstheilung in der neuen Medizin* [München 1998] und vieler anderer Bücher.)

Einführung

Jeder von uns verfügt über die Vitalität, die wir brauchen, um ein gesundes und glückliches Leben zu führen. Vitalität entsteht dadurch, dass Körper, Geist und Seele gut zusammenarbeiten. Wenn wir diese Vitalität spüren, fühlen wir uns lebendig. Wir sind zuversichtlich, dass wir unser Leben meistern, unsere Ziele erreichen und mit unserem spirituellen Selbst verbunden sind. Wir haben Anspruch auf diese Vitalität, die unseren Körper, unseren Geist und unsere Seele durchdringt. In diesem Buch lernen Sie eine wirksame und angenehme Methode kennen, Ihr Leben mit Vitalität zu erfüllen: *Breathwalk*®.

Den meisten von uns kommt diese Vitalität hin und wieder abhanden. Die Zeit, in der wir leben, ist hektisch, stressig und aufreibend, sodass es uns schwer fällt, im Gleichgewicht zu bleiben. Durch die elektronischen Informationsnetzwerke sind wir einerseits mehr miteinander verbunden, andererseits werden wir mit Informationen überflutet und sehnen uns nach mehr menschlichen, herzlichen Kontakten. Ständig wird uns Zeit und Energie abverlangt, was zu inneren Konflikten führen kann, die wir wieder harmonisieren müssen, um ein erfülltes und vitales Leben führen zu können. Eigentlich brauchen wir alle eine Methode, die uns hilft, unsere Ziele und Werte nicht aus den Augen zu verlieren, damit wir die Gelegenheiten, die sich uns bieten, erkennen und ergreifen können.

Bei der Vitalität, die wir für ein erfülltes Leben brauchen, kommt es nicht einfach nur auf die Energie*menge* an. Bei Energie unterscheidet man durchaus zwischen Qualität und Quantität. Von Vitalität spricht man, wenn die Energie aller Teile unseres Wesens harmonisch zusammenwirkt und auf die Schritte, die wir unternehmen möchten, um unsere Ziele zu erreichen, abgestimmt ist. Das harmonische und synchrone Zusammenspiel aller Teile ist genauso wichtig wie die *Stärke* eines Teils, wenn nicht sogar wichtiger. Wenn ein einzelner Teil mit den anderen nicht im Einklang ist, geht es uns schlechter und wir „funktionieren" schlechter. Innere Konflikte fressen buchstäblich die Energie auf. Bei den Teilen, die sich im Konflikt befinden, kann es sich um physische Organe unseres Körpers handeln oder um Teilpersönlichkeiten unserer Psyche – zum Beispiel: Ein Teil will ein Risiko eingehen, während ein anderer auf

Sicherheit bedacht ist. Konflikte können zwischen allen Teilen unseres Körpers, unseres Geistes und unserer Seele entstehen.

Unsere Vitalität nimmt zu, wenn diese inneren Konflikte reduziert werden und die vielen Teile synchron zusammenwirken können. Das ist Energie von höchster Qualität. Sie stützt uns und lässt uns nicht im Stich. Sie gibt uns das Gefühl, die Kontrolle darüber zu haben, wie wir unsere Energie physisch, geistig und emotional zum Ausdruck bringen. Echte Vitalität berührt unsere Seele und steigert unsere Bewusstheit. Sie ist ein Hauptfaktor für hohe Lebensqualität.

Wie können wir unsere Vitalität nutzen?

Es gibt drei Dinge, die unsere Vitalität freisetzen, sodass wir sie nutzen können: Atmung, Gehen und Aufmerksamkeit. Alle drei zusammen ergeben *Breathwalk*® – die Kunst, bewusste Atmung und Gehen zu eleganten und wirksamen Mustern für ein gesundes, glückliches und erfülltes Leben zu kombinieren. Wenn Sie lernen, bewusst zu atmen und zu gehen, können Sie Ihre Stimmung aufhellen, Ihr Energieniveau steuern und Ihre Gedanken lenken, so wie Sie es brauchen. Das, was um Sie herum geschieht, hat nicht mehr die Macht, Sie auszulaugen, Ihnen die Laune zu verderben oder Sie abzulenken. Sie können einfach in sich ruhen und sich erholen oder Ihre Kräfte mobilisieren, um ein Ziel zu erreichen.

Da unsere Vitalität auf unser gesamtes Wesen und nicht nur auf einen einzelnen Teil zurückzuführen ist, können wir sie am besten durch gemäßigtes, systematisches Trainieren steigern, das bis zu einem gewissen Grad alle Teile unseres Körpers und Geistes einbezieht. Das ist wie beim Anstoßen einer Schaukel: Durch einen unerwarteten, *heftigen* Stoß kann derjenige, der darauf sitzt, herunterfallen. Mit einem *sanften* Stoß im richtigen Augenblick, wenn die Schaukel zurückschwingt und ihren höchsten Punkt erreicht, schwingt sie *gleichmäßig* immer höher. Genau auf diese Weise steigert Breathwalk Ihre innere Vitalität, da Sie damit nach und nach alle Teile Ihres Körpers, Ihres Geistes und Ihrer Seele ansprechen.

Was ist Breathwalk®?

Breathwalk ist eine Kombination aus bestimmten Atemmustern (die auf Ihre Schritte beim Gehen abgestimmt sind) und gezielter, meditativer Aufmerksamkeit. Breathwalk ist einfach, natürlich und wirksam. Sobald Sie wissen, wie Sie ein Atemmuster wählen und beim Gehen anwenden, haben Sie den Schlüssel zu körperlicher und geistiger Fitness.

Für die meisten von uns sind ein klarer Kopf und gute Laune genauso wichtig wie körperliche Gesundheit und Energie. All dies ist notwendig, damit wir ausgeglichen sind. Wenn das Zusammenspiel von Bewusstsein, Stimmung und Energie gut funktioniert, dann ist unsere Seele offen für das Wunder des Lebens.

Vielleicht kommt Ihnen Breathwalk irgendwie vertraut vor, obwohl Sie noch nie damit zu tun hatten. Das kommt daher, dass er viele Elemente vereint, die Sie eventuell aus anderen Disziplinen kennen. Sich auf die Atmung zu konzentrieren und bewusst zu atmen, um einen bestimmten Zustand zu erreichen, ist etwas, was mittlerweile weit verbreitet und anerkannt ist. Viele Übungsprogramme zur „natürlichen Geburt", wie etwa das von Lamaze, arbeiten mit Atmung und konzentrierter Aufmerksamkeit, um Schmerzen zu kontrollieren und tiefe Entspannung herbeizuführen. Die außergewöhnliche Stärke und Beweglichkeit, die man durch Kampfsportarten wie Karate, Judo, Win Chung, Tai Chi und Qi Gong erreicht, ist auf gezielte Atmung zurückzuführen. Bei vielen Sportarten, angefangen von Golf über Gewichtheben bis Laufen, hat man entdeckt, dass Spitzensportler sich durch kontrollierte Atmung und Meditation verbessern können.

Die bewusste Atmung wird auch in vielen Therapien und Methoden für persönliches Wachstum und Transformation als wirksame Technik angewendet. Vielleicht kennen Sie einige der Atemtechniken aus dem Rebirthing, dem Holotropen Atmen nach Grof, der Psychoenergetik, der Körperarbeit nach Wilhelm Reich oder einer ähnlichen Methode. Am Arbeitsplatz hilft die entweder direkt oder indirekt mit Musik und den dadurch ausgelösten Gefühlen kontrollierte Atmung dabei, die Auswirkungen von Stress zu reduzieren. In vielen Krankenhäusern lehrt man diese Methode zur Stressreduktion, Rehabilitation und Suchtentwöhnung.

Das Meditieren ist sehr populär geworden. Eine der Haupttechniken dabei ist es, auf die Atmung zu achten, sodass andere Gedanken nicht Ihr Bewusstsein beherrschen. Buddhistische Lehrer haben diese Technik in den letzten Jahrzehnten an Millionen von Menschen im Westen vermittelt. Auch bei den medizinischen Anwendungsformen der Meditation, wie etwa bei der Entspannungsreaktion nach Dr. Herbert Benson, die in den Vereinigten Staaten in vielen medizinischen Zentren und Gesundheitsprogrammen angewendet werden, geht es um Achtsamkeit. Viele Universitäten haben irgendeine Form von Meditation auf ihrem Lehrplan und die meisten Gesundheits- und Wellnesszentren bieten ebenfalls Meditationskurse an.

Es könnte auch sein, dass Sie im *spirituellen* Bereich Teile des Breathwalks erlebt oder davon gehört haben. Viele Lehren verwenden das Gehen als Meditation, um den Geist zu beruhigen, sich mit der Natur zu verbinden und um die inneren Heilkräfte zu aktivieren. Obwohl Gehen und Breathwalk nichts mit Religion zu tun haben und keiner bestimmten Kultur zuzuordnen sind, sind sie doch stark in spirituellen Traditionen verwurzelt.

Breathwalk kombiniert bewusstes Atmen, Gehen und Meditieren in einer einfachen Übung, die jeder durchführen kann. Diese Elemente zu *kombinieren*, macht sie noch wirkungsvoller. Menschen, die Breathwalk praktizieren, berichten, dass ihnen dadurch auch andere Trainings- oder Meditationsprogramme leichter fallen. Breathwalk dient also *gleichzeitig* der körperlichen Ertüchtigung, dem persönlichen Wachstum, der Meditation, der Stressbewältigung und der geistigen Klarheit.

Die richtige Atmung ist der Schlüssel

Die Atmung ist der Schlüssel dazu, Ihre Vitalität aufzubauen und zu nutzen. Jede Zelle und jeder Teil Ihres Körpers hat einen Bezug zu den subtilen Bewegungen eines Atemzugs. Rhythmus und Struktur Ihres Atems beinhalten eine verschlüsselte energetische Sprache, die Ihr Nervensystem, Ihre Drüsen und Ihr Geist verstehen. Breathwalk mit seinen einfachen Atemmustern und seinen Bewegungen spricht diese Sprache. Sie können damit die Aufmerksamkeit Ihres gesamten Organismus erregen,

Ihre Energie und Achtsamkeit verändern und die einzelnen Teile dazu bringen, dass sie zusammenarbeiten.

Die Wissenschaft hat belegt, dass Sie mit der richtigen Atmung Ihre Stimmung aufhellen, sich entspannen, sich gegen die vielen Auswirkungen von Stress abschirmen, Schmerzen kontrollieren und eine ganze Reihe von Symptomen (von Kopfschmerzen bis Verdauungsstörungen) lindern können. Nach jahrzehntelangen Forschungen und einer erschöpfenden Prüfung der Literatur kam Dr. Robert Fried 1993 in seinem Werk *The Psychology and Physiology of Breathing* zu dem Schluss, dass die meisten Ärzte und Psychiater die normale Atmung übersehen oder unterschätzen. Seine Studien ergaben, dass anomale Atemmuster, flache Atmung oder Hyperventilation bei 50 bis 70 Prozent der medizinischen Beschwerden eine Komplikation oder einen auslösenden Faktor darstellen. Indem er Menschen darin schulte, richtig zu atmen, konnte er etwa emotionale Probleme, Kreislaufstörungen und eine Reihe anderer Beschwerden lindern.

Dr. Andrew Weil, ein Verfechter der Selbstheilung und der rationalen Anwendung der Medizin, findet auch, die richtige Atmung sei ausschlaggebend für gute Gesundheit und geistiges Gleichgewicht. In seinem Bestseller *Heilung aus eigener Kraft* (München 2001, S. 189 und S. 287) sagt A. Weil: „Die Atmung ist vielleicht die wichtigste Funktion des Körpers, da sie Einfluß auf alle anderen hat. Eine eingeschränkte Atmung kann das Ergebnis zurückliegender Traumata, physischer wie psychischer, sein. Den meisten von uns ist nie beigebracht worden, wie man richtig atmet und das Atmen zur Harmonisierung von Psyche und Körper nutzen kann. ... Wenn der Atem die Bewegung des Geistes im Körper ist – ein zentrales Mysterium, das uns mit der ganzen Schöpfung verbindet –, so ist die Arbeit mit dem Atmen eine Form der spirituellen Übung. Und sie hat weitreichende Folgen für unsere Gesundheit und unser Heilungssystem, denn wie wir atmen, reflektiert zum einen und beeinflußt zum anderen den Zustand unseres Nervensystems. Sie können lernen, über den Atemrhythmus und die Tiefe des Atmens die Herzfrequenz, den Blutdruck, den Kreislauf und die Verdauung zu regulieren."

Bei Breathwalk erlernen Sie die richtige Atmung, damit Sie all diese positiven gesundheitlichen Auswirkungen erreichen können. Und das ist noch nicht alles. Die speziellen Atemtechniken und -muster helfen Ihnen dabei, Ihre Emotionen zu beherrschen, Ihr Energieniveau und Ihre

Gedanken zu kontrollieren, wirkungsvolle Heilungsprozesse auszulösen und Ihr persönliches Wachstum zu beschleunigen.

Zuerst kommt die *richtige* Atmung, dann die *bewusste* Atmung und schließlich die bewussten *Atemmuster*. In Kombination mit dem Gehen ergeben diese den Breathwalk, der Ihnen bei geringem Aufwand großen Nutzen bringen wird. Er kann bei vielen Symptomen und Problemen helfen. Wir haben von Ausübenden immer wieder gehört, dass sie zumindest einen Teil der Veränderungen, die sie erleben, ihren Breathwalk-Programmen zuschreiben. Zwar beanspruchen wir nicht, Heilung im medizinischen Sinne zu erreichen, doch scheint Breathwalk in Verbindung mit einem auch anderweitig gesunden Lebensstil heilsame Wirkungen zu haben. Die meisten Menschen, die von solchen Auswirkungen berichten, haben ihren Lebensstil auch auf andere Weise verändert. Sie achten beispielsweise mehr auf eine gesunde Ernährung, nehmen pflanzliche Nahrungsergänzungsmittel zu sich und lassen sich medizinisch beraten oder alternativ behandeln. Breathwalk kann (nach solchen Erfahrungsberichten) dazu beitragen, eine Reihe von Beschwerden zu lindern:

Angst	*Fettleibigkeit*	*Reisekrankheit*
Antriebslosigkeit	*Immunschwäche*	*Rückenschmerzen*
Bluthochdruck	*Impulsivität*	*Stimmungsschwankungen*
Depressionen	*Kreislaufschwäche*	*Stress*
Emotionale Traumatisierung	*Müdigkeit*	*Suchtverhalten*
	Potenzminderung	*Überforderungsgefühl*

Aufgrund der Genauigkeit und Vielfalt der Atem- und Aufweckübungen des Breathwalks können wir mit seinen verschiedenen Übungsprogrammen eine ganze Reihe alltäglicher Beschwerden ansprechen und sogar vermeiden. Abgesehen davon, dass Sie solche „Symptome“ lindern können, bringt Ihnen die Vitalität, die Sie mit Breathwalk aufbauen, vierfachen Gewinn: Sie beeinflussen damit Ihr Energieniveau, Ihre Stimmung, erlangen geistige Klarheit und empfinden ein Gefühl der Verbundenheit. Wenn Sie im Laufe der Übungen diese Wirkungen nach und nach zu spüren beginnen, verliert sich das Selbst und Sie empfinden stärker, dass Sie Teil von etwas Größerem sind.

Die Welt hat sich verändert und wird sich noch weiter ändern. Alles ist schneller geworden, mehr miteinander verbunden und immer komplexer. Faxe, Handys, E-Mails, Fernsehen und Internet bombardieren uns jeden Tag mit Informationen und Nachrichten und konkurrieren um unsere Aufmerksamkeit. Das Informationszeitalter bietet uns unglaubliche Annehmlichkeiten, strapaziert aber auch unser Nervensystem und unsere Bewusstheit. Damit wir unter dieser Informationsflut, die wir selbst erschaffen, gesund überleben können, müssen wir imstande sein, schnell und einfach umzuschalten. Wir müssen inmitten der Aktivität zur Ruhe kommen. Wir müssen uns motivieren und zentrieren können, wenn unsere Aufmerksamkeit in alle Richtungen zerstreut ist. Wir müssen darauf vertrauen können, dass wir unser Energieniveau anpassen, unsere Gedanken konzentrieren und unsere Stimmungen kontrollieren können, um für Beziehungen und Zusammenarbeit offen zu sein. Das sind die Fähigkeiten, die wir brauchen, um glücklich und gesund zu leben. Breathwalk ist eine wirksame Methode, um diese Fähigkeiten zu erwerben und weiterzuentwickeln.

Die vier Nutzeffekte von Breathwalk®

Die vier wesentlichen Nutzeffekte des Breathwalks – höheres Energieniveau, Stabilisieren Ihrer Stimmung, geistige Klarheit und Gefühl der Verbundenheit – waren schon immer wichtige Elemente in Bezug auf persönliche Entwicklung und Wachstum. Da uns eine Zukunft bevorsteht, die anders ist als alles, was wir bisher kannten, werden sie noch wichtiger. Wenn Sie auf diese Ressourcen zurückgreifen können, dann haben Sie den Schlüssel zu Vitalität, geistiger und emotionaler Flexibilität und persönlichem Gleichgewicht, mit denen Sie die Herausforderungen in Beruf und Privatleben meistern können.

Es erstaunt Sie vielleicht, dass etwas so „Altes“ wie Gehen und Atmen sich in unserer heutigen Zeit als *der* Schlüssel zu Ausgeglichenheit und Vitalität herauskristallisiert. Egal wie neu und futuristisch unsere technischen Entwicklungen auch sein mögen, sie müssen dennoch mit unserem

Nervensystem und unserem Geist interagieren, die auf vorsintflutliche Zeiten zurückgehen. Wir müssen lernen, Körper und Geist zu „regulieren“, damit wir den Anforderungen des Informationszeitalters gewachsen sind. Zum Glück gehören unser Nerven- und unser Drüsensystem, auch wenn sie schon alt sind, zu den ausgefeiltesten, sensibelsten und anpassungsfähigsten Schöpfungen im Universum. Wenn wir wissen, wie wir ihr Potenzial anzapfen können, werden wir gesund und glücklich bleiben.

Die technischen und gesellschaftlichen Veränderungen, die so schnell stattfinden, erfordern, dass wir aufwachen und bewusst agieren. Die Antwort auf die Herausforderungen des Informationszeitalters ist die Einleitung eines Zeitalters der Bewusstheit, in dem jeder von uns die Möglichkeit hat, seinen persönlichen Geistes- und Energiezustand zu steuern. Dann können wir innerlich und äußerlich im Gleichgewicht bleiben. Wir können intelligent und weise handeln. Breathwalk vereint uralte Weisheit und moderne Wissenschaft und hilft uns, unsere Vitalität zu steigern und jeden Tag zu genießen.

Energie

Mit Energie schaffen wir alles, *ohne* sie wird aus dem kleinsten Hügel ein riesiger Berg. Wir beginnen und beenden unser Leben sozusagen als Energie. Denken Sie an die Entstehung des Universums: Plötzlich war da Licht, der Urknall, der mit einer wilden Explosion Energie, Elemente und potenzielles Bewusstsein erschuf. Wir alle tragen noch die „Samen“ dieser ursprünglichen Lichtenergie und aller Elemente in uns. Alles Wesentliche, was wir tun, hängt noch immer von unserer Fähigkeit ab, Energie anzuzapfen und zu lenken. Chemische Energie sorgt für unseren Stoffwechsel und mechanische Energie für Bewegung. Elektrische Energie verbindet alle unsere Zellen und lässt uns über unser Nervensystem das Wunder der Wahrnehmung und Bewusstheit zuteilwerden. Und in sehr subtiler Form strahlen wir Licht und Energie als Aura aus, die von unserer Seele ausgeht. Jeder Tag ist ein Erfolg, wenn wir genügend Energie erzeugen, um agieren und „strahlen“ zu können. Breathwalk ist eine der besten Methoden, die wir kennen, um Energie zu erzeugen. Wenn Sie Ihre Energie absenken wollen, um sich zu entspannen, oder erhöhen, um etwas Besonderes zu leisten, dann machen Sie einen Breathwalk!

Stimmung

Unsere Stimmungen sind wichtige Faktoren, denn sie bilden den Hintergrund, die Leinwand, auf der unsere Gedanken die Erfahrungen unseres Lebens gestalten. Unsere Stimmung beeinflusst, auf welche Erinnerungen wir zurückgreifen, auf welche Gedanken wir uns einstimmen und wie wir unser Energieniveau einsetzen. Stimmung, Gedanken und Energie wirken in jedem von uns auf komplexe Weise zusammen.

Am Leben zu sein bedeutet, bestimmten Rhythmen und emotionalen Hochs und Tiefs zu unterliegen. Wir können nicht immer in Hochstimmung sein, sozusagen in der emotionalen Stratosphäre leben. Wir können leichte Stimmungstiefs akzeptieren und vielleicht sogar schätzen. Sie verleihen unseren Gefühlen mehr Tiefe und wir bringen anderen Menschen mehr Mitgefühl entgegen.

Wenn unsere Stimmung „festgefahren" ist und zu dem, was wir tun oder ausdrücken möchten, nicht passt, dann haben wir ein Problem. Stimmungen sind so etwas wie emotionale Grundzustände, eine „automatische" emotionale Basis. In früheren Zeiten, als sich alles *langsam* veränderte, hat das wunderbar funktioniert. Jetzt leben wir in einer Zeit, die weit mehr emotionale Flexibilität erfordert. Wir bleiben häufiger stecken, wenn wir nicht etwas tun, um uns bewusst zu ändern.

Das Ergebnis ist beunruhigend. Depressionen haben im 20. Jahrhundert um das Zwanzigfache zugenommen. Trotz aller neuen Medikamente leiden wir insgesamt immer mehr an Gemütskrankheiten wie Angst, Depression, Hyperaktivität und Müdigkeit. Wir brauchen Methoden, mit denen wir unsere Stimmungen beeinflussen und an unsere Absichten anpassen können. Stimmungen lassen sich verändern, von ihrem negativen in ihren positiven Zustand umwandeln, so wie ein Fotograf aus einem Negativ ein Foto macht.

Wir haben festgestellt, dass bestimmte Breathwalk-Muster die Stimmungen auf bestimmte Weise verändern können: von ängstlich zu gelassen; von deprimiert zu hoffnungsvoll und von besorgt zu zuversichtlich. Diese Veränderungen sind auf die Wechselwirkung zwischen der jeweiligen Übung und der komplexen Neurochemie des Körpers zurückzuführen. Die richtige körperliche Bewegung, abgestimmt auf die Atmung und kombiniert mit bestimmten Klängen (um die negativen inneren Selbstgespräche zu unterbinden) – das verändert die Stimmung nachhaltig.

Mit den vielfältigen Breathwalk-Übungen, die dieses Buch bietet, können Sie ihre alltäglichen Stimmungsschwankungen in den Griff bekommen und viele Formen leichter Depression lindern.

Geistige Klarheit

Ist Ihnen schon einmal aufgefallen, dass Sie nicht mehr klar denken können, wenn Ihr Energieniveau sinkt? Energetisieren Sie Ihr Nervensystem – und Ihre geistige Klarheit nimmt zu. Bei den Auswirkungen von Breathwalk auf geistige Klarheit und Konzentration geht es einzig und allein um Energie. Überkommen Sie manchmal gegensätzliche Gedanken und Wünsche? Diese widersprüchlichen Gedanken können Sie davon abhalten, sich richtig zu konzentrieren. Sie wissen nicht mehr, was wirklich wichtig ist, und kommen von Ihrem Weg ab. Wir alle kennen solche Augenblicke der Zerstreutheit, aber wir können beschließen, von zerstreut auf zentriert umzuschalten und zu „Dirigenten" unserer Gedanken zu werden. Bestimmte Muster aus Rhythmus, Bewegung und Gedanken, die in Breathwalk integriert sind, helfen Ihnen dabei, Ihren eigenen Geist beherrschen zu lernen. Manche Menschen, die Breathwalk praktizieren, beschreiben die Veränderung in ihrem Geist so, als würden sie aus dem Nebel heraustreten und den blauen Himmel sehen. Andere sagen, es sei so, als würde man von einer schwarz-weißen auf eine farbige Darstellung umschalten oder von einem flachen, zweidimensionalen Bild auf ein dreidimensionales.

Verbundenheit

Dieser Nutzeffekt wird zunehmend wichtig, wenn wir ausgeglichen und erfolgreich sein wollen. Wenn wir unter Druck stehen, ist es natürlich, dass wir uns zurückziehen. Wir weichen zurück, verstecken uns und schränken unsere Kontakte zu anderen ein. Wenn wir uns körperlich und geistig gesund fühlen, verhalten wir uns anders. Wir bleiben offen und fühlen uns groß und mit den Menschen, dem Leben, der Natur und mit uns selbst verbunden.

Wenn Sie mit Breathwalk Vitalität in Ihren Körper, Ihren Geist und Ihre Seele „einatmen", öffnet das Ihre Sinne und setzt Ihre Gefühle frei. Sie spüren sowohl das größere Ganze, von dem Sie ein Teil sind, als auch den Teil, der Sie ausmacht. Die Natur und der Fluss Ihres Lebens erscheinen logisch geordnet. Sie spüren, dass alle Dinge miteinander verbunden sind, und können besser entscheiden, wie Sie von einem Punkt zum nächsten gelangen. Sie spüren auf ganz natürliche Weise Ihr spirituelles Selbst. Sie wissen, dass Sie nicht allein sind – Sie wissen, dass Sie mit allem und jedem verbunden sind.

Breathwalk kann Ihr Gefühl der Verbundenheit in Beziehungen, auch in intimen Beziehungen, steigern. Er verändert Ihre Energie und Ihre Stimmung, ist aber auch von Natur aus eine Beziehungsübung. Sie können ihn mit einem Partner machen. Sie und Ihr Partner können sich im selben Muster bewegen. Sie können ihren vorherigen, starren Zustand hinter sich lassen und Ihre Gefühle bei jedem Atemzug mit neuer Energie versorgen. Sie können abwechselnd einen Spaziergang machen, bei dem Sie sich unterhalten, und dann einen Breathwalk, der Ihr Herz und Ihren Geist öffnet. Am Ende des Breathwalks ist die Kluft zwischen *Ihrem* Herzen (und Geist) und dem Ihres Partners geringer. Sie sind stärker verbunden und es wird Ihnen leichter fallen zu kommunizieren.

Der spirituelle Gewinn von Breathwalk®

Wir sagen den Leuten nie, dass sie einen Breathwalk als spirituelle Übung durchführen sollen. Spirituelle Erfahrungen ergeben sich aufgrund einer ganz persönlichen und intimen Motivation und passieren spontan. Viele Menschen berichten allerdings von tiefgehenden Veränderungen durch Breathwalking – sie berichten etwa, dass sie sich zum ersten Mal intensiv mit einer höheren Kraft oder Instanz (engl.: *spirit*) verbunden fühlen. Sie fühlen sich nicht mehr allein und spüren, dass die Menschen, die sie lieben, sozusagen ein Teil von ihnen sind. Sie spüren einander und können mühelos auf andere reagieren. Manchmal haben sie auch gleichzeitig dieselben Gedanken. Dieses Gefühl der Verbundenheit dehnt sich auch auf die Arbeit aus, auf alle Menschen, die sie treffen, und auf die Natur. Die höhere Kraft ist grenzenlos und ebenso unsere Verbindung zu ihr.

Die höhere Instanz ist in jedem von uns. Man spricht auf Tausende von Arten darüber. Sie erfordert keinen bestimmten Glauben, kann das Erleben unseres Glaubens verstärken. Wir müssen sie nur in unser Leben einbeziehen. Sie blüht und gedeiht, wenn wir sie einladen und ihr Wirken in uns und unserem Leben entdecken. Sie lässt sich nicht zwingen oder jagen und einfangen. Sie ist so spektakulär wie ein prächtiger Sonnenaufgang und so verborgen wie die Sterne am helllichten Tag. Die höhere Macht und die starke Vitalität, die sie uns verleiht, auszustrahlen, das erfordert Bewusstheit, Arglosigkeit und Integrität. Wenn wir diese Eigenschaften in uns vereinen, dann „funkeln" wir, bis diese höhere Instanz sich unserer annimmt.

Der meditative Zustand des Breathwalking, in dem Sie Ihren Atem bewusst fließen lassen, ist eine Möglichkeit, die höhere Kraft einzuladen. Das macht man seit Menschengedenken. Vielleicht ist der Atem so etwas wie die Eingangstür in ihr „Haus". Nur das sanfte Pulsieren unseres Atems erhält uns am Leben. Viele Traditionen meinen, die höhere Kraft komme im Körper durch den Atem zum Ausdruck. Wenn wir also gehen und bewusst atmen, laden wir sie ein und bieten ihr einen Platz an, um mit unserer Seele zu kommunizieren. Der „Herd" in einem solchen Haus ist Bewusstheit. Das Essen, das wir diesem unserem „Gast" anbieten, sind die erhabenen Worte, die von unserem strahlenden und zentrierten Verstand ausgehen.

Wir müssen uns unbedingt Zeit nehmen für diese höhere Macht. Sie ist kein Trick oder etwas, was unser Verstand befehligen kann. Sie taucht in unseren Zeiten der Klarheit ebenso auf wie in unseren Phasen tiefster Dunkelheit. Diese höhere Macht anzunehmen ist etwas, was in unserer modernen Gesellschaft vernachlässigt wird, aber nur dadurch erlangen wir das Gleichgewicht, das wir brauchen, um der globalisierten Welt vital und zuversichtlich zu begegnen.

Zum Beispiel Linda

Nehmen wir den Fall von Linda. Bei Linda wurde Krebs diagnostiziert (Non-Hodgkin-Lymphome). Es sah nicht gut für sie aus. Sie wendete bereits Methoden wie Meditation, Heilmassage und Breathwalk an, aber als wir Linda das erste Mal nach dieser Diagnose sahen, war sie voller Kummer. Wir unterhielten uns sehr lange. Dann machte sie einen ausgedehnten Breathwalk durch die umliegenden Wälder an einen wunderschönen Teich. Als sie zurückkam, strahlte sie. Sie erzählte uns, dass sie gegangen sei und geatmet habe und das Treiben der Vögel und anderer Tiere beobachtet habe. Dabei überkam sie ein unglaubliches Gefühl. Plötzlich spürte sie, dass dies die Chance war, ihr Leben zu ändern! Dies war der Augenblick, in dem sie sich dafür entscheiden konnte, sich selbst treu zu sein und ihren wahren Prioritäten zu folgen.

In der Woche darauf zeigte Linda mir ein Notizbuch, in dem sie alle bereits vorgenommenen Veränderungen aufgeschrieben hatte. Ich fragte sie, was sie empfinden würde, sollte die Behandlung fehlschlagen. Ihre Antwort war einfach: „Ob ich lebe oder sterbe, wenigstens bin ich aufgewacht und habe mich verändert.“ Linda hatte die Verbindung zu ihrer unbesiegbaren inneren Kraft und ihrer Vitalität hergestellt und inspirierte uns alle.

In seinem Buch *Die Seele lieben. Tiefe und Spiritualität im täglichen Leben* (München: 1995, S. 9 f.) sagte Thomas Moore zu der Frage, wie wichtig es ist, sich Zeit für die Seele zu nehmen, Folgendes: „Das große Übel des zwanzigsten Jahrhunderts, das in all unsere Schwierigkeiten hineinverwoben ist und jeden von uns – aber auch die Gesellschaft – betrifft, ist der ‚Seelenverlust'. Wenn die Seele mißachtet wird, verschwindet sie nicht einfach, sondern äußert sich symptomatisch in Zwangsvorstellungen, Süchten, Gewalt und Hoffnungslosigkeit. ... Es ist unmöglich, genau zu definieren, was Seele ist.“ Seine nachdenklichen Bemerkungen zeigen, dass der Geist (*spirit*) in vielen Formen auftritt, aber immer eine Kraft ist, die uns fester mit dem Leben und unserer Vitalität verbindet.

Wenn der Geist in uns erweckt wird, stellen wir fest, dass unser Körper neue Energie hat und unser Verstand bewusster ist. Der Geist fördert Eigenschaften in uns zutage, von denen wir gar nicht wussten, dass wir sie besitzen. Wenn wir uns dem Geist öffnen, erleben wir ihn als belebend und erfrischend wie einen sanften Regen. Der Körper wird empfänglicher für alles, was um uns herum geschieht. Das Leben wird interessanter, weil wir die Fähigkeit haben zu erkennen, was die Dinge bedeuten. Wir hören auf zu urteilen und beginnen zu dienen. Wir hören auf, Dinge rational erklären zu wollen, und handeln stattdessen.

Der Geist ist greifbar. Er ist nicht verborgen. Wir können ihn spüren und sehen. Er strahlt sogar ein Leuchten aus und verleiht unseren Schritten beim Gehen Leichtigkeit.

Wie wir das Breathwalk®-Programm entwickelten

Yogi Bhajan lernte ich, Gurucharan Singh Khalsa, 1969 bei einem Vortrag kennen, den er am *Claremont College* hielt. Er war ein Yogameister und spiritueller Lehrer, der kurz zuvor aus Indien in die USA gekommen war. Ich war Doktorand in Mathematik (in Amerika geboren). Es war eine Begegnung zwischen Ost und West – eine perfekte Kombination. Yogi Bhajan war gekommen, um seine uralten Weisheiten, die bisher nur mündlich in wohlbehüteten und geheimen Traditionen überliefert worden waren, mit uns zu teilen. Er legte dabei eine seltene Kombination aus persönlicher Tiefe, Intuition, praktischem Denken und Integrität an den Tag. Er war ein Yogi im wahrsten Sinne des Wortes. *Ich* war Wissenschaftler und wollte unbedingt alles lernen und erfahren, was er wusste, und dann im Lichte der Wissenschaft prüfen. Seit jener ersten Begegnung habe ich nicht aufgehört, von Yogi Bhajans Weisheit zu lernen. Während der letzten dreißig Jahre haben wir gemeinsam Hunderttausenden von Menschen vermittelt, wie man ein erfülltes Leben führen kann – gesund, glücklich und geistig fundiert.

Wir waren beide im sozialen Bereich tätig und arbeiteten zum Beispiel in Jugendzentren, in der Drogenrehabilitation und in Gefängnissen. Nachdem wir beide in Psychologie promoviert hatten, eröffnete jeder von uns separat eine Praxis für Beratung von Familien oder Einzelpersonen, um Menschen aus allen Lebensbereichen – egal ob Spitzenmanager, Sportler, Künstler oder spirituell Suchende – zu helfen.

Eines unserer gemeinsamen Ziele war es, jedermann die wirksamsten und praktischsten Techniken für persönliches Wachstum zur Verfügung zu stellen, die sich auf die Kombination alter Yogiweisheiten mit moderner Wissenschaft gründeten. Von Anfang an haben wir auf die positive Wirkung von Bewegung, Atmung und Meditation gesetzt. Wir haben praktische Programme entwickelt, die jeder anwenden kann, um sein Leben ein wenig zu verbessern. Breathwalk ist eines dieser Übungsprogramme. Wir haben es in vielen verschiedenen Bereichen angewendet: bei Süchtigen, damit sie von ihrer Sucht loskommen; bei Schülern und Studenten, um ihnen zu helfen, mit ihren Gefühlen umzugehen; bei Paaren, die ihre Beziehung stärken wollen, und in vielen anderen Situationen.

Die Menschen, denen wir den Breathwalk beibrachten, erzielten damit immer positive und oft erstaunliche Ergebnisse. Wir konnten die Auswirkungen des Breathwalk bald anhand solcher persönlichen Erfahrungen beschreiben. Wir verstanden die östliche Philosophie hinter den energetischen Veränderungen, die durch Atmung und Meditation ausgelöst werden, aber wir wollten die Auswirkungen auch im Kontext der modernen Wissenschaft verstehen. Um die Wirkung von Atmung, Gehen und Meditation „greifbar“zu machen, führten wir Umfragen über die Stimmung der Menschen durch, zeichneten physiologische Rhythmen auf und überwachten sogar das Gehirn mit PET-Scans und MRTs, um zu sehen, wie sich das Gehirn aufgrund dieser Atem- und Gehmuster verändert. Wir freuen uns, Ihnen die Ergebnisse dieser Forschungen in diesem Buch vorstellen zu können.

Die vielen Menschen, die uns erzählt haben, wie Breathwalk ihr Leben verändert hat, haben uns dazu inspiriert, dieses Buch zu schreiben. Eine dieser wahren Geschichten ist die von David, dem „Jazzman“.

Zum Beispiel David

David komponiert Jazzmusik und unterrichtet an der ***Berklee School of Music*** *in Boston. Vor einigen Jahren wurde seine Musik immer populärer und er war sowohl als erstklassiger Musiker wie auch als Lehrer gefragt – ein wahrer „Jazzman“. Er wurde von vielen Seiten zu Auftritten eingeladen, in den USA, in Europa, Südamerika und Afrika. Das Publikum lechzte nach seiner anregenden, spontanen Musik. Die sichere, vorhersehbare Welt seiner Unterrichtsräume entschwand und es ging ihm so, wie es vielen von uns ginge – er bekam Angst. Schweiß stand ihm auf der Stirn, sein Geist war aufgewühlt, sein Selbstvertrauen schwand.*

Wir hatten uns ein paar Jahre zuvor über seine Frau kennen gelernt, die einen Kurs bei uns besuchte. David war skeptisch, was das Meditieren betrifft, und konnte sich kaum vorstellen, dass Gehen ihm wirklich dabei helfen könne, mit so intensiven Gefühlen fertig zu werden. Nachdem seine Frau ihm gut zugeredet hatte, beschloss er, es könne ja nicht schaden, das mal auszuprobieren.

Gemeinsam erarbeiteten David und ich ein Breathwalk-Programm für seine Angst- und Panikattacken. Wir wählten auch Breathwalk-Programme, die seine Energie und seine persönliche Ausstrahlung – seine Bühnenpräsenz – stärkten. Er führte den Breathwalk regelmäßig durch. Seine anfängliche Skepsis verschwand innerhalb einer Woche. Dann hatte er viele Fragen und wollte alle Möglichkeiten kennen lernen, den Breathwalk anzuwenden. Es dauerte nur ein paar Monate, bis er seine Ängste überwunden hatte.

Wir gehen beide oft den ***Charles River*** *in Boston entlang, zwischen dem* ***MIT*** *und der* ***Berklee School of Music****. Unsere Wege kreuzten sich einmal an der Brücke der* ***Massachusetts Avenue****. Ich fragte ihn: „Trittst du heute Abend auf oder gehst du in ein Konzert von jemand anderem?“*

Er sagte: „Ich höre nur zu. Aber ich habe kein Problem mehr mit meinen Ängsten. Ich fühle mich stark wie ein Fels. Publikum, egal ob groß oder klein, macht mir nichts mehr aus. Dieser Breathwalk-Rhythmus und fünfzehn Minuten Gehen lösen alle Ängste im Ansatz auf. Jetzt drehen sich meine Gedanken nur um Jazz und nichts anderes, aber nicht auf zwanghafte Weise.

Ich habe mit dem Breathwalk begonnen, um mit meinen Ängsten fertig zu werden. Jetzt verwende ich ihn, wenn ich mehr Energie brauche oder wenn ich nach einem späten Auftritt nicht zur Ruhe komme und nicht schlafen kann. Als ich damit anfing, war ich bereit, alles auszuprobieren. Ich dachte, es wäre sehr mühsam, aber das war es nicht. Es war einfach und jetzt macht es Spaß, und ich denke nicht viel darüber nach – ich tue es einfach. Es ist wie ein guter Beat, der mich durch den Tag begleitet.“ Wir verabschiedeten uns mit einem Lächeln.

Viele ähnliche Geschichten wie diese sind Belege dafür, dass Breathwalk funktioniert. Aufgrund der vielen Kommentare haben wir die schon genannten vier wesentlichen Nutzeffekte des Breathwalk formuliert.

Dieses Buch ist für Menschen gedacht, die bisher kein Übungsprogramm machen, aber damit beginnen möchten. Es ist auch für jene geeignet, die bereits Bewegungs- oder Meditationsübungen ausführen, diese aber ausbauen möchten.

Unser Buch führt Sie Schritt für Schritt genauestens in den Breathwalk ein. Wir beginnen mit den Nutzeffekten, um Sie auf die Möglichkeiten aufmerksam zu machen und Sie zu motivieren, es auszuprobieren. Sobald Sie den Breathwalk ausprobiert haben, spricht die Erfahrung für sich selbst. Dann behandeln wir in zwei Kapiteln die Grundlagen der Atmung. Wir betrachten die normale, vollständige Atmung, dann die spezielle Atmung und Muster, die wir beim Breathwalk verwenden. In Kapitel 4 werden Sie in die Praxis eingeführt. Ein Breathwalk wird vom Anfang bis zum Ende beschrieben. Auf ein paar Seiten erfahren Sie, wie das Ganze funktioniert.

In den darauf folgenden fünf Kapiteln wird jeder der fünf Schritte des Breathwalk detailliert beschrieben: Aufwecken, Ausrichten, Vitalisieren, Balancieren und Integrieren. Wir gehen darauf ein, welche Idee hinter jedem Schritt steht. Im anschließenden Kapitel beschreiben wir, wie Sie Klänge einsetzen können. Dann besprechen wir die Ergebnisse unserer Forschungen in Bezug auf die Auswirkungen des Breathwalk. Abschließend geht es um die spirituelle und geschichtliche Seite und darum, wie Menschen das Gehen eingesetzt haben, um sich selbst und ihre Lebenserfahrungen besser zu verstehen. Der allerletzte Abschnitt des Buchs ist eine praktische Anleitung. Hier wird jedes Programm erklärt und wie Sie die Aufweckübungen und die Muster durchführen – alles, was Sie brauchen, um mit dem Üben zu beginnen und sich mit Breathwalk eine neue Welt zu erschließen.

Der Breathwalk®-Zeitbonus

Unsere Übungsprogramme sind so gestaltet, dass Sie sie auch in einen hektischen Alltag einbauen können, egal wie viel Sie zu tun haben. Sobald Sie mit Breathwalk zu üben beginnen, erhalten Sie sofort einen „Bonus“, einen Zeitbonus: Sie gewinnen die Zeit zurück, die Sie investieren! Für viele Leute ist das genauso wichtig wie die anderen Nutzeffekte; sie finden, die fehlende Zeit sei das größte Hindernis, um das zu tun, was sie vital und glücklich macht. Breathwalk ist eine Methode, mit der Sie die Zeit überlisten.

Einige der schwersten Entscheidungen, die wir in unserem modernen Leben treffen müssen, betreffen die Zeit: Wie viel davon können wir jeder der vielen Aktivitäten in unserem Leben zuteilen? Manchmal haben wir das Gefühl, wir könnten einfach nicht so viel Zeit aufbringen, wie ein regelmäßiges Training erfordert. Schließlich kann ein guter Breathwalk leicht eine halbe oder eine drei viertel Stunde dauern. Wenn Sie denken: „Das ist eine Menge Zeit. Ich weiß nicht, ob ich so viel Zeit erübrigen kann“, dann überlegen Sie einmal Folgendes: Wenn Sie sich die Zeit für einen Breathwalk nehmen, dann bekommen Sie diese Zeit im Laufe des Tages „zuzüglich Zinsen“ wieder zurück. Mit Breathwalk können Sie sozusagen *mehr Zeit schaffen.*

Wie das funktionieren soll? Wie können Sie mehr Zeit schaffen, indem Sie eine halbe bis eine Stunde pro Tag dem Breathwalk widmen? Die Erklärung ist ganz einfach. Sie *leben* nach der menschlichen, biologischen Zeit und nicht nach der mechanisch messbaren. Diese Art von Zeit ist ergiebiger als die messbare Zeit. Wir gewinnen mehr „menschliche Zeit“, wenn wir innerhalb der messbaren Zeit mehr erledigen. Wir können in einen Augenblick mehr Erfahrungen hineinpacken. Wir können mit unserer Intuition den Fluss der Dinge erspüren und mehr erreichen, weil wir mit den Ereignissen synchron sind. Durch Breathwalk sind Sie den ganzen Tag über konzentrierter und intuitiver. Sie erreichen ständig 80 bis 100 Prozent Ihrer Spitzenleistung, ohne zwischendurch auf 25 Prozent abzusinken.

Selbst ein kurzer Breathwalk – eine zehn- bis fünfzehnminütige Breathwalk-Übung bei der Arbeit – kann Sie wieder vital und leistungsfähig machen. Sie werden feststellen, dass Sie viel produktiver werden, egal, was Sie tun. Da Sie bei Ihrer Arbeit deutlich vitaler und aufmerksamer sind, werden Sie feststellen, dass Sie mehr nützliche Zeit gewinnen, als Sie zunächst in den Breathwalk investiert haben.

Neben diesem Zeitbonus gibt es noch einen weiteren Aspekt: Menschen, die regelmäßig Breathwalk betreiben, berichten von erhöhter „Synchronizität“ – von jenen glücklichen Zufällen, die Sie Ihrem Ziel näher bringen (so als würde Ihnen das Universum irgendwie helfen). Nennen Sie es Intuition oder „helfende Engel“, jedenfalls bringt es sie im Handumdrehen dorthin, wo Sie hin möchten. Breathwalk „stiehlt“ Ihnen also keine Zeit, die Sie für andere Aktivitäten brauchen. Er schafft Zeit für das, was in Ihrem Leben wichtig ist.

Jetzt, da Sie den Hintergrund dafür kennen, wie wir Breathwalk entwickelt haben, was er ist und welche Vorteile er bringt, können Sie damit anfangen. Der Breathwalk ist die Wissenschaft und Kunst, Atmung und Gehen bewusst zu kombinieren, um Ihren Körper, Ihren Geist und Ihre Seele zu beleben. Sie steigern damit Ihre Gesundheit, haben mehr Freude am Leben und können klarer denken. Wir hoffen, dass diese Einleitung Ihre Neugier und Ihr Interesse geweckt hat. Das ist erst der Anfang. Es ist eine wunderbare Reise, die wir beide gemacht haben und zu der wir Sie herzlich einladen.

Kapitel 1

Wozu Breathwalk® gut ist

In diesem Kapitel erläutern wir Ihnen die Nutzeffekte, die Sie mit Breathwalk erzielen können. Sie werden überrascht sein, wie viele Auswahlmöglichkeiten er Ihnen bietet. Schließlich ist Breathwalk nicht einfach nur körperliche Betätigung. Er ist körperliche Betätigung plus Meditation. Fügen Sie noch spezielle Atemmuster hinzu, so haben Sie die Zutaten, aus denen Sie Ihren ganz individuellen Breathwalk gestalten können.

Ein Breathwalk besteht aus fünf Schritten, die fließend ineinander übergehen. Diese Schritte sind: Aufwecken, Ausrichten, Vitalisieren, Balancieren und Integrieren. Breathwalking ist deshalb so vielfältig, weil Sie bei jedem Walk die verschiedenen Übungen, Atemmuster und Möglichkeiten, sich zu konzentrieren, beliebig kombinieren können. Auf die fünf Breathwalk-Schritte gehen wir in späteren Kapiteln näher ein – zunächst wollen wir die vier wesentlichen Nutzeffekte des Breathwalk-Programms im Detail besprechen.

Mehr Energie

Unser Energieniveau wirkt sich auf mannigfaltige Weise auf unser Leben aus. Es bestimmt, inwieweit wir wirkungsvoll agieren können. Es legt fest, wie intensiv wir uns ausdrücken können. Es bestimmt beispielsweise, wie wir sprechen – ob wir lebendig und überzeugend wirken. Ist unser Energieniveau optimal, dann sind wir wach und aufmerksam für das, was um uns herum geschieht. Wir stehen in einer Wechselbeziehung zu unserer Umwelt, die mit uns *verbunden* scheint. Energie erleben wir als Kraft und Vitalität – als körperliche und geistige Stärke, mit der wir jedes Problem in Angriff nehmen können.

Wir alle fühlen das Potenzial und die Kraft unserer Energie. Wir spüren unsere Reserven genauso wie unsere unmittelbare Energie und schätzen beides ab, um zu entscheiden, welche Herausforderungen wir annehmen und welche wir ablehnen. Eine unserer größten Quellen für Energiereserven ist unser spirituelles Selbst. Egal, ob wir uns dessen bewusst sind oder nicht: Wenn wir tief in uns gehen und uns an unser spirituelles Selbst wenden, gibt es uns Kraft, Mut, Stärke und Energie, um das zu bewältigen, was um uns herum passiert.

Wenngleich unser Energieniveau viele Ausdrucksformen kennt und auf entsprechende Quellen zurückgeht, entwickeln die meisten von uns feste Verhaltensmuster und beziehen ihre Energie von *ein paar bevorzugten*, aber ungesunden Quellen. Anstatt sich auf die *Gesamtheit* von Körper, Geist und Seele zu verlassen, greifen wir nach Sofortlösungen wie Essen, Drogen, emotionale Dramen oder Aufregung. Wir sind aber viel komplexer angelegt. Unsere Quellen sind weit vielfältiger. Wir müssen unser Energieniveau und seine Quellen auf ganzheitliche Weise betrachten, denn wie wir anschließend genauer erklären werden, *entziehen* uns Schnelllösungen wie Essen und Drogen mehr Energie, als sie liefern. Die Atmung hingegen ist eine Energiequelle, und zwar eine, die wir zu wenig nutzen. In unserer Muskulatur und in unseren Drüsen sind riesige Energiereserven verborgen, die wir nur anzapfen und nutzen müssen – indem wir unsere eigene Atmung meisterlich beherrschen.

Das Nervensystem kann tatsächlich Energie speichern und freisetzen. Jener Teil Ihres Nervensystems, den man das autonome Nervensystem nennt, kann entwickelt werden, so wie Sie einen Muskel trainieren und formen. Atmung, Bewegung und Ihre gesamte Einstellung wirken sich unmittelbar auf die in diesem System gespeicherte oder freigesetzte Energie aus. Ihre Emotionen und all die elektrischen und chemischen Prozesse, die sie verändern, sind Energiequellen. Bewusstheit ist ebenfalls eine große Energiequelle, denn Ihr Bewusstseinszustand verändert die Muster Ihrer Gehirnaktivität. Gute, gesunde Ernährung und bewusstes Essen sind eine weitere Quelle der Energie und Heilung. Im Idealfall schöpfen wir aus all diesen Quellen Vitalität und Lebenskraft. Dazu müssen wir unsere Gewohnheiten und Aktivitäten auf die Energiequellen ausrichten, die uns in der Gegenwart versorgen und für die Zukunft stärken.

Doch ohne Training und bewusste innere Einkehr nutzen die meisten von uns nicht alle diese Quellen. Wenn wir spüren, dass unsere Energie abnimmt, lassen wir unsere Suche nach *mehr* Energie von unbewussten Gewohnheiten und Notfallreflexen leiten. Wir greifen zum Nächstbesten, zu dem, was am wenigsten Aufmerksamkeit und Mühe erfordert. Da wir von Junk-Food und Sofortlösungen für alles umgeben sind, treffen wir oft eine schlechte Wahl, was dazu führt, dass wir Energie *verlieren* statt gewinnen. Ein Drink oder zwei am Abend, um sich zu entspannen, das erscheint so manchem vernünftig, aber bei vielen Menschen löst das Depressionen aus, sie werden zu einer Gefahr im Autoverkehr und ziehen sich emotional zurück. Da viele von uns nicht wissen, wie sie ihre innerste Energie anzapfen können, lösen sie einen emotionalen Sturm in ihrem Inneren aus. Beim emotionalen Ausbruch, der dann folgt, wird zwar Energie freigesetzt, die aber wie ein Unwetter alles zerstört, das ihm in die Quere kommt – ein kurzfristiger Energiegewinn, aber ein anhaltender Verlust, der schließlich unsere Energie erschöpft. Damit wir auf lange Sicht vital und gesund bleiben, müssen wir jedoch effektivere Strategien zur Energiegewinnung entwickeln. Wie bei einem Fluss muss unsere Energie konstant strömen, damit es uns gut geht.

Welche guten Strategien zum Aufbauen von Energie gibt es? Im Laufe der Jahre haben wir festgestellt, dass *Bewegung* eine der besten ist. Bestimmte äußerliche Quellen wie Drogen oder Überessen verleihen uns zwar einen kurzfristigen Energieschub, aber die langfristigen Kosten dafür sind hoch: Depression, Krankheit, Allergien, Unkonzentriertheit, Angst ... Bewegung bringt keinen dieser Nachteile mit sich. Sie erzeugt nachhaltig und konstant Energie. Vielleicht haben Sie schon bemerkt, dass Sie selbst nach *geringer* körperlicher Betätigung mehr Energie haben. Eine Studie, die im *Journal of the American Medical Association* veröffentlicht wurde (27.1.1999), hat ergeben, dass Gehen, selbst wenn man nur mehrmals am Tag *kurze* Strecken geht, die Energie erhöht und sich positiv auf das Herz auswirkt. Leute, die gelernt hatten, während des Tages öfter zu *gehen*, profitierten davon mehr als die, die im Fitnesscenter bestimmte Programme absolvierten. Und sie mussten ihr Leben nicht einmal gravierend umstellen. Sie nahmen einfach einen längeren Weg zur Besprechung, gingen auf dem Flughafen herum, statt zu sitzen, während sie auf ein Flugzeug warteten, oder sie gingen um den Sportplatz herum, wenn ihre Kinder spielten, und machten gemeinsam Spaziergänge mit anderen.

Mit den Breathwalk-Übungen können Sie all diese Nutzeffekte und noch mehr erzielen. Wie Sie sehen werden, sorgen Bewegung, Atmung und Bewusstheit gemeinsam für einen schnellen und anhaltenden Anstieg Ihres Energieniveaus. Hören Sie sich an, wie sich das Leben von Julie, einer Chiropraktikerin und Mutter, verändert hat, die uns diese E-Mail schickte, nachdem sie ein Jahr lang den Breathwalk praktiziert hatte: „Früher bin ich heimgekommen und hatte keine Energie mehr für meine Kinder. Ich habe sogar daran gedacht, mir eine neue Tätigkeit zu suchen, da mir meine Familie und mein Seelenfrieden sehr wichtig sind. Der Breathwalk hat mich aufgeladen. Er hat mein Leben verändert! Jetzt habe ich genug Energie, wenn ich am Ende meines Arbeitstages einen Breathwalk mache, sodass ich wirklich für meine Kinder da sein kann. Ich habe weder das Bedürfnis mich zurückzuziehen, noch sie anzubrüllen. Der Breathwalk war wirklich meine Rettung."

Die meisten von uns haben schon einen unerwarteten Energieschub erlebt, wenn sich ihnen eine neue Gelegenheit oder eine angenehme Herausforderung geboten hat. Man ist vielleicht erschöpft von der Arbeit nach Hause gekommen – dann ruft ein Freund an und schlägt vor, dass man mit ihm Sport treibt oder etwas Aufregendes tut. Man lebt auf: Etwas Neues ruft neue Möglichkeiten und alte Assoziationen in uns wach, die sofort Energie erzeugen, aber im Gegensatz zum Breathwalk-Programm handelt es sich dabei nicht um eine dauerhafte Energie.

Durch Abnehmen gewinnen wir Energie, wenn wir vorher Übergewicht hatten. Wir können unsere Energie auch ankurbeln, indem wir zunehmen, wenn wir zuvor nicht unser Idealgewicht hatten. Breathwalk ist ein äußerst effektives Übungsprogramm, mit dem Sie Ihr Gewicht nach oben oder unten verändern können. Er optimiert die in Körper, Geist und Emotionen vorhandene Energie. Sobald diese ausgeglichen ist, wird sich Ihr Gewicht anpassen.

Unsere Energie steht uns in verschiedener Form und verschiedener Beschaffenheit zur Verfügung. Die meisten Menschen kennen und nutzen drei Arten der Energie. Wenn wir unsere Vitalität steigern, bauen wir alle drei auf: Eine ist die Energie, die wir brauchen, um sofort und schnell zu agieren. Sie ist von kurzer Dauer und muss ständig durch Ihre Aktivität oder aus Ihren Reserven erneuert werden. Die zweite ist wie ein Speicher. Sie ist eine Energiereserve, die man nach und nach in *großen* Mengen anzapfen oder schnell in *kleinen* Mengen anzapfen kann. Sie ist in den Drüsen, im Fett, den Nerven und den Muskeln vorhanden, hilft Krankheiten abzuwehren und unterstützt Sie bei Ihren täglichen Aufgaben. Eine dritte Form der Energie ist verteilt und ist in Mustern aus Spannung und Emotion gespeichert. Wir können diese Energie freisetzen, sammeln und umleiten, automatische Muster, die sie zu einem bestimmten Zweck gespeichert haben, unterbrechen und sie bewusst für das einsetzen, was gerade am wichtigsten ist. Gemeinsam tragen diese drei Energieformen dazu bei, dass Sie Höchstleistungen vollbringen und ein vitales Leben führen.

Die beste Methode, diese drei Energieformen aufzubauen und zu erhalten, ist die, hilfreiche Gewohnheiten zu entwickeln – Gewohnheiten, die Ihr Energieniveau jeden Tag auf natürliche Weise stärken. Die richtig ausgewählten Breathwalk-Muster tun genau das. Wenn Sie diese Übungsmuster täglich oder zumindest fünfmal pro Woche durchführen, sorgen Sie dafür, dass Sie immer die Energie haben, die Sie brauchen.

Die stärksten Energieformen kommen nicht von außerhalb, sondern von innen. Körper und Geist speichern Energie in ihren Mustern der Aufmerksamkeit und Spannung. Wenn wir unser Nervensystem, unseren Geist und unsere Seele anzapfen, dann konzentrieren wir Energie oder setzen Energie ohne Nebenwirkungen und Reaktionen frei. Kraft und Vitalität entstehen, wenn Sie alle Ihre Energiequellen so einsetzen, dass sie auf die Schritte, die Sie unternehmen möchten, oder den Zustand, in dem Sie sein möchten, ausgerichtet sind. Wenn Sie alle Ihre gesunden inneren und äußeren Quellen einsetzen, wird der Nutzen, den Sie aus nur einer oder zwei dieser Quellen ziehen, vervielfältigt. Wir haben festgestellt, dass Sie Ihre Vitalenergie am besten maximieren, wenn Sie sich gesund (vernünftig) ernähren, auf Drogen und Alkohol verzichten, maßvoll trainieren, neue Gelegenheiten im Leben ergreifen und wirksame Atem- und Meditationsübungen wie den Breathwalk durchführen.

Bessere Stimmung

Denken Sie daran, wie Sie sich fühlen, wenn Sie guter Laune sind. Das Leben fließt gleichmäßig wie ein großer Fluss, der eine Ebene durchquert, und unsere Gedanken und Handlungen passen sich ihm mühelos an. Das

Leben erscheint lebendig – pulsierend, aufregend, verlockend und fürsorglich – und im Innersten doch ganz ruhig. Das Leben ist durch und durch lebenswert. Wir brauchen keine andere Motivation und durch unser angeborenes spirituelles Wesen können wir das ausdrücken, was uns wichtig ist, und es verwirklichen. Wenn unsere Stimmung und unser Geist auf diese Weise im Einklang sind, führen wir ein glückliches und gesundes Leben.

Gute, positive Stimmung ist eine wesentliche Voraussetzung für ein Leben voller Vitalität. Aber was können wir tun, wenn unsere Stimmung von positiv nach negativ umschlägt? In unserer heutigen Zeit ist es äußerst schwer, ein Leben zu führen, das ruhig dahinfließt wie ein tiefer, mächtiger Strom. Der Grund dafür ist, dass unser Alltag immer schneller und hektischer wird und wir uns von der enormen Informationsflut überlastet fühlen. Stress und Angst richten sich nach innen und prägen sich in unseren Körper ein. Manchmal führt diese Spannung zu einer negativen, bedrückten Stimmung. Wie ein dichter Nebel senkt sie sich über unsere Beziehungen und Träume und zerstört jegliche Harmonie in unserer Stimmung, unseren Gedanken und Taten. Oder diese Spannung nimmt einfach nur zu, bis sie sich allmählich in Form von Krankheit oder chronischer Müdigkeit manifestiert.

In geringen Dosen können Stress und Druck stimulierend sein. In Zusammenhang mit einer spezifischen Aufgabe und einem Ziel (wie etwa: für einen Marathon zu trainieren) können sie sich sogar positiv auswirken. Doch dauernder Druck von allen Seiten ist wie ein Fluss mit wilden Stromschnellen und tückischen Untiefen, der unaufhaltsam auf einen Wasserfall zuströmt. Unsere Stimmung reagiert mit ihren eigenen Turbulenzen, Gefühlen und Fehlentscheidungen und statt sanft mit dem Fluss des Lebens zu fließen, „zappeln" wir wild oder treiben einfach dahin. Es fehlt uns jegliche Motivation und es kann zu beklemmenden Depressionen kommen. Unsere Emotionen und Stimmungen sind nicht mehr hilfreiche Freunde, sondern werden zu unserem schlimmsten Feind.

Doch das Auf und Ab unserer Stimmungen lässt sich beherrschen. Unsere Stimmungen zu beeinflussen ist nicht nur möglich, sondern auch noch relativ einfach. Und wenn wir unsere Stimmungen beherrschen, dann reagieren unsere Emotionen entsprechend und unterstützen uns dabei, effektiv und kraftvoll zu handeln. Sie zentrieren unsere Gedanken, passen unser inneres Energieniveau an und mobilisieren Bereiche in Körper und Geist, die gebraucht werden. Wenn wir emotional bereit sind und alles auf unser Handeln abgestimmt ist, können wir ohne weiteres in den Fluss und Rhythmus des Lebens springen – egal wie wild oder turbulent er gerade ist. Wenn wir durch und durch vital sind, können wir uns den Herausforderungen des Tages stellen und sie problemlos meistern. Wir sind im Gleichgewicht und spüren, dass wir mit unserem spirituellen Selbst verbunden sind. Wir fühlen uns zufrieden und zuversichtlich, wenn wir spüren, dass unsere Gefühle, Gedanken und Handlungen auf gesunde Weise fließen.

Man muss sich nicht jahrelang von einem professionellen Therapeuten oder Arzt behandeln lassen, um seine Stimmungsschwankungen kontrollieren zu können – wenn auch eine Beratung und professionelle Einschätzung immer hilfreich ist, vor allem dann, wenn es sich um *extreme* Stimmungen handelt. Wir können aber auch allein eine Menge tun, um unsere Stimmung zu beeinflussen. Am stärksten wirkt sich körperliche Betätigung aus, vor allem wenn man bewusste Atmung mit Gehen kombiniert. Grundlage für unsere Stimmungen ist unsere Körperchemie. Das heißt, man kann sowohl psychisch ansetzen, um eine physiologische Änderung herbeizuführen, als auch umgekehrt. Breathwalk kann eine Art Code, eine Reihe von Anweisungen, an das Gehirn senden, die gewisse Bereiche wie etwa den Hypothalamus aktivieren, um unsere Nerven und Hormone zu mobilisieren – und unsere Stimmungslage sofort zu verändern.

Stimmungen, die außer Kontrolle geraten, sind sowohl für den Einzelnen als auch für die gesamte Gesellschaft kostspielig. Laut *New York Times* schätzte man 1995 für die USA, dass sich die wirtschaftlichen Auswirkungen im Jahr auf über 43 Milliarden Dollar belaufen. 23 Milliarden davon waren auf den verursachten Produktionsausfall zurückzuführen. Und diese Zahlen steigen jedes Jahr an. Es gibt jedoch Hoffnung. Im Bericht *Physical Activity and Health* des *Surgeon General* aus dem Jahr 1996 hieß es, dass Forschungen belegten, dass eine körperliche Betätigung wie Gehen Depressionen, Angst und andere Stimmungsprobleme erheblich lindere. Die positive Wirkung setze dabei schon beim ersten Mal ein. Außerdem unterstütze und beschleunige diese natürliche Methode andere Therapien. Wir können also den physiologischen Zustand unseres

Körpers und die Aufmerksamkeit unseres Geistes verändern und damit unsere psychische Verfassung beeinflussen.

Die Entscheidung, Ihre Stimmungen zu kontrollieren, ist eine ganz realistische, handfeste Sache. Mit Ihrer Atmung, Haltung und Bewegung können Sie Ihre Stimmungslage ändern. Selbst ein düsterer Gedanke kann sich mit der richtigen Atmung und Aufmerksamkeit nicht in Ihrem Geist festsetzen. Mit dem Wissen, dass Sie die Wahl haben, wie Sie sich fühlen, können sie aus Ihren Stimmungen sogar etwas lernen. Manchmal enthalten Stimmungen Botschaften darüber, wie wir uns verändern müssen. Wenn wir sie wahrnehmen und wissen, dass wir sie beeinflussen können, ist es einfacher zu verstehen, was sie uns sagen möchten.

Zum Beispiel Michael

Michael arbeitete als Fachmann für Computersicherheit in einem großen New Yorker Finanzunternehmen. Er litt seit vielen Jahren immer wieder unter Depressionen und zwanghaftem Verhalten und nahm Medikamente ein. Aber Michael behagte es einfach nicht, von Medikamenten abhängig zu sein – er suchte nach anderen Möglichkeiten. In Absprache mit seinem Therapeuten beschloss Michael, regelmäßig Breathwalk-Übungen zu praktizieren, die genau auf seine Stimmungen abgestimmt waren.

Sein Kommentar nach ein paar Monaten lautete: „Ich habe das Gefühl, ich bin größer als meine Stimmungen. Es ist, als habe sich ein Raum aufgetan. Statt mich klein und in eine Ecke gedrängt zu fühlen, kann ich mich jetzt bewegen. Mein Therapeut hat meine Medikamente auf die Hälfte reduziert. Ich kann den Breathwalk jeden Tag durchführen, sogar in dem Gebäude, in dem ich arbeite. Hin und wieder zehn Minuten und ich bin wieder voll da. Jetzt verstehe ich auch allmählich, dass ich mit den Konflikten in meinem Leben anders umgehen muss. Ich schätze, ich habe das schon gewusst, aber richtig klar wurde es mir während eines ‚Innerwalks' am Ende des Breathwalks ‚Der Falke' mit der speziellen Atmung, die Sie mir gezeigt haben." Es ist jetzt zwei Jahre her, dass Michael damit begonnen hat, und er profitiert immer noch davon und das Gefühl, eine Wahl zu haben, hat in dieser Zeit noch zugenommen.

Zu wissen, dass Sie Ihre Stimmungen ändern können, und darauf zu vertrauen ist aufbauend. Bewusst eine andere Stimmung herbeizuführen ist so wie Paddel einzusetzen, um von einer schnellen in eine langsamere Flussströmung zu gelangen. Wir können in den wilden Strudeln und Strömungen herumtreiben oder uns in sanfte Gewässer begeben, die uns zur Ruhe bringen.

Weiter hinten in diesem Buch erläutern wir die einzelnen Breathwalks, mit denen Sie den hier beschriebenen Stimmungswandel herbeiführen können. Jede solche Veränderung ist nützlich und wertvoll, damit Ihre Stimmung Sie in jeder Lebenslage unterstützt und vitalisiert.

Es gibt im Wesentlichen vier Stimmungstiefs, die wir alle kennen: Angst, Depression, hektische Unruhe (Übererregtheit) und Motivationsmangel. Mit den richtigen Breathwalk-Mustern können wir jede von ihnen in einen positiveren Zustand verwandeln. Betrachten wir einmal genau, wie solch ein Stimmungswandel aussieht.

⇛ Vier Arten des Stimmungswandels

1. Von Angst zu innerer Gelassenheit

Das am meisten verbreitete Stimmungstief ist einfach die Angst: Wir machen uns übermäßige Sorgen. Unsere Gedanken sind auf eher unwichtige Details fixiert, die uns nicht mehr loslassen. Wir geben (in unserer Gesellschaft) viel Geld für Beruhigungsmittel aus, aber das ändert nichts daran, dass wir erschöpft sind.

Manchmal hilft es, für eine Weile ganz einfach etwas Abstand zu den Dingen zu gewinnen. Wir brauchen Distanz zu diesen unangenehmen Gefühlen und sollten uns sportlich betätigen, um die Angespanntheit in unserem Körper aufzulösen. Angst kann durch unbewusste Atemmuster und verspannte Muskeln richtiggehend in unserem Körper festsitzen. Mit Breathwalk können wir diese Spannungen auflösen und unsere Aufmerksamkeit umlenken, sodass wir unsere ängstlichen Gedanken und Gefühle loslassen können.

2. Von Depression zu Klarheit und Verbundenheit

Bei normalen Depressionen fällt unser Energieniveau ab und wir fühlen uns abgetrennt von allem, was uns am Herzen liegt. Oft erscheint uns die

Zukunft trüb und aussichtslos. Negative Gedanken bedrücken uns wie eine schwere Last und hindern uns daran, zu handeln. Die Fähigkeit, diese Stimmung unverzüglich zu verändern, ist in unserer Zeit des schnellen Wandels unerlässlich.

3. Von hektischer Unruhe, Geschäftigkeit und Hyperaktivität zu Aufnahmebereitschaft und persönlicher Zuwendung

Den meisten von uns ist es wichtig, ein Gleichgewicht zwischen Arbeit und Privatleben herzustellen. Oft fällt es uns schwer, zwischen diesen beiden Lebensbereichen umzuschalten – das energische, tatkräftige Arbeitstempo hinter uns zu lassen und empfänglich für die Dinge in unserem Privatleben zu werden. Doch dieses „Umschalten“ nach der Arbeit trägt entscheidend dazu bei, ob wir gute Beziehungen führen oder nicht. Wenn Sie sich dann nicht schnell neu ausrichten, ist das so, als säßen Sie (zu zweit) bei einem romantischen Abendessen und einer von Ihnen läse die Zeitung oder die Börsenkurse – Sie wären zwar körperlich anwesend, aber emotional und in Gedanken ganz weit weg. Es gibt mehrere Breathwalk-Übungen, die im Laufe der Jahre viele Beziehungen gerettet haben und die man gegen Ende des Tages gut mit seinem Partner oder seiner Partnerin durchführen kann.

4. Von Zweifel und Lethargie zu Motiviertheit und Handlungsbereitschaft

Es kommt oft vor, dass wir uns zusammenreißen müssen, um uns einer besonders schwierigen Situation zu stellen, wie etwa vor einer großen Gruppe zu sprechen. Wir müssen vielleicht für eine wichtige Besprechung oder aber für unsere Familie oder die Kinder Verantwortung übernehmen und sind nicht sicher, ob wir das schaffen. Wir müssen uns motivieren, konzentrieren und den Sprung wagen. In solchen Zeiten können wir auf die inneren Ressourcen zurückgreifen, die wir besitzen. Ein derartiges „Umschalten“ und „Anspringen“ ist in vielen beruflichen Situationen hilfreich, aber auch dafür, einfach aus dem Bett zu kommen und den Tag zu genießen, wenn wir endlich einen Sonntag für uns haben.

*

Für jede dieser vier Arten des „Stimmungswandels“ gibt es ein bestimmtes Breathwalk-Muster, das Ihnen dabei hilft. Die genauen Anleitungen dazu finden Sie am Ende dieses Buches.

Mehr geistige Klarheit

Beherrschen Sie Ihren Geist – und Sie erobern die Welt. Beherrschen Sie den Geist – und aus jeder *Herausforderung* wird eine *Gelegenheit*, aus jedem Misserfolg wird eine Chance zu lernen und jeder Erfolg verleiht Ihnen ein Gefühl der Dankbarkeit und bringt Sie ins Gleichgewicht. In uns, in unserem Geist verbirgt sich eine beinahe grenzenlose Macht. Wir müssen sie nur freisetzen. Alles hängt davon ab, welche Beziehung wir zu unserem eigenen Geist haben.

Welchen Einfluss unsere Beziehung zu unserem Geist hat, sehen wir ganz deutlich beim Placeboeffekt. Das ist ein Heilungseffekt, der auf die Erwartungen, den „Glauben“ oder die Einstellung des Patienten in Bezug auf die Behandlung des Arztes zurückzuführen ist. Bei vielen medizinischen Experimenten erhält eine Teilnehmergruppe ein „aktives“ Medikament und eine Kontrollgruppe erhält ein „inaktives“. Beispiel: Bei einer Studie zur Behandlung von Depressionen erhält eine Gruppe ein echtes Antidepressivum und die andere bekommt Wasser, Zucker oder irgendeine andere neutrale Substanz. In dem 1999 bei *Harvard University Press* veröffentlichten Buch *The Placebo Effect. An Interdisciplinary Exploration* wurden klare Beweise vorgelegt, dass das Placebo in 40 bis 65 Prozent der Fälle (je nach Experiment) genauso gut wirkte wie ein aktives Medikament.

Eine positive Einstellung, die sich auf eine klare Erwartung konzentrieren kann, besitzt erstaunliche Macht. Es gibt viele Diskussionen darüber, wie das genau funktioniert, aber eines ist sicher: Alles hängt von Ihrem Geist und seiner Konzentration ab. Die *New York Times* berichtete einmal, dass Placebos zu 55 bis 60 Prozent genauso wirksam seien wie die meisten aktiven Medikamente zur Schmerzbekämpfung, etwa Aspirin und Codein. (13.10.1998) Was für uns noch interessanter ist, ist die Schlussfolgerung in diesem Artikel, dass Heilung von unserer Geisteshaltung ausgelöst werde: „Kann ein Gedanke, kann unser Glaube eine chemische Reaktion auslösen, die zu Heilung und Wohlbefinden führt? Forscher, die Placebos untersucht haben, nehmen an, die Antwort sei ja … Mit neuen bildgebenden Verfahren für das Gehirn haben sie eine Reihe von biologischen Mechanismen aufgedeckt, die einen Gedanken, Glauben oder Wunsch in einen Wirkstoff umwandeln, der eine Veränderung von Zellen, Gewebe und Organen herbeiführt." Ein einzelner positiver Gedanke, den man ganz klar denkt, kann eine Flut von heilenden Reaktionen in uns auslösen. Mit Breathwalk können Sie sofort und direkt Ihren Geist und dessen Gedankenstrom beeinflussen. Das macht ihn zu einem äußerst nützlichen Instrument.

Wir können zwei Arten der Beziehung zu unserem Geist haben – eine bewusste oder eine unbewusste. Wenn wir eine bewusste Beziehung zu unserem Geist herstellen können, dann wird er unser bester Diener. Solange die Beziehung jedoch unbewusst bleibt, ist unser Geist unser schlimmster Herr und Meister. Dann müssen wir den Tausenden von Gedanken, die unser Geist in jedem Augenblick hervorbringt, nachgeben. Wenn wir unseren Geist nicht kontrollieren, erzeugt er unerschöpflich und unermüdlich beliebige Gedanken. Diese Gedanken sind wie ein Hammer, der ein Glas in Tausende kleine Scherben zerschlägt.

Aber wir *können* unseren Geist bewusst zu unserem Verbündeten machen. Die an der *Harvard University* tätige Autorin Ellen J. Langer hat die Vorteile einer bewussten Beziehung zu unserem Geist in ihrem Buch *Kluges Lernen. Sieben Kapitel über kreatives Denken und Handeln* (Reinbek bei Hamburg 2001, S. 11) dokumentiert und erläutert. Dr. Langer fasst die Ergebnisse Dutzender von Studien wie folgt zusammen: „Eine kluge Vorgehensweise hat, egal um was für eine Tätigkeit es sich handelt, drei Merkmale: die ständige Erzeugung neuer Kategorien, Offenheit für neue Informationen und ein implizites Bewusstsein für mehr als eine Perspektive."

Das Breathwalk-Programm setzt Achtsamkeit beim Gehen ein, was dazu führt, dass unser Geist darauf vorbereitet ist, zu lernen, kreativ zu sein und aus den alten, eingefahrenen Geleisen des Denkens und Fühlens herauszukommen. Wir beginnen den Geist bewusst mit den bereits erwähnten Ressourcen – Energie und Stimmung – zu steuern. Energie ist die Grundlage: Versorgen Sie das Nervensystem mit Energie und die Macht des Geistes nimmt zu. Wenn wir Geist und Stimmung synchronisieren, tun sich Intellekt und Gefühle zusammen, sodass wir intelligent handeln können. Mit Energie und guter Laune entfachen wir die Flamme und die Macht des Geistes. Wenn wir jetzt noch klares und bewusstes Denken hinzufügen, entzünden wir ein mächtiges inneres Licht – einen vitalisierten Geist.

Dieselbe Informationsflut, die unsere Energie und Stimmung beeinflusst, wirkt sich auch darauf aus, wie wir Informationen wahrnehmen und wie unser Verstand Entscheidungen trifft. Stellen Sie sich einmal vor, Sie gehen zu einer geschäftlichen Besprechung oder abends mit Freunden auf eine Party. Jetzt stellen Sie sich weiter vor, Sie leiden gleichzeitig an heftigem Jetlag oder Schlafmangel. Sofort arbeitet unser Geist eine Strategie aus, um mit all diesen Stimulationen fertig zu werden. Wir ziehen uns in eine Ecke zurück. Wir nehmen Medikamente. Wir suchen uns ein paar Leute, die wir gut kennen, und halten uns an sie. Wir sind zwar körperlich anwesend, aber geistig nur zum Teil. Unsere Entscheidungen werden so verschwommen wie unsere Wahrnehmungen. Um sich gegen den Stress zu wehren, kann unser Verstand sich einfach verschließen und die Folge ist, dass wir unkonzentriert sind. Wir interpretieren die Probleme, mit denen wir konfrontiert werden, auf falsche Weise und bewegen uns im Kreis, weil wir Lösungen für die falschen Probleme suchen. Das war die Situation, in der sich eine Frau namens Catherine befand, aber hören Sie, wie sie mit einem bestimmten Breathwalk all das ändern konnte:

Zum Beispiel Catherine

Catherine war Fluglotsin in Kanada. Nachdem sie diese Tätigkeit mehrere Jahre lang ausgeübt hatte, entschied sie, dass sie aufgrund des Stresses eine Pause brauche. Sie hatte das Gefühl, sie müsse ihren Job aufgeben, weil er ihre Gesundheit zerstöre, und dass sie unter dem ständigen Druck nicht mehr klar urteilen könne. Wir redeten über ihre Möglichkeiten und beschlossen, dass sie während ihrer Dienstfreistellung den Breathwalk erlernen und ausüben würde.

Nach drei Monaten schrieb sie: „Ich spüre wieder den Boden unter meinen Füßen. Ich habe meine Energie wieder zurück. Aber noch mehr als das – ich habe meine Mitte gefunden. Und von dieser Mitte aus erkenne ich, dass ich meine Arbeit liebe und dass ich sie gut mache. Ich muss nur auf mich achten und im Gleichgewicht bleiben.

Es geht nicht, sich einfach nur so durchzuschlagen, und das ist auch nicht Sinn der Sache. Der Breathwalk ist einfach unglaublich. Eine Stunde kommt mir inzwischen wie ein kurzer Spaziergang vor. Am Ende jedes Breathwalks sind meine Augen so klar, als würde ich zum ersten Mal sehen und alle Details wahrnehmen, die ich sonst nicht sehe. Und mein Verstand ist kristallklar und stark. Vielen Dank!"
Kurze Zeit, nachdem wir Catherines Brief erhalten hatten, hörten wir, dass sie ihre Arbeit wieder aufgenommen habe. Und sie arbeitet immer noch dort.

Es gibt vier geistige Eigenschaften, Qualitäten Ihres Geistes, die Ihr Denken verbessern und helfen, Stress und Überlastung zu verhindern. Diese vier Eigenschaften zu fördern und aufrechtzuerhalten sowie für ein gesundes Energieniveau und die für unsere Herausforderungen entsprechende Stimmung zu sorgen – das ist die beste Methode für ein Leben voller Vitalität. Setzen Sie das Breathwalk-Programm ein, um diese vier Eigenschaften anzuregen und gleichzeitig eine bewusste Beziehung zu Ihrem Bewusstsein herzustellen. Mit speziellen Übungen können wir unseren Geist von altem Spinnengewebe befreien, ihn für neue Informationen und Gefühle öffnen und ihn zu klaren, intuitiven, zielgerichteten und kreativen Gedanken anregen.

⇛ Vier geistige Qualitäten

1. Geistige Klarheit

Geistige Klarheit sorgt dafür, dass alle unsere Sinne sich öffnen und für Informationen – innerliche wie äußerliche – empfänglich werden. Die Verwirrung, die durch innere Konflikte entsteht, ist dabei hinderlich. Wenn wir innerlich mit uns selbst diskutieren, dann trübt das unsere Klarheit und mindert unsere Fähigkeit, unseren Verstand zielgerichtet einzusetzen. Klarheit über die Probleme in unserer Umgebung setzt Klarheit in unserem Inneren voraus. Mit Breathwalk schaffen wir mehr Klarheit, weil wir unsere Energie erhöhen, bewusster werden und unseren inneren Dialog kontrollieren.

2. Intuition

Jeder von uns verfügt potenziell über eine gute Intuition. Sie ist in die Struktur des Geistes integriert und kommt dann zum Tragen, wenn wir das ganze Gehirn nutzen. Der intuitiven Kraft des Geistes schreibt man folgende Eigenschaften zu. Durch sie ...

- sehen wir mehr als nur die Oberfläche der Dinge,
- verstehen wir Dinge, die mit dem rationalen Verstand allein nicht zu erklären sind,
- nutzen wir sowohl unsere implizite als auch unsere explizite Lernfähigkeit und
- erkennen oder wissen wir etwas mit absoluter Gewissheit, was nichts mit unseren Wünschen oder Bedürfnissen zu tun hat.

Ohne Intuition gleicht unser rationales Denken einem Ruderer, der nur ein Ruder im Wasser hat. Das rationale Denken bewegt sich nur innerhalb seiner eigenen Grenzen im Kreis. Der Breathwalk stimuliert uns, sodass wir beide Ruder im Wasser haben und geradewegs auf geistige Vitalität zusteuern.

3. Konzentration und gelenkte Aufmerksamkeit

Vor allem Leute in Führungspositionen müssen oft schnell imstande sein, ihren Verstand zu Höchstleistungen anzuspornen. Aber diese Fähigkeit können wir alle einsetzen. Echte Konzentration und die Fähigkeit, unsere Aufmerksamkeit in eine bestimmte Richtung zu lenken, hängt davon ab, inwieweit wir in der Lage sind, das, was unsere Aufmerksamkeit gefangen hält, loszulassen. Sie hängt auch davon ab, ob wir verhindern können, dass sich unerwünschte Gedanken und Ablenkungen in unserem Geist festsetzen. Lassen Sie sie los, lassen Sie sie fließen. Wenn Sie Ihre Atmung verändern, können Sie damit sehr wirksam Ihre Aufmerksamkeit verlagern. Die Atemmuster eines Breathwalks helfen, hartnäckige Gedanken loszulassen. Sie helfen die Fähigkeit zu entwickeln, den Geist in einen neutralen Zustand zu bringen, in dem wir uns auf etwas Neues konzentrieren können.

4. Lernbereitschaft und Kreativität

Um lernen und kreativ sein zu können, müssen wir wahrnehmen – neue Informationen aufnehmen, gründlich abschätzen und intuitiv verstehen, Entscheidungen treffen und die Ergebnisse sorgfältig überdenken. Ein gut gemachter, achtsamer Breathwalk befreit uns von alten Mustern und macht uns offen für neue Informationen und Kreativität.

Wenn Sie regelmäßig einmal täglich und fünfmal oder auch öfter pro Woche einen Breathwalk machen, erlangen Sie geistige Vitalität, mehr Klarheit und bessere Konzentration. Welchen Breathwalk Sie einsetzen, um diese Fähigkeiten zu stärken, erfahren Sie am Ende dieses Buches.

Gefühl der Verbundenheit

Vitalität für Körper, Geist und Seele erfordert ein starkes Gefühl der Verbundenheit. Mit Verbundenheit meinen wir hier, dass wir uns als Teil von etwas Größerem als unserem „normalen“ Selbst fühlen. Wir gehen über unser Selbst hinaus und verbinden uns mit anderen Menschen. Das ist mehr als nur „Networking“ oder „Hallo-Sagen“ – wir stellen eine harmonische Verbundenheit her und kommunizieren. Wir spüren, dass der andere Mensch für uns genauso real ist wie unser eigenes Selbst. Verbundenheit bedeutet auch, dass wir über uns selbst hinausgehen und uns mit der *Natur* verbinden. Die Natur hilft uns, das Gefühl der Isolation zu überwinden, das daher kommt, dass wir uns nur auf die Arbeit und unser engstes Umfeld konzentrieren. Die Verbindung zur Natur erweitert unseren Horizont und hilft uns, mit beiden Beinen fest auf dem Boden zu bleiben. Sie ist ein Gegenmittel für ein übertriebenes Ego.

Verbundenheit bedeutet auch, dass wir Teil von etwas sind, was größer ist als unser Geist und seine Gedanken: Wir sind mit einer höheren Macht verbunden, einer Unendlichkeit, die uns umgibt und auf uns reagiert. Diese Art von Verbindung ist für uns bereichernd und erfüllend. Wahre Verbundenheit beginnt schließlich damit, dass wir Zugang zu unserem wahren Selbst haben. Jenseits unserer Impulse, Reaktionen und Persönlichkeit ist in uns ein Selbst, das unsere Grundwerte und Lebensziele kennt. Mit diesem Selbst verbunden zu sein verleiht unserem Leben Sinn, Motivation und Integrität.

Sie können bestimmen, wie verbunden Sie sich fühlen, indem Sie sich vorstellen, Sie seien im Mittelpunkt eines Kreises. Alles, was sich innerhalb des Kreises befindet, fühlt sich real und mit uns verbunden an. Wenn wir in einem *kleinen* Radius leben, enthält unser Kreis nur wenige Menschen und Dinge. Bei einem sehr kleinen Radius fühlen wir uns nur mit unseren eigenen Impulsen und unserer Vorstellung verbunden und handeln entsprechend: Es gibt nur wenige Dinge, mit denen wir unsere Gefühle und Gedanken vergleichen können. Unser Umfeld ist sehr eingeschränkt und wir reagieren impulsiv und instinktiv, so wie andere Lebewesen in der Natur. Mit einem *größeren* Radius erstreckt sich unser Kreis weit in alle Richtungen. Wir fühlen uns mit einer größeren Anzahl anderer Menschen sowie deren Gedanken und Gefühlen verbunden. Wir können die vielen Dramen, Konflikte und gefühlsmäßigen Grauzonen nachvollziehen, in denen Gegensätze wie Güte und Kleinlichkeit, Traurigkeit und Freude, Liebe und Wut nebeneinander bestehen.

Manchmal öffnet sich unser Herzzentrum dann ganz weit und wir können den Radius der Verbundenheit noch weiter ausdehnen, als wir es uns je vorgestellt haben. Das kann durch die Bewusstheit passieren, die durch meditatives Atmen entsteht. Wir gehen über die normalen, alltäglichen Erfahrungen des Lebens hinaus und beginnen, uns mit dem Geist aller anderen, mit unserer eigenen Seele und dem Universum verbunden zu fühlen. Wir befinden uns immer noch im Mittelpunkt eines Kreises, aber der Radius ist unendlich. Alle unsere Handlungen und Gedanken sind mit dem Universum verbunden. Unsere Intuition nimmt zu und wir spüren das Spiel von Aktion und Reaktion in unseren Beziehungen und in der Welt. Wir werden vital, sicher, flexibel und bewusst.

Das Ausmaß an Verbundenheit, das wir empfinden, wirkt sich unmittelbar auf die Qualität aller unserer Beziehungen aus. Ohne Verbundenheit kann es sein, dass wir uns bedürftig und abhängig fühlen. Wir suchen nach anderen, die die Lücke, die Einsamkeit, die wir in unserem Inneren spüren, füllen sollen. Wir können kontrollierend werden, da wir das Gefühl haben, Kontrolle über eine andere Person lindere die Isolation, die wir in uns selbst empfinden. Eine weitere Reaktion auf das Gefühl der Getrenntheit kann sein, dass man egozentrisch, narzisstisch oder arrogant wird. Diese ungesunden Gefühle entstehen unwillkürlich, wenn wir uns getrennt fühlen oder in einem Radius der Verbundenheit leben, der für unseren Geist und unsere Seele einfach viel zu klein ist.

Durch Verbundenheit hingegen erstrecken sich unsere Beziehungen wie die Speichen eines großen Rades nach außen. Diese Verbundenheit eröffnet uns Ressourcen, Geborgenheit und das Bedürfnis, auf andere eingehen und klar mit ihnen kommunizieren zu können. Sie vermittelt uns Gefühle des Reichtums statt des Mangels und der Liebe statt des Festhaltens.

In Anbetracht dessen ist es nicht überraschend, dass Forschungen belegen, dass Verbundenheit wichtig ist und sich auf unser Wohlbefinden auswirkt. Bei Jugendlichen hat sich Verbundenheit zu einem wesentlichen Faktor entwickelt, der sie vor emotionalen Störungen, Gewalt, Drogenmissbrauch und sexuellen Ausschweifungen schützt. Ein Artikel im *Journal of the American Medical Association* (10.9.1997) kam in Auswertung einer Umfrage zu dem Schluss, dass es Belege dafür gebe, dass ein Gefühl der Fürsorge und Verbundenheit mit anderen für die Gesundheit junger Menschen heutzutage wichtig sei. Innerfamiliäre Verbundenheit und Verbundenheit mit den Mitschülern schützten gegen jedes Gesundheitsrisiko. Andere Studien haben gezeigt, dass wir uns (falls wir einmal eine Erkältung haben), wenn wir sechs oder mehr positive soziale Kontakte haben, viermal schneller erholen als jene, die weniger als vier solcher Kontakte haben. Immer wieder haben Studien ergeben, dass ein starkes Gefühl der Verbundenheit und ein vielfältiges und ausgedehntes soziales Netzwerk uns vor emotionalen und physischen Krankheiten schützen und uns erfolgreicher und glücklicher machen.

Dr. Ed Hallowell, Psychiater in Harvard, weist in seinem 1999 erschienenen Buch *Connect. 12 Vital Ties That Open Your Heart, Lengthen Your Life, and Deepen Your Soul* darauf hin, wie wichtig das Gefühl der Verbundenheit für uns ist. Nach vielen Jahren praktischer Erfahrung kommt er zu dem Schluss, es sei höchste Zeit, dass diese Botschaft nicht nur in medizinischen und wissenschaftlichen Zeitschriften erscheine, sondern jeden erreiche. Verbundenheit sei in jedem Alter unerlässlich, um emotional und physisch gesund zu bleiben. Viele der jungen Menschen, die ihre Depressionen behandeln ließen, hätten großen materiellen Erfolg erreicht, fühlten sich aber deprimiert, weil sie keine wirkliche Verbindung zu etwas hätten, was größer sei als sie selbst: zu einem anderen Menschen, den sie lieben, zu einem Ideal oder einem Ziel oder einer Gruppe, an die sie glaubten. Im Laufe der Jahre habe sich dieser Trend verstärkt. Mehr und mehr Menschen arbeiteten daheim oder seien bei ihrer Tätigkeit isoliert.

Verbundenheit ist eines der ersten Dinge, die verschwinden, wenn wir emotional oder physisch krank werden. Sie ist einer der größten Vorteile, die wir erleben, wenn Körper, Geist und Seele vital und ausgeglichen sind. Das ist teils darauf zurückzuführen, dass Verbundenheit herzustellen und aufrechtzuerhalten eines der kompliziertesten Dinge ist, die wir tun. Wir verbinden uns mit einer Person durch die Dinge, die wir sagen, aber auch durch eine ganze Reihe nichtverbaler Signale. Wenn wir miteinander sprechen, bewegen sich unser Körper und unsere Atmung in einem orchestrierten Rhythmus. Unsere Beziehungen basieren genauso sehr auf unbewussten Gefühlen und Signalen wie auf bewussten.

Wie Dr. Hallowell bemerkt, beeinträchtigen die Auswirkungen des Informationszeitalters, unsere ausgeprägte Mobilität und der ständige Druck, Höchstleistungen zu erbringen, unsere Fähigkeit, eine Beziehung zu anderen einzugehen und sich verbunden zu fühlen. Dadurch sind wir ungeschützt und anfälliger für eine Reihe von Krankheiten. Ein Cyberdorf kann den menschlichen Kontakt eines realen Dorfes oder eines Treffens mit Freunden nicht ersetzen. Eine Studie hat den direkten Zusammenhang zwischen der Anzahl der Stunden, die jemand im Internet verbringt, und Depressionen aufgezeigt. Das Problem liegt nicht beim Internet selbst. Das Problem ist entstanden, weil die Menschen durch die Nutzung des Internets ihre zwischenmenschlichen Kontakte reduziert haben. Wir müssen gute Beziehungen aufbauen, damit wir in dieser informationsintensiven Umgebung effektiv leben und handeln können.

Es gibt eine Lösung für dieses Problem. Wir *können* das Gefühl der Verbundenheit durchaus erhöhen. Das ist einer der vier wesentlichen Nutzeffekte des Breathwalks. Zuerst wirkt er sich auf uns selbst aus. Es beginnt bei uns, auch wenn uns das Gefühl der Verbundenheit, das wir schließlich erlangen, hilft, eine Verbindung zu anderen, zur Natur und unserem spirituellen Selbst herzustellen. Wenn wir uns selbst Energie zuführen und uns verändern, öffnen wir uns, und können uns besser mit anderen verbinden. Dass wir uns zuerst auf uns selbst konzentrieren, bringt uns die Fähigkeit, über uns hinauszugehen.

Mit Breathwalk ist das möglich, weil er uns Energie gibt. Dadurch, dass wir alte Muster in unserem Körper aufbrechen, die uns daran hindern, auf andere einzugehen, können wir mit der Natur, uns selbst und anderen interagieren, da unsere Stimmung sich bessert und unsere Sinne geschärft werden. Nach und nach bringt der Breathwalk Körper, Geist und Seele in Einklang, sodass wir bereit sind, uns mit anderen zu verbinden. Da wir unseren Geist beim Gehen in einen meditativen Zustand versetzen, verbindet uns diese Übung mit unserem inneren Selbst. Erst wenn wir fest mit unserem inneren Selbst verbunden sind, können wir uns auf authentische Weise mit anderen, der Natur und unserem spirituellen Selbst verbinden. Lesen Sie dazu folgendes Beispiel:

Zum Beispiel John und Kitty

John und Kitty sind verheiratet und arbeiten gemeinsam in ihrer Massage- und Naturheilpraxis. Nach fünfzehn Jahren Ehe und acht Jahren gemeinsamer Arbeit hatte ihre Kommunikation einen absoluten Tiefpunkt erreicht. Nachdem sie an einem Breathwalk-Workshop teilgenommen hatten, machten sie an jedem Arbeitstag zwei halbstündige Breathwalks, zu Mittag und am Ende des Tages. Sie machten diese Breathwalks gemeinsam. Sie probierten verschiedene Breathwalk-Muster und Innerwalk-Techniken aus.

Beinahe sofort spürten John und Kitty ein Gefühl der Verbundenheit, als sie am Ende jedes Breathwalks schweigend nebeneinander saßen. Allmählich wurde ihnen bewusst, dass sie am Ende jedes Tages viel stärker ausgelaugt gewesen waren, als sie gedacht hätten. Nachdem sie mit den Breathwalk-Übungen ihr Energieniveau erhöht hatten, konnten sie miteinander wieder so reden, „als wären wir auf demselben Planeten". Sie kitteten die Sprünge in ihrer Beziehung und machten sogar eine zehnwöchige Therapie, um ihre Erkenntnisse besser umsetzen zu können. Jetzt machen sie täglich einen Breathwalk und erzählen uns: „Wir kommen am Nachmittag zurück und haben sofort eine Verbindung zu unseren Patienten. Ich glaube, die heilende Wirkung ist großenteils auf unser Verhalten und die heilsame Aura zurückzuführen, die wir ausstrahlen, nachdem wir uns beim Breathwalk aufeinander eingestimmt haben."

Wenn wir unseren Radius der Verbundenheit ausdehnen und etwas tun, um uns mit diesen Gefühlen zu verbinden, spüren andere das automatisch und versuchen sich noch mehr mit uns zu verbinden. Wir brauchen niemanden dazu zu manipulieren, eine Beziehung mit uns einzugehen. Wenn wir mit uns selbst verbunden sind, entwickeln wir ein Charisma und eine Authentizität, die wie ein Magnet wirken. Es ist, als würde uns das Universum um Offenheit bitten und dann viele Gelegenheiten bieten, um Verbindungen herzustellen.

Der Zustand der Verbundenheit besteht im Wesentlichen aus vier Elementen, die für seine vielen positiven Auswirkungen sorgen: Kontakt (Rapport), Harmonie (Stimmigkeit), Integrität und Präsenz. Wenn diese Faktoren stark ausgeprägt sind, ist es ganz einfach, Beziehungen und Verbundenheit herzustellen.

⇛ Vier Elemente der Verbundenheit

1. Von mangelndem Kontakt zu gemeinsamer „Wellenlänge"

Um eine Beziehung zu jemandem herzustellen, müssen wir dieselbe „Wellenlänge" haben. Wenn die eine Person sich so verhält, als habe sie gerade sechs Tassen Kaffee getrunken, und die andere den Eindruck erweckt, als würde sie jeden Augenblick einschlafen, dann fehlt es ihnen an Verbindung. Alle nichtverbalen Signale gehen am anderen vorbei. Geschwindigkeit und Ton ihrer Sprache passen nicht zusammen.

Jeder von uns nimmt Rhythmen an, die zu unseren Tätigkeiten passen. Wenn wir aufgedreht von der Arbeit heimkommen, müssen wir vielleicht erst zur Ruhe finden, um eine harmonische Verbundenheit zu unserem Partner herzustellen. Oder wenn wir von einer Urlaubsreise zurückkehren, müssen wir uns erst wieder emotional und geistig auf einen energiegeladenen Arbeitskollegen einstimmen. Die Kunst einer guten Beziehung ist darauf zurückzuführen, dass wir unseren ganzen Körper und Geist auf einen Rhythmus und ein Energieniveau einstellen, das dem unseres Partners ähnlich ist. Wir werden Ihnen ein paar Breathwalk-Muster zeigen, die genau das bewirken.

2. Von innerer Unstimmigkeit zu in sich stimmigem, harmonischem Auftreten

Wenn Ihre Hände ruhig und entspannt wirken, Ihre Füße aber herumzappeln, als wollten Sie gleich loslaufen, dann senden Sie eine doppelte, widersprüchliche Botschaft aus. Diese innere Unstimmigkeit ist eine Art

Alarmsignal für andere Menschen, Sie verlieren sofort Ihre Glaubwürdigkeit und Ihre Worte und Gefühle dringen nicht wirklich zum anderen durch. Stimmigkeit zwischen unserem Inneren, unseren Gefühlen und unserem Körper ist unerlässlich, um sich verbunden zu fühlen und die daraus resultierende Vitalität auszustrahlen.

3. Von mangelnder Integrität zur Integrität

Integrität entsteht, wenn wir aus einem Gefühl der Ganzheit heraus handeln. Wenn in unseren Gesprächen unser wahres Selbst zum Ausdruck kommt, dann spüren die anderen, dass wir offen und ehrlich sind. Dann strahlen wir Integrität aus. Wir kommunizieren im Einklang mit Herz und Seele. Unser Gegenüber spürt in unseren Worten und unserem Verhalten, dass wir mit unserem Inneren verbunden sind. Das ist der beste Weg, uns mit anderen zu verbinden.

4. Von Distanziertheit zu emotionaler Präsenz

Die Person, zu der wir eine Beziehung herstellen möchten, möchte spüren, dass wir emotional präsent sind – imstande, authentische Gefühle auszudrücken. Emotionale Präsenz entsteht, wenn wir innerlich zentriert sind, anderen vergeben und sensibel sind. Spirituelle Präsenz wird sichtbar durch unsere Ausstrahlung und dadurch, dass unser Geist neutral ist und wir bereit sind, die Dimension der Unendlichkeit, Unbegrenztheit, das überzeitliche Wesen in dem anderen Menschen zu sehen. Breathwalk mit seiner starken Wirkung auf Stimmung, Gefühle und Geist ist ein vielseitiges Hilfsmittel, um Präsenz zu erzeugen.

*

Nehmen Sie sich am Ende jedes Breathwalks Zeit, um Ihren Grad der Verbundenheit wahrzunehmen. Es ist nicht schwer, dieses Gefühl auszubauen, und es gibt keinen Grund, sich getrennt zu fühlen. Sie können die in der Anleitung am Ende dieses Buches beschriebenen Breathwalks ausprobieren, um diese vier Faktoren zu stärken und sich generell stärker verbunden zu fühlen. Dieses Gefühl trägt zur allgemeinen Vitalität bei.

Die wichtigsten Punkte im Überblick

- Wir besitzen riesige verborgene Energiequellen – in unserem Atem, unserer Muskulatur und in unseren Drüsen –, die darauf warten, angezapft und genutzt zu werden. Der Breathwalk verbindet uns mit diesen zu wenig genutzten Energiequellen.
- Geist und Körper halten Energie in Form von Anspannung und Aufmerksamkeit fest. Lassen Sie die Anspannung los und lenken Sie Ihre Aufmerksamkeit – und Sie können sich riesige neue Energiequellen erschließen.
- Wir erleben unsere persönliche Energie üblicherweise in drei Formen: „Schnellstart"-Energie, Grundenergie und erworbene Energie. Mit den Breathwalk-Übungen können Sie alle drei aufbauen und mehr Vitalität erlangen.
- Unbesiegbare Vitalität ist mehr als Energie. Dafür müssen alle unsere Energieformen mit Hilfe von Körper, Geist und Seele aufeinander abgestimmt sein.
- Stimmungslagen können mit der richtigen körperlichen Betätigung, kombiniert mit Atmung und Aufmerksamkeit, von negativ in positiv umgewandelt werden.
- Es ist wirtschaftlich, physisch und sozial kostspielig, *nicht* zu lernen, Ihre Stimmung zu verändern, damit sie *das* unterstützt, was Sie tun möchten.
- Die vier häufigsten Arten des Stimmungswandels von negativ in positiv sind: (1) von Angst zu innerer Gelassenheit, (2) von Depression zu Klarheit und Verbundenheit, (3) von hektischer Unruhe, Geschäftigkeit und Hyperaktivität zu Aufnahmebereitschaft und persönlicher Zuwendung und (4) von Zweifel und Lethargie zu Motiviertheit und Handlungsbereitschaft.
- Wir können unsere Stimmungen besser selbst bestimmen, wenn wir Körper und Geist sowie die Macht des Atems einsetzen.

- Folgende vier geistigen Qualitäten entstehen durch wahre geistige Vitalität: (1) geistige Klarheit, (2) Intuition, (3) Konzentration und gelenkte Aufmerksamkeit und (4) Lernbereitschaft und Kreativität.
- Ihr Geist kann entweder Ihr ergebener Diener oder ein launischer Herr sein. Beherrschen Sie Ihren Geist – und Sie erobern die Welt.
- Innere Verbundenheit schützt Sie ganz wesentlich davor, krank zu werden und seelisch aus dem Gleichgewicht zu geraten. Ihre Wirkung wird oft unterschätzt.
- Der Zustand der Verbundenheit besteht aus vier Elementen, die wir benötigen, um wirklich vital zu sein: Kontakt (Rapport), Harmonie (Stimmigkeit), Integrität und emotionale Präsenz. Setzen Sie den Breathwalk ein, um die positive Seite dieser vier Aspekte zum Vorschein zu bringen, denn sie sorgen für liebevolle Beziehungen und gute Kommunikation
- Verbundenheit bedeutet: Wir spüren, dass wir Teil von etwas sind, was größer ist als unser normales Selbst. Eine gute Beziehung zu uns selbst und Integrität sind die Voraussetzungen für jede Form der Verbundenheit.

Kapitel 2

Richtig Atmen für mehr Vitalität

Der umfangreiche und gezielte Einsatz der bewussten Atmung unterscheidet Breathwalk von anderen Methoden. Das ist einer der Hauptgründe dafür, dass wir damit so viele speziell wirksame Übungen durchführen können. Wir können die Wirkungen eines Breathwalks auf zahlreiche Arten variieren, indem wir das Atemmuster geringfügig verändern. Wir können das Ganze noch weiter ausdehnen, indem wir die Aufweckübungen im ersten Schritt und die Art und Weise, wie wir unsere Aufmerksamkeit im letzten Schritt des Breathwalks lenken, speziell ausrichten.

Die Wirksamkeit des Breathwalks hängt untrennbar von der Verbindung zwischen Körper und Geist durch die Atmung ab. Durch diese Verbindung sind wir imstande, gesundheitliche Veränderungen herbeizuführen und eindrucksvolle Erfahrungen zu machen. Wir können über den Körper an unserem Geist und unseren Emotionen arbeiten und wir können durch Atmung und Bewusstheit auf unseren Körper einwirken.

Beim Atmen pumpen wir nicht einfach nur Luft in und aus unseren Lungen. Wir senden eine Botschaft an das Gehirn, die in unserem Atemmuster verschlüsselt ist. Wir lösen Veränderungen in dem Teil unseres Nervensystems aus, das man das „autonome Nervensystem“ nennt. Dieses System steuert automatisch grundlegende Dinge wie Herzfrequenz und Blutdruck und wirkt sich auf Nerven-, Drüsen- und Verdauungsfunktionen aus – sowie auf unsere Atemfrequenz.

Wir können uns die verschiedenen Teile in unserem Körper und Geist wie die Instrumente eines Orchesters vorstellen. Um Harmonie sowie die gewünschte Stimmung und Energie zu erzeugen, brauchen wir einen Dirigenten. Ein kleiner Bereich unterhalb des Stammhirns, der sogenannte Hypothalamus, fungiert als Dirigent. Er sammelt Informationen und Signale von unseren Sinnen, unseren Körperfunktionen und unseren Emotionen. Er interagiert mit allen anderen Bereichen des Gehirns. Dann bestimmt er den Rhythmus und die Qualität unserer Physiologie und unseres Geistes, indem er Hormone und andere Signale an die Hirnanhangdrüse und an andere Drüsen im Körper sendet. Dieses kleine „Organ" orchestriert den gesamten Tanz und Rhythmus unseres Lebens. Es reguliert die Reaktionen unseres Immunsystems, unsere Wahrnehmung, unsere Stimmungen und unsere autonomen Funktionen.

Wenn wir unsere Atmung bewusst steuern, können wir verschlüsselte Botschaften – eine Art Notenblatt – an diesen inneren Dirigenten senden. Auf diese Weise werden unsere inneren Funktionen angewiesen, sich anzupassen und zu verändern. Wenn wir tief und bewusst einatmen, senden wir an den Hypothalamus den Befehl, unser ganzes Wesen darauf vorzubereiten, bewusst und handlungsbereit zu sein. Der Hypothalamus gehorcht still und leise, ohne unseren Befehl zu hinterfragen, und Millionen elektrischer und chemischer Signale rasen durch unseren Körper, wie Noten in einem perfekten Musikstück. Wir brauchen über die folgenschweren Änderungen, die sich in unserem Inneren abspielen, überhaupt nicht nachzudenken – sie passieren einfach automatisch.

Die bewusste Atmung beim Breathwalk kann alle Teile unseres Körpers und Geistes synchronisieren, sodass sie zusammenarbeiten und erstaunliche Veränderungen bewirken. Wir können Fähigkeiten wachrufen, die uns bisher verborgen waren. Wir können aufmerksamer, bewusster und gesünder werden. Wir haben die Macht dazu in uns, in unserer Atmung. Die vielen unterschiedlichen Atemmuster, die in Frequenz und Tiefe variieren, sind der Geheimcode für unser Nervensystem.

Was mit unserer Atmung meist nicht stimmt

Eine Grundlage unseres Denkens und Fühlens ist die Atmung. Atmen Sie richtig – und Sie können klarer denken. Atmen Sie richtig und Sie vitalisieren Körper, Geist und Seele. Erstaunlicherweise atmen viele von uns jedoch falsch. Auf diese Weise kommt das harmonische Miteinander von Körper, Geist und Seele allmählich aus dem Gleichgewicht. Wir verlieren unsere Vitalität und Lebensfreude. Unsere Art zu atmen hat

sowohl automatische als auch angelernte Anteile. Sie spiegelt wider, was wir tun und wie wir uns fühlen. Es ist daher hilfreich und nützlich, unsere Atmung regelmäßig sozusagen von „Autopilot“ auf „manuelle Steuerung“ umzuschalten. Dann können wir sowohl *sie* als auch *uns selbst* neu und besser einstellen.

Für eine gute Atmung müssen drei Bewegungen in der richtigen Reihenfolge zusammenwirken, damit die Lungen optimal gefüllt und entleert werden. Das mag geradezu lächerlich einfach klingen, aber in Wirklichkeit machen es ungefähr ein Drittel aller Erwachsenen falsch. Der häufigste Fehler ist, dass wir versuchen, Luft mit dem Bauch einzuatmen und gleichzeitig mit der Brust auszuatmen – oder umgekehrt.

Physiologen nennen dies „paradoxe Atmung" – paradox deshalb, weil wir unsere Lungen ausdehnen und gleichzeitig unseren Brustraum einziehen. Unser Zwerchfell und unsere Brustmuskeln arbeiten entgegengesetzt. Das Ergebnis? Müdigkeit und Kurzatmigkeit. Wenn wir trainieren und dabei paradox atmen, ist das sehr anstrengend und es kann sein, dass wir uns schwindlig fühlen und eventuell hyperventilieren – unsere Atmung wird unregelmäßig oder wir schnappen nach Luft. Das führt eindeutig nicht dazu, dass wir uns vital und wohl fühlen. Für ungefähr ein Drittel von uns bedeutet das, dass wir nur einen Bruchteil unserer wahren Vitalität erreichen, wenn wir uns nie die Zeit nehmen, bewusst und nach dem richtigen Muster zu atmen. Das ist, als würde ein Hund nur mit drei Beinen laufen und gar nicht wissen, dass er alle vier verwenden und damit schneller und besser laufen kann.

Richtig zu atmen bedeutet auch, dass wir unsere Atmung auf unsere Körperbewegungen abstimmen – vor allem, wenn wir etwas Anstrengendes tun wie Sport treiben. Auch hier arbeiten die autonomen Atemmuster bei vielen von uns entgegengesetzt. Wir schränken unsere Atmung unter körperlicher Anstrengung und Stress ein, statt sie an unsere körperlichen Strapazen anzupassen. Wenn wir schwer trainieren, gerät unsere Bauchatmung unbewusst aus dem Takt. Wir gehen zur paradoxen Atmung über. Diese schlechten Atemgewohnheiten senden den falschen Code an unser Gehirn. Von dort aus verursachen die widersprüchlichen Botschaften weitere Unstimmigkeiten in anderen Teilen unseres Körpers und Geistes. Korrigieren Sie das, dann findet sofort eine Veränderung statt.

Wie wir richtig atmen

Wie Sie in der Musik zuerst einmal lernen, Noten zu lesen, so beginnt die Vitalität für Körper, Geist und Seele damit, die Grundlagen der richtigen Atmung zu erlernen. Zuerst kommt die *richtige* Atmung, dann die *bewusste* Atmung und schließlich die bewussten Atemmuster.

Beim Atmen schalten wir für gewöhnlich auf „Autopilot". Doch wenn wir von der automatischen auf die bewusste Atmung übergehen, bemerken wir sofort einen Unterschied. Machen Sie ein kleines Experiment:

Was passiert, wenn wir unterschiedlich lange ein- und ausatmen? Das ist etwas, was Sie bewusst steuern können. Versuchen Sie einmal, langsam und tief einzuatmen und dann schnell auszuatmen. Atmen Sie fünf Sekunden lang ein und dann ein bis zwei Sekunden lang aus. Was passiert, wenn Sie das tun? Die meisten Menschen spüren eine Welle der Energie.

Probieren Sie jetzt das umgekehrte Atmungsverhältnis aus. Atmen Sie schnell ein und dann langsam und vollständig aus. Für die meisten Menschen ist das leicht beruhigend. Wir sind anscheinend darauf programmiert, das automatisch zu tun, wenn wir das Gefühl haben, wir müssten uns beruhigen und entspannen. Indem wir diese Technik bewusst anwenden, können wir Stress im Nu abbauen.

Beim Atmen führen wir den Sauerstoff zu, den wir brauchen, aber wenn wir tief und richtig atmen, dann spüren wir mehr als nur den erhöhten Sauerstoffpegel. Wir spüren unsere Emotionen, unsere Gedanken und unsere Seele stärker. Die richtige Atmung verbindet uns mit dem Leben und unserer Seele. Sie kann uns eine Form von Vitalität und Lebendigkeit verschaffen, die unseren Körper, unsere Emotionen, unser Denken und unsere Seele gleichermaßen einbezieht.

Atmung und Atemmuster sind für die physiologischen Signale im Körper von wesentlicher Bedeutung. Die richtige Atmung kann das Gehirn dazu anregen, dass Drüsen, Nerven und Emotionen optimal zusammenwirken. Das ist der Auslöser für Vitalität. Unsere Forschungen haben ergeben, dass es wissenschaftlich möglich ist zu messen, wann wir in diesen Zustand eintreten. Wir nennen das eine „Signatur des Wohlbefindens". Wenn Sie längere Zeit das richtige Bewegungs- und Atemmuster anwenden, zeigt sich diese Signatur des Wohlbefindens in immer mehr Bereichen – im Herzrhythmus, in der Atemfrequenz und sogar in der chemischen Zusammensetzung des Blutes.

Die Folge ist, dass wir Leben und Vitalität einatmen, nicht einfach nur Luft. Die von Dr. Herbert Benson und anderen Forschern durchgeführten Untersuchungen haben gezeigt, dass bewusste Aufmerksamkeit die Wirkung der Atmung verändert. Es ist etwas ganz anderes, ob man bewusst oder unbewusst atmet. Wenn wir beim Gehen bewusst und aufmerksam atmen, verbessert sich unsere Laune, unser Gefühl der Verbundenheit wird stärker und die heilende Wirkung dieser Übung wird vervielfacht.

⇛ Forschungen von Experten belegen, dass eine vollständige, tiefe Atmung zahlreiche Vorteile gegenüber der oberflächlichen Atmung bietet. Die vollständige, tiefe Atmung kann folgende Wirkungen haben:

- Sie verschafft uns Klarheit und innere Ruhe.
- Sie lindert Stress und Ängste.
- Sie hilft zu verhindern, dass Toxine, die aufgrund der Luftverschmutzung in unserer Umgebung vorkommen, sich in den Lungenzilien (kleine Härchen, die Schleim und Schlacken abtransportieren) festsetzen.
- Sie macht uns geduldiger und weniger anfällig für Stress.
- Sie verbessert den Blutkreislauf, vor allem den venösen Blutfluss zum Herzen.
- Sie optimiert den Säure-Basen-Haushalt im Körper und macht uns widerstandsfähiger gegen Bakterien und Infektionen.
- Sie verbessert die Funktion des sakralen Pumpmechanismus, der die Rückenmarksflüssigkeit transportiert, die unerlässlich ist, damit unser Nervensystem gesund und stark bleibt.
- Sie unterstützt den Energiefluss entlang der Körpermeridiane.
- Sie stärkt die Aura (unseren „Lichtkörper").
- Sie reguliert die Rhythmen, die mit Schlaf, Verdauung, Sexualtrieb und anderen wichtigen Funktionen zu tun haben.

Da wir hier die Grundlagen der Atmung behandeln, möchten wir Sie nochmals daran erinnern, dass es in erster Linie darum geht, dass Sie mehr Vitalität verspüren. Wenn Ihr grundlegendes automatisches Atemmuster falsch war – sei es auch nur geringfügig –, werden Sie eine enorme positive Veränderung spüren, sobald Sie es korrigieren. Atmen Sie richtig und Ihr Körper und Geist regulieren sich fast automatisch und funktionieren wieder normal. Für den normalen Alltag brauchen wir keine speziellen Übungen; nur wenn wir mehr wollen, wenn wir Außergewöhnliches leisten oder uns bewusst verändern möchten, dann müssen wir dafür zusätzlich etwas tun.

Damit unsere Atmung und unser System immer eine „Topleistung" vollbringen, ist es am besten, jeden Tag für kurze Zeit bewusst zu atmen. Dann weichen wir nie weit davon ab, dass wir leistungsfähig sind und uns gut fühlen. Die richtige Atmung beginnt damit, dass wir uns klar machen, dass die Atmung aus drei separaten, komplexen Bewegungen besteht – sie alle müssen zeitlich genau aufeinander abgestimmt sein.

⇛ Die drei Teile der tiefen, vollständigen Atmung sind:

1. Untere oder Bauchbewegung
2. Mittlere oder Brustkorbbewegung
3. Obere oder Schlüsselbeinbewegung

Bei einem vollständigen, tiefen Atemzug werden alle drei Bewegungen nacheinander ausgeführt. Es beginnt beim Einatmen, wobei der Bauch nach außen bewegt wird, setzt sich nach oben mit einer Ausdehnung des Brustkorbs fort und endet mit einem Anheben der Schlüsselbeine und des oberen Brustbereichs. Das Ausatmen funktioniert genau umgekehrt.

Um zu verstehen, wie die Atmung funktioniert, stellen Sie sich Ihren Brustraum, in dem sich die Lungen befinden, wie eine große, durchsichtige Glasglocke vor. Die offene Unterseite ist mit einer elastischen Hülle verschlossen. Wahrscheinlich haben Sie schon eine Glasglocke gesehen, die dafür verwendet wird, in Ausstellungen zerbrechliche Objekte zu bedecken und zu schützen. Es handelt sich dabei um ein zylindrisches Gefäß, das oben gerundet und unten offen ist. Stellen Sie sich also vor, dass Ihre beiden Lungenflügel wie Spielzeugballons in dieser Glasglocke hängen. Wenn wir den Luftdruck in der Glocke senken, indem wir die elastische Hülle nach unten ziehen, füllen sich die Ballons mit Luft. Drücken Sie die elastische Hülle nach oben in die Glocke, dann leeren sich die Ballons. Ihre Atmung funktioniert auf die gleiche Weise. Der Luftdruck in Ihrem Brustraum erhöht und senkt sich, Ihre Lungen füllen sich mit Luft und leeren sich dann wieder. Als Pumpe fungiert Ihr Zwerchfell, die breite Muskelplatte unterhalb Ihrer Lungen, die sich wie die elastische Hülle, die wir uns vorgestellt haben, nach oben und unten bewegt.

Wir verändern den Luftdruck auch, indem wir unseren Rippenbogen bewegen. Das ist die zweite Bewegung. Die dritte ist eine Erweiterung dieser Brustkorbbewegung, wobei der obere Bereich des Brustraums ausgedehnt wird. Die Lungen selbst verfügen über keine Muskeln. Sie sind passiv und auf die Hilfe des Zwerchfells und des Brustkorbs angewiesen, um zu funktionieren. Wenn jemand einen Unfall hat und die Brustwand durchstoßen wird, hängen die Lungen einfach da, bis das Loch verstopft wird und sie sich wieder füllen können.

Was kann man gegen die Atemprobleme tun, die so viele von uns haben? Diese Probleme sind einfach zu lösen, indem wir immer wieder kurze Zeit bewusst im richtigen Muster atmen. Unser Körper und unser Gehirn setzen ihre natürliche Intelligenz ein und lernen, auf die richtige Weise zu atmen, und wenden diese an, auch wenn wir nicht bewusst an unsere Atmung denken. Das heißt, wenn wir unseren Körper trainieren, eine bestimmte Bewegung richtig auszuführen, lernt er diese Bewegung ziemlich schnell und merkt sie sich in Zukunft, sodass wir dann nicht mehr bewusst darauf achten müssen. Ihr Bewusstsein kann sich dann auf andere Dinge konzentrieren. Breathwalk nutzt diese natürliche Intelligenz, um Atmung und Gehmuster schnell zu prüfen und anzupassen.

Tiefes, vollständiges Atmen

Das erste und grundlegende Atemmuster ist die tiefe, vollständige Atmung. Sie besteht aus drei Teilen, die wir bereits besprochen haben. Sie beginnt beim Einatmen im Bauch, setzt sich dann nach oben in den Brustkorb fort und endet mit einer leichten Aufwärtsbewegung des Schlüsselbeins und des oberen Brustraums – all das erfolgt rhythmisch fließend. Beim Ausatmen verläuft es einfach umgekehrt.

Phase 1: Den Bauch loslassen

Wir sind tatsächlich dazu in der Lage, *nur* mit dem Bauch zu atmen. Probieren Sie es, wenn Sie möchten. Setzen Sie sich auf einen festen Stuhl oder auf den Boden. Atmen Sie ganz entspannt und normal. Jetzt richten Sie Ihre Aufmerksamkeit bewusst auf Ihren Nabel. Atmen Sie langsam und tief ein, wobei Sie Ihren Bauch entspannen und sich nach außen ausdehnen lassen. Wenn Sie Ihren Bauch ausgedehnt und hinausgestreckt haben, soweit Sie können, atmen Sie langsam aus, indem Sie Ihren Nabel in Richtung Wirbelsäule ziehen. Um nur mit dem Bauch zu atmen, lassen Sie Ihren Brustkorb ruhig und entspannt. Konzentrieren Sie sich beim Atmen völlig auf Ihren Bauch. Achten Sie bei allen diesen Übungen darauf, dass Sie durch die Nase, nicht durch den Mund atmen.

Im Laufe der Jahre haben wir Tausenden von Menschen diesen grundlegenden Schritt beigebracht und dabei erkannt, dass sie häufig ein Problem damit haben, weil unsere westliche Kultur uns dazu erzieht, unseren

Bauch stramm zu halten und niemals herauszulassen. In dieser Gesellschaft hat man fürchterliche Angst davor, fett auszusehen. Wir lernen, den Bauch fest einzuziehen, und unterdrücken seine natürliche Bewegung. Um vollständig, natürlich und kräftig zu atmen, lassen Sie den Bauch los. Wenn er sich richtig bewegt, können Sie tief atmen, Ihre Energiereserven aufbauen und bei vielen Menschen lindert das ihre Kreuzschmerzen. Die einzelnen Wirbel können sich frei bewegen und passen sich sogar selbst an, wenn Ihr Bauch sich frei mit Ihrem Atem bewegen kann. Machen Sie sich keine Gedanken um Ihren Bauch – die zusätzliche Energie, die Ihnen die richtige Atmung verschafft, und Ihr geschmeidiger Gang machen Sie sehr attraktiv!

Was dabei natürlich geschieht ist das, dass sich Ihr Zwerchfell mit Ihrem Bauch bewegt, und das verursacht die Atmung. Das Zwerchfell in Ihrem Körper sieht wie eine Muskelplatte aus, die Ihren Brustraum und Ihre Lungen von Magen und Darm trennt. Normalerweise ist es leicht gewölbt. Wenn Sie Ihren Bauch ausdehnen, ziehen Sie damit auch alle Zwerchfellmuskeln an. Das Zwerchfell wird etwas flacher und in Ihrem Brustraum entsteht mehr Platz – ein Vakuum oder Unterdruck. Ihre Lungen dehnen sich aus, um den Druck in Ihrem Brustraum auszugleichen – Sie atmen ein. Ziehen Sie Ihren Bauch ein und das Gegenteil passiert. Ihr Zwerchfell wölbt sich wieder und erzeugt Druck in Ihrem Brustraum. Ihre Lungen fallen zusammen – Sie atmen aus. Achten Sie beim Ausatmen darauf, dass Sie Ihren Bauch fest in Richtung Wirbelsäule ziehen. Ansonsten leert sich der untere Bereich Ihrer Lungen nicht richtig. Dann nutzen Sie Ihre Lungenkapazität nicht komplett. Machen Sie weiter – atmen Sie langsam und tief nur mit Ihrem Bauch. Sie werden bemerken, wie entspannend das sein kann.

Wenn Ihnen das schwer fällt, probieren Sie es auf dem Rücken liegend aus. Ziehen Sie Ihre Knie bequem an. Legen Sie ein Buch auf Ihren Bauch und Ihre Hände auf Ihre Brust. Mit diesen beiden Dingen können Sie den Vorgang verfolgen. An Ihren Händen erkennen Sie, ob Ihre Brust sich bewegt oder nicht. Am Buch erkennen Sie die Bewegung Ihres Bauchs. Drücken Sie jetzt Ihren Bauch heraus – heben Sie damit das Buch so hoch an, wie Sie können. Sie werden spüren, wie Sie Luft einatmen. Bewegen Sie aber nicht Ihre Brust. Jetzt senken Sie das Buch. Spüren Sie, wie Sie ausatmen, während das Buch sich senkt und der Nabel sich in Richtung Wirbelsäule bewegt. Jetzt können Sie sichtbar erkennen, wie gut Ihre bewusste, tiefe Bauchatmung funktioniert. Beachten Sie, wie nur die Bauchmuskeln arbeiten, während alles andere reglos bleibt. Mit etwas Übung werden Sie das bald beherrschen, wenn Sie es nicht ohnehin schon richtig machen.

Phase 2: Den Brustkorb ausdehnen

Setzen Sie sich diesmal aufrecht hin und halten Sie Ihr Zwerchfell still. Bewegen Sie den Nabelbereich nicht. Verwenden Sie stattdessen Ihre Brustmuskeln, um Ihren Rippenbogen auszudehnen. Konzentrieren Sie sich auf Ihren Rippenbogen. Dehnen Sie ihn jetzt aus – so weit, wie es Ihnen angenehm ist. Bald werden Sie die Interkostalmuskeln zwischen Ihren Rippen spüren, die Ihren Rippenbogen nach außen und oben bewegen.

Beachten Sie jetzt den Unterschied Ihres Atemvolumens im Vergleich zur Bauchatmung. Ihre Atmung ist nicht so tief, wenn Sie den Bauch nicht einsetzen. Das ist der Grund, warum die paradoxe Atmung schnell schädigend wird. Bei der paradoxen Atmung wirken Ihre Brustmuskeln und Ihre Zwerchfellmuskeln gegeneinander und heben sich beinahe vollständig auf.

Beachten Sie auch, wie kompliziert die Brustkorbatmung eigentlich ist – es werden viele kleine Teile und Verbindungen in Ihrem Rippenbogen und Ihrer Wirbelsäule nacheinander bewegt und nicht nur eine einzelne, große Muskelplatte. Genau genommen ist die Ausdehnung unserer Lungen *größtenteils* auf die vom Zwerchfell ausgelöste Druckveränderung zurückzuführen. Indem wir den Brustkorb ausdehnen und die Rippen anpassen, entsteht etwas (!) mehr Platz und die Lungenflügel können sich voll aufblasen.

Phase 3: Das Schlüsselbein und die Schultern anheben

Lassen wir jetzt für einen Augenblick die Bauch- und Brustkorbatmung beiseite. Setzen Sie sich wieder aufrecht hin. Ziehen Sie den Nabel leicht ein und lassen Sie ihn in dieser Stellung. Damit beziehen Sie den Bauch nicht in die Atmung mit ein. Heben Sie den Brustkorb und die Schultern leicht an, ohne einzuatmen. Atmen Sie jetzt langsam ein, indem Sie Ihr Schlüsselbein und den oberen Brustbereich anheben und dabei die

Schultern ein wenig nach hinten ziehen. Atmen Sie in umgekehrter Reihenfolge langsam aus, wobei Sie den mittleren Brustbereich angehoben lassen. Beim Ausatmen wird das Schlüsselbein gesenkt und die Schultern werden leicht nach vorne bewegt. Sie werden dabei eine leichte Atembewegung spüren. Wie Sie sich vorstellen können, reicht diese Form der Atmung allein einfach nicht aus. Sie trägt aber das letzte Quäntchen zum Füllen und Entleeren der Lungen bei, wenn Sie Ihre Lungenkapazität voll ausschöpfen möchten.

Jetzt, da Sie alle Bereiche kennen, die zur vollständigen Atmung gehören, kombinieren wir sie zur tiefen, vollständigen Atmung. Setzen Sie sich wieder gerade auf einen Stuhl oder auf den Boden. Beginnen Sie mit Ihrem Bauch einzuatmen. Während sich Ihr Bauch ausdehnt, fügen Sie die Brustkorbatmung hinzu. Wenn Ihr Bauch und Ihr Brustkorb vollständig ausgedehnt sind, fügen Sie die Schlüsselbeinatmung hinzu. Beim Ausatmen kehren Sie den Vorgang um. Entspannen Sie als Erstes Ihr Schlüsselbein und den oberen Brustbereich. Dann entspannen Sie den mittleren Brustbereich und beginnen, gleichmäßig den Bauch einzuziehen. Ihre Atmung wird zu einer sanften, wellenförmigen Bewegung, ein und aus, wie eine Tonleiter, die man abwechselnd nach oben und unten spielt. Behalten Sie diese rhythmische Bewegung bei. Beachten Sie, wie gut sich das anfühlt und wie der Strom Ihrer Gedanken und Gefühle sich verändert (vgl. Grafik Seite 66).

Häufige Fehler beim Atmen

Ruckartiges Atmen

Jeder Teil der Atmung erfolgt separat statt fließend. Die Ursache: Sie bemühen sich zu sehr. Einfache Lösung: Halten Sie einen Finger in einem Abstand von ungefähr zehn Zentimetern vor Ihren Rumpf. Führen Sie Ihren Finger beim Atmen langsam nach oben und unten, von Ihrem Nabel zum Kinn und umgekehrt. Der Finger ist sozusagen der „Taktstock des Dirigenten“, auf den Sie sich beim Atmen konzentrieren – heben Sie den „Taktstock“ beim Einatmen und senken Sie ihn beim Ausatmen.

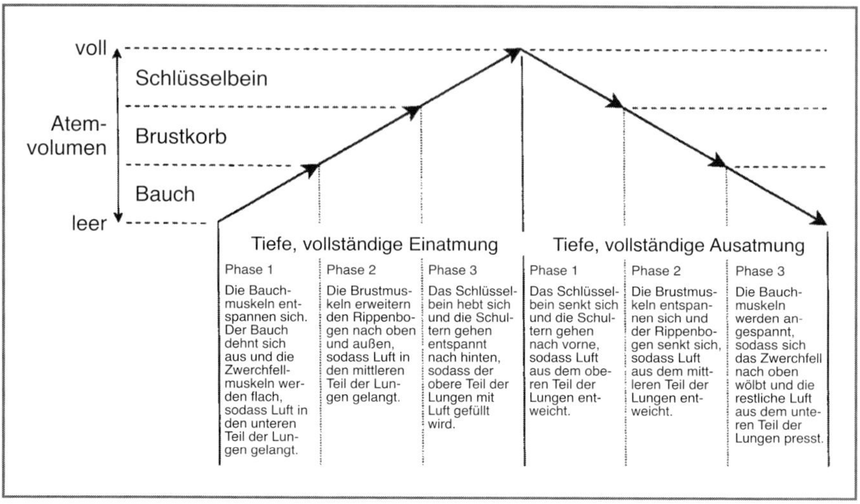

Anspannen der Schultern bei der „Schlüsselbeinatmung"

Dabei werden die Schultern nach vorne gezogen und der Raum für die Atemluft wird verkleinert. Ursache: Anspannung. Einfache Lösung: Bewegen Sie Ihre Schultern, um die Muskeln zu entspannen. Konzentrieren Sie sich bewusst auf Ihren Bauch und Ihren Brustkorb.

Rückfall in die „paradoxe" Atmung

Sie beginnen, richtig zu atmen, fallen dann aber in das alte Muster zurück. Ursache: zu wenig Übung. Einfache Lösung: Üben Sie in kurzen Intervallen von drei bis fünf Minuten. Richten Sie Ihre ganze Aufmerksamkeit auf das Atemmuster, bis Sie es einfach spüren können. Sobald Sie die fließende Bewegung und das angenehme Gefühl einer vollständigen Atmung spüren können, wird Ihr Gehirn sie erlernen, sie sich merken und sie fortsetzen, auch wenn Sie nicht darauf achten.

Eine Übung für bewusstes, tiefes Atmen

Hier ist eine Übung für bewusstes Atmen, die Ihnen hilft, wieder Ihre Höchstform zu erlangen. Führen Sie sie überall und jederzeit durch, wenn Sie das Gefühl haben, Sie brauchten einen Energieschub – zum Beispiel während eines hektischen, stressigen Tages. Selbst wenn Ihnen nur drei bis fünf Minuten zur Verfügung stehen, bringt Sie Ihnen wieder Vitalität und Klarheit, damit Sie den Rest des Tages voll leistungsfähig sind. Sie können sie ausführen, wenn Sie eine kurze Pause machen – am Schreibtisch oder irgendwo sonst, wo Sie zwischen drei Minuten und einer Stunde ungestört sind.

☞ **Anleitung** Setzen Sie sich aufrecht hin, legen Sie Ihre Hände mit den Handflächen nach oben in Ihren Schoß, wobei die Finger leicht gebeugt sind. Die rechte Hand liegt in Ihrer linken und die Daumen berühren einander. Schließen Sie die Augen. Spüren Sie, wie Ihr Körper ins Gleichgewicht kommt. Sitzen Sie bequem, verteilen Sie das Gewicht, das auf Ihren Schenkeln und Hüften lastet, gleichmäßig. Auf diese Weise zentrieren Sie Ihren Nabel und passen Ihre Atembewegung richtig an.

Konzentrieren Sie jetzt Ihre ganze Aufmerksamkeit auf Ihre Atmung. Atmen Sie durch die Nase. Beachten Sie den Atemstrom und alles, was Sie spüren, während er durch Ihre Nase ein- und ausströmt. Fühlen Sie die Bewegung und Energie, die Ihr Atem hat, als wäre er lebendig und könnte durch Ihren ganzen Körper fließen. Wie fühlt er sich in den verschiedenen Regionen Ihres Körpers an? Ist er im ganzen Körper schnell und feurig oder in manchen Bereichen langsam und träge? Ist er hell und kribbelnd oder glatt und dunkel? Konzentrieren Sie sich ganz darauf, wie der Atem durch Ihren Körper strömt. Achten Sie sorgfältig darauf. Wie verändert sich der Atemstrom durch die Aufmerksamkeit, die Sie ihm schenken?

Nach ein oder zwei Minuten richten Sie Ihre Aufmerksamkeit auf den zwei Quadratzentimeter großen Bereich auf Ihrer Stirn, genau über Ihrer Nasenwurzel – das Stirnchakra oder „dritte Auge". Beobachten Sie Ihren ganzen Körper von diesem Punkt aus. Dann konzentrieren Sie sich auf eine Region – den Nabel. Das ist so, als würden Sie auf einem Hügel stehen und von dort aus das ganze Land rings um Sie herum betrachten, bevor Sie einen schönen Obstgarten in der Ferne fokussieren. Vollführen Sie einen langen, langsamen, tiefen, vollständigen Atemzug. Spüren Sie, wie sich Ihr Atem durch den ganzen Körper bewegt, ausgehend vom „Puls" Ihres Nabels. Spüren Sie die Wogen, die durch diese tiefe, vollständige Atmung von Ihrem Nabel ausströmen.

Stellen Sie sich Ihren Körper leuchtend vor. Sehen Sie vor Ihrem geistigen Auge, wie jede einzelne Zelle erstrahlt. Beobachten Sie, wie eine ausgedehnte Hülle aus Licht Ihren ganzen Körper umgibt. Sie fühlen sich entspannt, strahlend und bewusst. Fahren Sie mit der bewussten Atmung fort, aber lassen Sie allmählich Ihre Atmung die Führung übernehmen. Spüren Sie, wie die Atmung ganz mühelos wird, und bleiben Sie aufmerksam. Empfinden Sie den Atem wie eine Welle des großen Ozeans der Atmung, von dem Sie ein Teil sind. Spüren Sie den Puls des Lebens. Der Atem ist ein Geschenk. Von Ihrem ersten Atemzug als Baby bis zu diesem Augenblick ist der Atem sozusagen als der rote Faden des Lebens durch Sie hindurchgelaufen. Nehmen Sie jetzt alle Empfindungen wahr, die Ihr Atem auslöst, einschließlich des Gefühls der Lebendigkeit und Ihrer Dankbarkeit für dieses Leben. Regen Sie jeden Teil Ihres Gehirns an, indem Sie eine Beziehung zu Ihrem Atem herstellen. Der natürliche Strom der tiefen, vollständigen Atmung fließt durch jede Zelle Ihres Wesens. Sie beginnen, Ihre Mitte, Ihre Bewusstheit, Ihr Energieniveau und Ihre Stimmung zu spüren.

Setzen Sie diese Übung zwischen drei und zweiundsechzig Minuten lang fort. Sie verbessern damit Ihre Atmung, werden ruhiger und entwickeln ein Gespür für Ihre eigene Verfassung. Lange bevor wir uns vieler Krankheiten oder emotionaler Störungen bewusst werden, registriert unser Gehirn ein Ungleichgewicht in den subtilen Bewegungen und Gefühlen, die der Atem, der durch unseren Körper strömt, auslöst. Wenn Sie auf die beschriebene Weise vollständig atmen, nehmen Sie die Botschaften wahr, die Ihr Geist und Ihre Emotionen bewusst und unbewusst aussenden. Durch diese bewusste, tiefe Atmung stimmen Sie sich auf Ihre Vitalität ein und Ihr Leben beginnt harmonisch zu fließen.

Die wichtigsten Punkte im Überblick

- Unsere Atmung versorgt uns nicht nur mit Luft, sondern auch mit Leben und Vitalität.
- Über 30 Prozent von uns atmen falsch und berauben sich selbst ihrer Vitalität. Das lässt sich leicht beheben, wenn man die bewusste Atmung mit dem richtigen Atemmuster ein wenig übt.
- Die tiefe, vollständige Atmung ist eine einzige fließende Bewegung, an der drei Körperteile beteiligt sind: Bauch, Brustkorb und Schlüsselbein.
- Die richtige Atmung sendet an das Gehirn ein Signal, das dazu beiträgt, eine Reihe von Beschwerden zu lindern, und das viele Vorteile mit sich bringt.
- Wir sollten täglich bewusst atmen, um unser Atemmuster zu festigen, da es unseren Emotionen und unseren Gewohnheiten zugrunde liegt.
- Breathwalk setzt sowohl grundlegende als auch anspruchsvolle Atemmuster ein, um für ein Maximum an Vitalität zu sorgen.

Kapitel 3

Signale der Atmung an Körper und Geist

Bisher haben Sie die grundlegende Technik der tiefen, vollständigen Atmung kennen gelernt. Das ist aber noch nicht alles – die Atmung ist noch viel facettenreicher. Bei den nachfolgenden fünf Übungen geht es darum, mit der Atmung *auszusetzen* oder die *Frequenz*, das *Verhältnis* von Ein- und Ausatmung, die *Unterteilung* und die *Geschwindigkeit* der Atmung zu verändern. Diese zusätzlichen Facetten der Atmung sind so grundlegend wie das Alphabet einer Sprache. Damit können Sie ganz spezielle, ausgefeilte Anweisungen – eine Art Code – an den Hypothalamus senden und Körper und Geist veranlassen, in den von Ihnen gewünschten Zustand zu wechseln – Energie, geistige Klarheit, gute Stimmung und vieles mehr.

Im vorigen Kapitel haben wir Sie in die bewusste, kontrollierte Atmung eingeführt – lange, tiefe und vollständige Atemzüge. Sie können an einem normalen Tag auf diese Weise atmen und es geht Ihnen gut. Warum also lernen, auf eine andere Weise zu atmen? Stellen Sie sich vor, Sie gehen spazieren. Mit einem Spaziergang kommen Sie fast überall hin und können die freie Natur genießen. Was aber, wenn Sie schneller vorankommen möchten? Dann *laufen* Sie. Oder Sie möchten einen Zweig an einem Baum erreichen – dann *springen* Sie hoch. Oder Sie möchten einen Bach überqueren – dann springen Sie darüber hinweg. Je nach Anlass müssen wir spezielle Atem- und Bewegungsmuster zur Verfügung haben, die die jeweilige Anforderung erfüllen.

Wenn Sie verschiedene Atemmuster und ihre Auswirkungen auf Körper und Geist kennen lernen, haben Sie eine größere Auswahl, um Ihre Lebensenergie zu steuern. Wenn Sie Ihre Energie der entsprechenden Aufgabe oder Herausforderung anpassen können, fühlen Sie sich viel selbstsicherer, stärker und entspannter. Nehmen wir beispielsweise an einem Basketballwettkampf teil, müssen wir unsere Energie, unsere Wachsamkeit und unsere Flinkheit in höchstem Maße konzentrieren. Wenn es dagegen um das Verhandeln über einen Geschäftsabschluss oder ein neues Darlehen geht, müssen wir eher ruhig, aufnahmebereit und aufnahmefähig sein. Wenn wir zu jemandem eine harmonische Verbindung herstellen und auf ihn eingehen möchten, brauchen wir eine Energie, die spielerisch, ausdrucksstark und klar ist. Schnell und zuverlässig den gewünschten Zustand herbeizuführen ist eine wirksame Methode für Erfolg und Freude an der Sache. In diesem Kapitel stellen wir Ihnen ein paar neue Atemmuster vor, die etwas ungewöhnlich sind. Sie sind einfach zu erlernen, aber äußerst wirkungsvoll. Mit diesen Atemübungen haben Sie es in der Hand, Ihre Verfassung zu steuern.

Das Anhalten des Atems

Während eines Breathwalks setzen wir nach einer Übung – oder nachdem wir einen tiefen Atemzug genommen haben – oft kurz mit der Atmung aus, um die Auswirkungen im ganzen Körper zu integrieren und zu verteilen. Viele Menschen meinen, wenn sie diese Technik zum ersten Mal kennen lernen, es gehe darum, einfach den Atem anzuhalten. Wir bevorzugen den Ausdruck „mit der Atmung aussetzen" – Sie stoppen einen Augenblick lang sanft den Atemmechanismus, und Körper und Geist kommen zur Ruhe. Was ist der große Unterschied zwischen dieser Übung und dem „Anhalten" des Atems? Wenn wir sagen: „Atem anhalten", versteifen viele Leute einfach ihre Muskeln und zwingen ihre Atmung zum Stillstand. Sie spannen ihre Muskeln an und *unterdrücken* die Atmung. Diese „Abwehrhaltung" meinen wir nicht – mit der Atmung *auszusetzen* ist eine sanfte, elegante *Kunst*. Ihre Atmung stoppt dabei, aber nicht indem Sie in Ihren Muskeln Widerstand erzeugen, sondern indem Sie die gesamte Atemmuskulatur sanft entspannen – die Muskeln des Zwerchfells, der Rippen und des Bauchs, die für alle Atembewegungen zuständig sind.

Wenn Sie Ihren Atem auf die falsche Weise anhalten, indem Sie Ihr Kinn einziehen, Ihre Nacken- und Halsmuskeln fest zusammenpressen und Ihre Zunge versteifen, erzeugen Sie hohen Druck in den Augen, im

Hinterkopf, im Herz und im Nacken. Machen Sie das mehr als nur ein paar Sekunden lang, kann diese Technik zu Benommenheit, Kopfschmerzen und Problemen in Ihren Augen führen. Und wenn Sie damit fortfahren, Ihren Atem auf die falsche Weise anzuhalten, schulen Sie Ihr Unterbewusstsein, diesen Fehler zu wiederholen in Situationen, wenn Sie nicht daran denken – etwa wenn Sie ängstlich, wütend oder besorgt sind. Die von Ihrem Körper erlernten Muster können Probleme verursachen, statt Ihnen zu helfen. Wenn Sie Ihr Unterbewusstsein hingegen *richtig* schulen, dann setzt Ihr Körper *richtig* mit der Atmung aus oder atmet richtig, auch wenn Sie nicht darauf achten.

☞ **Anleitung** **Setzen Sie sich aufrecht hin und atmen Sie tief ein. Richten Sie Ihre Aufmerksamkeit bewusst auf Ihr Schlüsselbein und Ihre Rippen. Heben Sie Ihre oberen Rippen jetzt leicht an und bringen Sie sie in die richtige Position. Das fühlt sich dann so an, als würden Sie mit einem Haken die Mitte Ihres Brustbeins ergreifen, anheben und leicht nach außen ziehen. Entspannen Sie jetzt Ihre Schultern und Ihren Bauch. Beachten Sie, wie einfach es ist, Ihr Zwerchfell stabil zu halten, sobald Sie Ihren Bauch entspannt herauslassen. Zuletzt ziehen Sie noch Ihr Kinn ein. Werden Sie ganz still und ruhig. Keine Bewegung, keine Atmung. Die Atemmuskulatur ist zum Stillstand gekommen. Sie haben beim Einatmen mit Ihrer Atmung ausgesetzt. Pausieren Sie einen Augenblick, dann fahren Sie mit der normalen Atmung fort.**

Wie lange soll man auf diese Weise mit der Atmung aussetzen? Keine Sorge, Ihr Gehirn sagt Ihnen, dass Sie weiteratmen sollen, wenn der Kohlendioxidspiegel in Ihrem Blut zu hoch wird. Sobald Sie diesen Impuls spüren, atmen Sie sanft aus. Wenn Sie sich leicht benommen fühlen, hören Sie auf, mit der Atmung auszusetzen! Benommenheit trägt nicht dazu bei, Ihr Nervensystem zu stärken.

Um beim Ausatmen mit der Atmung auszusetzen, atmen Sie zunächst vollständig aus. Die oberen Rippen entspannen sich und ziehen sich zusammen. Dann ziehen Sie Ihren Nabel in Richtung Wirbelsäule. Heben Sie Ihren Brustkorb an, halten Sie das Kinn still und lassen Sie den Nabel fest eingezogen, aber ohne sich dabei anzustrengen. Werden Sie ganz still und ruhig, wie ein Boot, bei dem man gerade den Motor ausgeschaltet hat und das nun immer ruhiger über den See gleitet. Wenn Sie spüren, dass Ihre Muskeln einen Einatmungsreflex auslösen, atmen Sie bewusst ein wenig mehr aus – pusten Sie einen kurzen, schnellen Atemstoß durch Ihre Nase und halten Sie Ihren Brustkorb dann wieder still. Auf diese Weise können Sie das Aussetzen der Atmung erheblich verlängern, ohne sich anzustrengen.

Wenn Sie mit Ihrer Atmung auf diese Weise aussetzen, beeinflussen Sie damit Ihren Stoffwechsel, Ihr Nervensystem und Ihre Stimmung. Mit dieser bewussten Übung schaffen Sie sich einen inneren Ort der Ruhe. Sie werden bemerken, dass sich Ihr Körper und Ihr Geist auf gesunde Weise verändern. Ihr Körper wird effizienter funktionieren. Das Aussetzen der Atmung beeinflusst den emotionalen Bereich des Gehirns und Sie werden feststellen, dass es sich beruhigend auf Ihre Stimmungen auswirkt. Es wird Ihnen auch dabei helfen, unter Druck gute Entscheidungen zu treffen – etwas, was wir alle in unserem hektischen Alltag gut gebrauchen können.

Die Übung zum Aussetzen der Atmung hat drei hauptsächliche Auswirkungen: Sie zentriert, verteilt und integriert. Ihre Emotionen und Gedanken werden zentriert, Nervosität und Zerstreutheit legen sich. Die Energie, die Sie durch Bewegung, Breathwalk oder Meditation entwickelt haben, scheint ungehindert in jeden Teil Ihres Körpers zu fließen. Sie ist erfrischend wie ein sanfter Sprühregen, der jede durstige Pflanze mit Wasser versorgt. Und zu guter Letzt sorgt das Aussetzen der Atmung dafür, dass die Aktivitäten Ihrer Organe und Muskeln integriert werden. Während der Ruhe und Stille dieser Übung werden die Signale zwischen ihnen deutlicher, so wie bei einem Orchester, das nach dem lebhaften Stimmen der Instrumente still wird, wenn der Dirigent erscheint – damit alle Musiker gut aufeinander hören und exakt zusammen einsetzen können.

Die Atemfrequenz

Wenn Sie die Geschwindigkeit, mit der Sie ein- und ausatmen, bewusst verlangsamen, profitieren Körper und Geist auf vielfältige Weise davon. Unter Atemfrequenz versteht man einfach nur, wie oft pro Minute wir einen kompletten Atemzyklus ausführen (einatmen und ausatmen). Normalerweise atmen Männer mit einer Geschwindigkeit von sechzehn bis achtzehn, Frauen mit achtzehn bis zwanzig und Kinder mit zwanzig bis sechsundzwanzig Zyklen pro Minute. Kleinkinder atmen sogar noch schneller – dreißig bis fünfunddreißig Zyklen pro Minute. Die wenigsten von uns denken je darüber nach, was passiert, wenn wir bewusst versuchen, langsamer zu atmen. Sie werden staunen, welche Auswirkungen das hat.

☞ **Anleitung** Setzen Sie sich wieder aufrecht hin und atmen Sie ein paar Mal tief und vollständig. Sie atmen wahrscheinlich mit einer Geschwindigkeit von zwölf Zyklen oder mehr pro Minute. Reduzieren Sie Ihre Atemfrequenz jetzt bewusst auf acht Zyklen pro Minute. Atmen Sie so vollständig und tief wie möglich, um sich auch bei dieser langsameren Atemfrequenz wohl zu fühlen. Machen Sie das fünfzehn Minuten lang. Richten Sie Ihre Aufmerksamkeit bewusst darauf, wie Ihr Atem und Ihre Gedanken fließen. Bei dieser Atemfrequenz sind Ihr Körper und Ihr Gehirn wach, passen sich an die Veränderung an und öffnen Ihre Lungen, während Ihr Körper sich entspannt. Sie fühlen sich nach und nach weniger gestresst und bewusster. Der Wechsel von der normalen Atmung zur Atmung mit einer Geschwindigkeit von acht Zyklen pro Minute hat Ihr Gehirn mobilisiert und einen heilenden Prozess ausgelöst.

Kehren Sie nach fünfzehn Minuten zur normalen Atmung zurück. Sie bemerken vielleicht, dass Ihre Haut und Ihre ganze Körperoberfläche sich anders anfühlen. Ihre Augen sehen schärfer. Ihr geistiger Zustand hat sich verändert. Die Gedanken, die bleiben, verändern sich und Sie stellen fest, dass Sie jetzt Gefühle und Gedanken loslassen können, die sich zuvor hartnäckig festgesetzt hatten. Sie fühlen sich aufmerksam und bewusst. Auch weitere Bereiche Ihres Gehirns und Ihres endokrinen Systems sind an der heilenden Wirkung beteiligt, die Sie jetzt erleben.

Probieren Sie die Übung noch einmal, wobei Sie die Frequenz diesmal auf vier Zyklen pro Minute reduzieren. Überprüfen Sie die Wirkung, nachdem Sie das fünfzehnminütige Experiment beendet haben. Wenn Sie die Wirkung angenehm finden, versuchen Sie den langsamsten Atemrhythmus: einen Zyklus pro Minute. Am besten atmen Sie dazu langsam und bewusst zwanzig Sekunden lang ein. Dann setzen sie zwanzig Sekunden mit der Atmung aus. Schließlich atmen Sie gemächlich und gleichmäßig zwanzig Sekunden lang aus. Dann beginnen Sie diesen Zyklus von vorne. Wenn Sie dieses Atemmuster jeden Tag jeweils einunddreißig Minuten lang ausführen könnten, würde es Ihr Leben verändern. Es stärkt Ihr Immunsystem, gibt Ihnen die Kontrolle über Ihre Impulse und erzeugt einen Druck, der die beiden Gehirnhälften optimiert, sodass sie harmonisch zusammenarbeiten.

Atemfrequenzen und ihre Wirkungen

Atemfrequenz	*Gesundheitliche Wirkungen*
8 Zyklen pro Minute	Lindert Stress und erhöht die geistige Klarheit.
4 Zyklen pro Minute	Positive Veränderung der Denkfähigkeit, intensives Gefühl der Bewusstheit, bessere Sehfähigkeit, erhöhte körperliche Sensibilität.
1 Zyklus pro Minute	Optimales Zusammenwirken der beiden Gehirnhemisphären. Angst, Furcht und Sorgen nehmen drastisch ab, die Intuition nimmt zu. Sie sind offen, um ihre eigene Präsenz und die Präsenz einer höheren Macht zu spüren.

Das Verhältnis von Ein- und Ausatmung

Mit dem Verhältnis von Ein- und Ausatem oder mit dem „Atemquotienten", wie wir es hier kurz nennen möchten, meinen wir die Zeit, die Sie brauchen, um *ein*zuatmen, *im Verhältnis* zu der Zeit, die Sie benötigen, um *aus*zuatmen. Wenn wir normal atmen, dann sind die Zeitspannen für das Ein- und das Ausatmen üblicherweise gleich. Wenn Sie bewusst daran denken, können Sie aber sowohl in einem ungleichmäßigen als auch in einem gleichmäßigen Verhältnis atmen. Sie können beispielsweise sehr langsam einatmen und schnell ausatmen. Dabei bewegen Sie dieselbe Luftmenge, nur die Geschwindigkeit ändert sich. Der Unterschied lässt sich anhand einer einfachen Grafik gut verdeutlichen.

Gleichmäßiger Atemquotient

Atemquotient: 1 : 1
(gelesen:
eins zu eins)
Das Einatmen
dauert gleich
lange wie
das Ausatmen.

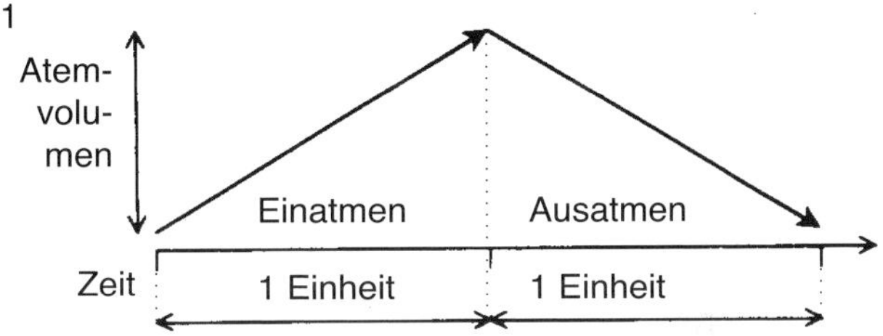

Ungleichmäßiger Atemquotient

Atemquotient: 2 : 1
Das Einatmen
dauert doppelt
so lange wie
das Ausatmen.

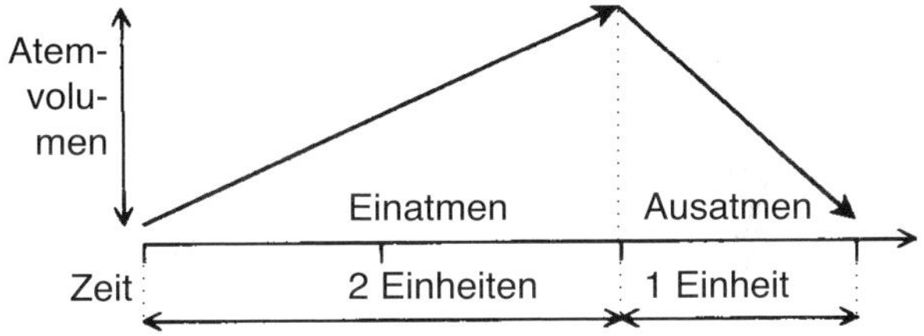

Atemquotient: 1 : 2
Das Einatmen
dauert halb
so lange wie
das Ausatmen.

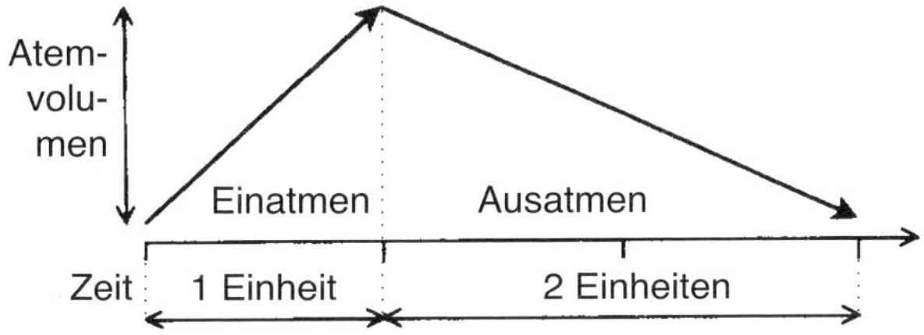

Sie erinnern sich vielleicht, dass Sie bereits in der einfachen Übung auf Seite 59 auf diesen Unterschied gestoßen sind. Dort haben Sie einen ungleichmäßigen Atemzyklus durchgeführt und seine Wirkung kennen gelernt. Wir alle machen das, ohne darüber nachzudenken. Wir atmen langsamer *ein*, wenn wir vor einer Herausforderung stehen, und wir atmen langsamer *aus*, wenn wir uns entspannen möchten. Sie können natürlich auch über eine viel längere Zeitspanne hinweg in einem ungleichmäßigen Verhältnis von Ein- und Ausatem atmen.

Dabei werden Sie feststellen, dass ein ungleichmäßiger Atemquotient sich auf die Energiemenge auswirkt, die dem Körper zur Verfügung steht. Der Schlüssel scheint in der Art und Weise zu liegen, wie das autonome Nervensystem auf solche Atemrhythmen reagiert. Ähnlich wie mit Ihren Beinen, die beim Gehen wie schwingende Pendel wirken, verhält es sich mit Ihrer Atmung. Sowohl Ihre Atmung als auch Ihr Gang sind wie ein Metronom, dem Ihr Körper und Ihr Geist folgen. Wenn Sie das Einatmen gegenüber dem Ausatmen betonen, bringt das sympathische Nervensystem Ihre Herzfrequenz und Ihren Blutdruck in Schwung. Wenn Sie das Ausatmen gegenüber dem Einatmen betonen, verlangsamt das parasympathische Nervensystem Ihren Herzschlag, entspannt den Kreislauf, die Nerven und das Verdauungssystem. Das sympathische und das parasympathische Nervensystem sind wie die körperlichen Äquivalente zu Gas- und Bremspedal in Ihrem Auto.

Ihren Atemquotienten zu variieren ist eine praktische Sache. Damit können Sie bewirken, dass Ihnen wärmer oder kälter wird, Sie können Ihr Körpergewebe mit Nährstoffen versorgen, Ihr Schlafmuster und Ihren Gedankenstrom ändern. Sie können sich damit leichter an eine andere Zeitzone anpassen und an plötzliche Unterbrechungen in Ihrem Arbeitsablauf. Damit können auch Prozesse wie die Reaktion Ihres Immunsystems auf Infektionen und Stress beeinflusst werden.

Die unterteilte Atmung

Unterteilte Atmung bedeutet, dass wir jede Einatmung und Ausatmung in mehrere gleiche Teile (Schritte, Abschnitte) aufteilen, wobei wir zwischen diesen Teilen kurz mit der Atmung aussetzen. Das heißt, in die tiefe, vollständige Atmung werden auf regelmäßige, rhythmische Weise kleine Pausen eingefügt. Im Gegensatz zu unseren anderen „Atem-Tools" gibt es zur unterteilten Atmung kein natürliches Gegenstück. Sie ist ein einzigartiges, ganz bewusstes Atemmuster. Die folgende Grafik veranschaulicht die unterteilte Atmung.

Unterteilte Einatmung

Es wird schrittweise eingeatmet und dann jeweils vorübergehend mit der Atmung ausgesetzt.

Unterteilte Ausatmung

Es wird schrittweise ausgeatmet und dann jeweils vorübergehend mit der Atmung ausgesetzt.

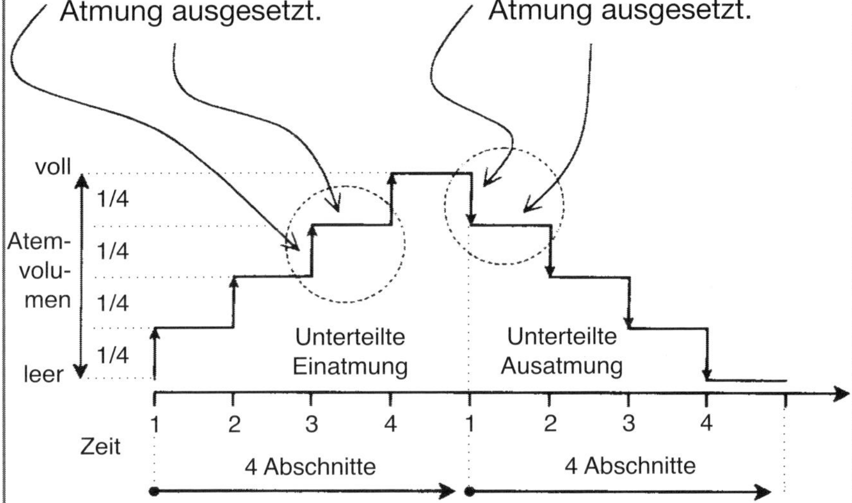

Diese Grafik stellt ein Atemmuster dar, das die unterteilte Atmung und einen Atemquotienten von 4 : 4 verwendet. Sowohl die Einatmungs- als auch die Ausatmungsphase werden in vier gleichmäßige Abschnitte aufgeteilt. Jedem Schritt der Ein- und Ausatmung folgt eine Pause oder ein Aussetzen der Atmung.

☞ **Anleitung So führen Sie die unterteilte Atmung aus: Statt in einem Zug einzuatmen, versuchen Sie, in vier gleichmäßigen Schritten oder Abschnitten einzuatmen – von ganz kurzen Pausen unterbrochen. Machen Sie dasselbe beim Ausatmen. Sie werden feststellen, dass sich dieses Atemmuster hervorragend mit dem Gehen kombinieren lässt. Sie können Ihre Atemabschnitte zeitlich auf Ihre Schritte abstimmen.**

Erlernen Sie dieses Atemmuster, indem Sie sich zunächst darauf konzentrieren, alle Atemabschnitte – sowohl beim Ein- als auch beim Ausatmen – gleich lang zu gestalten. Kein ungleichmäßiger Atemquotient, kein Anhalten des Atems nach dem Ein- oder Ausatmen – einfach nur fließende gleichmäßige Abschnitte. Beginnen Sie damit, Ihre Atemzüge bewusst in jeweils *vier gleiche Abschnitte* aufzuteilen – Sie atmen dann sozusagen im „Viervierteltakt“! Üben Sie, bis Sie diese Übung als kompletten Zyklus ausführen können. Sie können auch probieren, im Rhythmus von 8 : 8 zu atmen, nachdem Sie den 4 : 4-Rhythmus beherrschen; und denken Sie daran, *immer durch die Nase* zu atmen.

Wenn Sie Ihre Atmung unterteilen, achten Sie darauf, dass der Luftstrom dabei auf eine angenehme Stelle trifft; üblicherweise ist das der mittlere bis obere Nasenbereich. Wenn Sie scharf einatmen, spüren Sie den Luftdruck in Ihrer Nasenspitze. Wenn Sie besonders scharf einatmen kann, es sein, dass Sie Ihre Nasenflügel zusammenziehen und der Luftstrom blockiert wird. Arbeiten Sie daran, Ihre Nase bei der unterteilten Atmung zu entspannen, und Sie werden feststellen, dass Sie Ihren Atemstrom einfach lenken können, sodass er weiter oben auf Ihre Nasenflügel trifft. Es geht einfach nur darum, dass Sie regulieren, wie energisch Sie atmen. Wenn Sie Ihren Atem ganz in Ihren Rachen oder Ihre Lungen ziehen, öffnet sich alles zu stark. Wenn Sie es richtig machen, ist Ihre Nase entspannt und Ihr Atemstrom trifft genau den Bereich, der ganz bestimmte Nerven stimuliert.

Beim Ausatmen entspannen Sie Ihre Halsregion. Regulieren Sie die Ausatmung durch die Bewegung des Nabels. Ziehen Sie Ihren Nabel ein und entspannen Sie gleichzeitig Ihren Brustkorb. Wenn Sie die Luft richtig steuern, fühlt sich die unterteilte Atmung ganz natürlich an.

Bei der unterteilten Atmung wird das Stammhirn auf andere Weise angeregt als bei einer fließenden Atmung. Obwohl Sie vielleicht gleich tief atmen wie bei einer vollständigen Atmung und obwohl der komplette Atemzyklus gleich lange dauert, ist die Wirkung eine völlig andere. Die beschleunigte Muskel- und Nervenbewegung, die zur Unterteilung der Atmung notwendig ist, sendet eine ganz andere Botschaft an Körper und Geist. Sie regen Ihre Drüsen dazu an, sich selbst zu regulieren und optimal zu arbeiten. Diese Art der Atmung wirkt sich auf das endokrine und das Immunsystem aus und stärkt das Nervensystem. Die *Summe* der einzelnen Abschnitte ist mehr und wirkungsvoller als der *gesamte* Atemzug als solcher.

Mit etwas Übung fällt Ihnen die unterteilte Atmung immer leichter und gleichzeitig hat sie eine heilsame Wirkung auf Ihren Körper. Probieren Sie es jetzt aus:

☞ **Anleitung** Sorgen Sie dafür, dass Sie die nächsten fünf bis fünfzehn Minuten nicht gestört werden. Setzen Sie sich auf einen Stuhl oder auf den Boden und konzentrieren Sie sich auf Ihr Stirnchakra.

Beginnen Sie einzuatmen, wobei Sie Ihren Atemzug in acht gleichmäßige Schritte unterteilen. Dann atmen Sie ebenfalls in acht gleichmäßigen Schritten aus. Konzentrieren Sie sich ganz auf Ihre Atmung. Es ist, als würden Sie eine Leiter mit acht Sprossen hinauf- und hinuntersteigen. Wenn Sie möchten, können Sie beim Einatmen im Geiste die „Urklänge" wiederholen: Sagen Sie still (zweimal beim Einatmen und zweimal beim Ausatmen): „SA-TA-NA-MA" – einen Urklang für jeden Atemschritt. Später gehen wir noch näher auf die Verwendung von Klängen ein. Jetzt sagen Sie sie einfach im Geiste wie die „Do-re-mi"-Tonleiter auf. Machen Sie das fünf bis fünfzehn Minuten lang. Am Ende atmen Sie tief ein und setzen kurz mit der Atmung aus. Dann bleiben Sie sitzen und versuchen, die Wirkung dieser Atmung in jeder Zelle Ihres Körpers zu spüren. „Scannen" Sie im Geiste jede einzelne Zelle und spüren Sie, ob sie wohlauf und heil ist.

Die schnelle Atmung

Bei den nächsten zwei Techniken wird *schnell* statt langsam oder unterteilt geatmet. In der Tradition des Kundalini-Yogas spricht man von „Feueratem“ und „Kanonenatem“. Diese beiden Techniken sind wie keine anderen in der Lage, den Körper und Geist zu regenerieren und zu verjüngen.

„Feueratem“

Ein drastischer Name für ein heftiges Atemmuster – aber diese Übung richtet Ihr ganzes Nervensystem neu aus und verleiht Ihnen Nerven aus Stahl. Wenn Sie den Feueratem erlernen, können Sie selbst hartnäckigen Stress auflösen. Das Atemmuster ist einfach – schnelles Atmen durch die Nase. Die Geschwindigkeit sollte 120 bis 180 Atemzüge pro Minute betragen, wobei ein Atemzug eine Ein- und eine Ausatmung umfasst. Das ist wirklich schnell! Sie sollten dabei regelmäßig und fließend atmen. Ihre Nasenflügel sollten entspannt bleiben und nicht durch die Atmung zusammengezogen werden. Beim Ausatmen stoßen Sie die Luft aus, indem Sie Nabel und Solarplexus nach hinten in Richtung Wirbelsäule drücken, während Sie Ihr Zwerchfell zusammenziehen. Das geht fast automatisch, wenn Sie Ihr Zwerchfell schnell genug zusammenziehen. Entspannen Sie beim Einatmen Ihren Bauch, sodass Ihr Zwerchfell sich nach unten ausdehnt und Ihr Atem mühelos hereinfließen kann.

Ihr Brustkorb sollte während des gesamten Atemzyklus entspannt und leicht angehoben sein. Achten Sie darauf, dass das Verhältnis von Ein- und Ausatem absolut gleichmäßig ist. Wenn Sie stärker ein- als ausatmen, wird Ihnen schwindlig und Sie fühlen sich so, als hätten Sie gerade vier Liter Kaffee getrunken. Wenn Sie zu stark ausatmen, werden Sie träge und *zu* ruhig. Wenn Sie so schnell atmen, kann ein *ungleichmäßiges* Verhältnis von Ein- und Ausatem schnell große Unterschiede im Luftvolumen bewirken, das Sie Ihrem Körper zuführen. Das ist unangenehm und kann nicht lange durchgeführt werden. Wenn Sie ein *gleichmäßiges* Verhältnis erzielen, kommt Ihre Atmung richtig in Schwung und fällt Ihnen ganz leicht. Sie werden feststellen, dass Sie wach, voller Energie und entspannt sind – und das alles gleichzeitig. Achten Sie deshalb auf ein gleichmäßiges Atemverhältnis, denn ein ungleichmäßiger Rhythmus ist irritierend und kann zu einem Sauerstoffungleichgewicht führen.

Halten Sie Ihren Brustkorb leicht angehoben. Manche Leute, vor allem jene, die zur paradoxen Atmung neigen, konzentrieren sich zu sehr darauf. Wenn Sie nicht sicher sind, ob sich Ihr oberer Brustbereich bei dieser Übung nicht bewegt, legen Sie die eine Hand auf den oberen Brustbereich und die andere zwischen Solarplexus und Nabel. Die obere Hand sollte sich beim Feueratem nicht bewegen. Die Kraft geht vom unteren Bereich aus. Mit der unteren Hand sollten Sie spüren, wie sich der Oberbauch in der Nähe des Solarplexus mit Ihrem Atem bewegt. Wenn Sie die untere Hand jetzt unterhalb des Nabels platzieren, werden Sie feststellen, dass Sie kaum eine Bewegung wahrnehmen.

Entspannen Sie Ihre Schultern und Ihren unteren Rückenbereich. Betrachten Sie diese ganze Übung als Spiel und nicht als Arbeit. Wenn Sie Ihren Bauch als Pumpe einsetzen oder Ihre Schultern anspannen, verspannt sich Ihr unterer Rücken und Sie werden müde. Heben Sie Ihren Brustkorb ein wenig an, entspannen Sie die Schultern und setzen Sie ein kleines Lächeln auf, so als würden Sie diese kräftigende Übung richtig genießen.

Die Leute fragen oft, ob man bei dieser Übung nicht hyperventiliert. Nein. Sie stärkt Ihre Lungen und Ihre ganze Atmung. Wenn Sie den Bauch zu stark einsetzten, dann würden Sie zu viel Luft in Ihre Lungen pumpen, was problematisch wäre. Oder wenn das Verhältnis von Ein- und Ausatmung ungleichmäßig wäre, würde das ein Problem verursachen. Sofern Sie den Feueratem richtig durchführen, können Sie ihn einunddreißig Minuten lang ausüben und Sie fühlen sich großartig, ohne ein Anzeichen von Hyperventilation. Bluttests nach einer so langen Übung ergeben einen stabilen CO_2-Wert und einen leicht erhöhten Sauerstoffspiegel. Dennoch sollten Sie immer mit *kurzen* Übungsphasen beginnen, wenn Sie eine neue Fertigkeit erlernen, vor allem, wenn es dabei um die Atmung geht.

Die Nutzeffekte des Feueratems:

- Abbau von Stress
- Erhöhte Lungenkapazität und kräftige Atmung
- Ausstoß von Toxinen aus dem Lungengewebe
- Reinigung der Schleimhäute
- Wachheit, Energie und Stärke

- „Signatur des Wohlbefindens“ in Ihren Körperrhythmen (etwa dem Herzschlag)
- Ausgeglichenes autonomes Nervensystem
- Vermindertes Suchtverhalten

„Kanonenatem"

Wenn Sie den Feueratem langsamer und durch Ihren Mund durchführen, spricht man vom Kanonenatem. Die Geschwindigkeit sollte 120 bis 130 Atemzüge pro Minute betragen – ungefähr 2 Atemzüge pro Sekunde. Dieser Kanonenatem kann das parasympathische Nervensystem sehr schnell reinigen und stärken. Er eignet sich auch hervorragend dafür, alle Verdauungsfunktionen ins Gleichgewicht zu bringen. Er regt viele Gehirnbereiche an, zum Beispiel die Fähigkeit, zu lernen und zu reagieren.

Um den Kanonenatem richtig auszuführen, müssen Sie Ihren Mund rund wie eine Kanone formen. Spitzen Sie Ihre Lippen nicht wie zu einem Kuss und reißen Sie den Mund nicht weit auf. Wenn Sie Ihren Mund zu einer kleinen Kanone formen, liegt der Atemdruck hinten an ihren Wangen und entlang der Oberseite Ihrer Zunge. Versuchen Sie diesen Druck zu spüren, während Sie die Übung durchführen, damit Sie lernen, Ihren Mund dabei richtig zu öffnen. Ihr Rachen bekommt einen Teil, aber nicht den ganzen Druck ab. Versteifen Sie Ihren Hals nicht. Halten Sie den Hals aufrecht und ziehen Sie das Kinn leicht ein. Führen Sie den Kanonenatem eine bis drei Minuten lang durch.

Die wichtigsten Punkte im Überblick

- **Mit der Atmung aussetzen:** Stellen Sie für kurze Zeit sanft die Atmung ein und lassen Sie Körper und Geist zur Ruhe kommen. Wenn Sie nur diese Übung durchführen, bringt sie schon viele gesundheitliche Vorteile. Sie wirkt sich auf Ihren Stoffwechsel und Ihr Nervensystem aus und ist beruhigend.
- **Atemfrequenz:** Unter der Atemfrequenz versteht man einfach nur, wie oft pro Minute wir einen kompletten Atemzyklus (einatmen und ausatmen) durchführen. Verringern Sie die Atemfrequenz und Körper und Geist profitieren auf vielfache Weise davon.
- **Atemquotient:** Das ist jene Zeit, die Sie brauchen, um einzuatmen, *ins Verhältnis gesetzt* zu der Zeit, die Sie brauchen, um auszuatmen. Mit einem *veränderten* (ungleichmäßigen) Atemquotienten können Sie etwa bewirken, dass Ihnen wärmer oder kälter wird, Sie können Ihr Körpergewebe mit Nährstoffen versorgen, Ihr Schlafmuster und Ihren Gedankenstrom ändern und sonstigen Nutzen daraus ziehen.
- **Unterteilte Atmung:** Unterteilte Atmung bedeutet, dass wir jede Einatmung und Ausatmung in mehrere gleiche Schritte aufteilen, wobei wir zwischen den Schritten kurz mit der Atmung aussetzen. Sie lässt sich hervorragend mit dem Gehen kombinieren und sorgt für mehr Vitalität. Sie können Ihre Atemabschnitte zeitlich auf Ihre Schritte abstimmen. Die heilsame Wirkung der unterteilten Atmung ist darauf zurückzuführen, dass das Stammhirn auf andere Weise angeregt wird als bei der fließenden Ein- und Ausatmung.
- **Schnelle Atmung:** Der Feueratem ist eine schnelle Atmung mit 120 bis 180 Zyklen pro Minute. Er eignet sich hervorragend dazu, Körper und Geist von Stress zu befreien. Er fungiert als eine Art Katalysator, der eine Veränderung der Lage herbeiführt, in der er eingesetzt wird.

Kapitel 4

Wie ein Breathwalk® abläuft

Theorie und Praxis sind zweierlei. Um die Vorzüge des Breathwalks wirklich kennen zu lernen und zu verstehen, müssen Sie ihn ausprobieren. In den nächsten Kapiteln beschreiben wir alle Grundlagen, die sie benötigen, um ihn zu genießen. Doch zunächst müssen wir uns kurz damit beschäftigen, wie Sie richtig atmen, Ihre Haltung anpassen und die verschiedenen Atemmuster erlernen.

Ein Breathwalk besteht aus fünf Schritten:

- Schritt 1 – Aufwecken: Sie führen bestimmte Aufweckübungen für Körper und Geist durch.
- Schritt 2 – Ausrichten: Sie nehmen die richtige Haltung an und richten Ihre Bewusstheit auf das Gehen aus.
- Schritt 3 – Vitalisieren: Sie synchronisieren Atmen und Gehen mit bestimmten Atemintervallen.
- Schritt 4 – Balancieren: Sie verlangsamen allmählich Ihr Tempo.
- Schritt 5 – Integrieren: Sie bereichern und verankern Ihre Erfahrung mit einem „Innerwalk". (Erklärung folgt weiter unten.)

Noch ein Gedanke, um Sie zu motivieren, sich mit uns auf einen kurzen Breathwalk zu begeben: Wenn wir richtig gehen, ist Gehen eine ausgezeichnete Basis, um unsere Kondition zu verbessern. Sie können damit Ihre körperliche, geistige und spirituelle Fitness steigern. Wir wissen heutzutage, dass Gehen ein nahezu perfektes Training ist und dass wir damit mehr Muskeln trainieren als beim langsamen Laufen (Joggen). Im Laufe der Jahre haben viele Studien gezeigt, dass Gehen ein perfektes „Cross-Training" darstellt: Es wirkt sich auch auf das Laufen, Gewichtheben und viele andere körperliche Aktivitäten positiv aus. Gehen ist eine ganz elementare Übung. In Tausenden von Jahren hat sich das Gehen immer weiter entwickelt, sodass es jetzt mit vielen Körperfunktionen wie

Verdauung, Herz und Kreislauf und sogar mit den Augen in Zusammenhang steht. Durch Gehen werden diese Funktionen auf gesunde Weise angeregt: Das Herz wird gestärkt, der Kreislauf kommt in Schwung, die Peristaltik des Verdauungstrakts wird angepasst und die Wahrnehmung wird schärfer und klarer. Deshalb haben viele Spitzensportler, die das Gehen zunächst als viel zu langsam und zu wenig anstrengend belächelt haben, es inzwischen als eine Hauptaktivität in ihr Trainingsprogramm aufgenommen. Gehen ist alles andere als langweilig: Es kann Ihre Stimmung anheben – und da die Verletzungsgefahr sehr gering ist, können Sie es Ihr ganzes Leben lang ausüben.

Einen Breathwalk® unternehmen

Wir laden Sie ein, auf einen frühmorgendlichen Breathwalk in den Ausläufern der *Sangre-de-Cristo*-Berge in New Mexico mitzukommen.

Anleitung Während ich (der Autor Gurucharan Singh Khalsa) an diesem Breathwalk-Handbuch arbeite, *unterrichte* ich Breathwalk und Yoga auch bei einem großen Treffen hier in New Mexico. Während es gestern an die 40 Grad heiß war, ist die Temperatur über Nacht drastisch gesunken. Die Morgendämmerung bricht an und eine kühle Brise hat mich gerade aus meinem tiefen Schlaf geweckt. Ich sehe mich um und erblicke ein Panorama aus sanften Farben – spielerisch vermischt sich das Rot der Erde mit den Rosa- und Blautönen des Himmels. Das sind die Farben der Wüste. Ich habe einen anstrengenden Tag vor mir, denn ich soll zwölf Stunden lang unterrichten, also freue mich auf den Auftrieb, den mir ein guter Breathwalk geben wird. Ich ziehe meine Wanderschuhe an und bin bereit loszulegen.

Im Geiste gehe ich die verschiedenen Optionen durch und entscheide mich für den Breathwalk, den man „Der Adler" nennt. Ich bin ja zurzeit noch dabei, mich auf den Höhenunterschied einzustellen, denn ich komme aus Boston, das auf Meereshöhe liegt, deshalb möchte ich nun etwas Einfaches, das mir für mein Morgenseminar geistige Klarheit gibt und meine Sinne schärft. Bevor ich mich aber auf den Weg mache, führe ich eine Aufweckübung durch. Das ist der erste Schritt bei einem vollständigen Breathwalk: Körper und Geist aufwecken. Ich habe eine Aufweckübung gewählt, die aus vier kurzen Teilen besteht, die mir Energie verschaffen, mein Immunsystem stärken und vielleicht die Reisestrapazen ein wenig lindern.

Ich stelle mich hin, überkreuze meine Handflächen auf meiner Brust und beginne den Feueratem. Ich atme schnell durch die Nase ein und aus, und zwar gleichmäßig mit etwa zwei Atemzyklen pro Sekunde. Ich gewöhne mich an den Rhythmus, an das gleichmäßige Tempo, und konzentriere mich auf das Atmen, die Empfindungen und die Energie, die es auslöst. Meine Nase war anfangs ein wenig verstopft, aber nach einer Minute öffnen sich meine Luftwege. Ich rieche den süßen Duft von Salbei rund um mich herum; bisher hatte ich ihn gar nicht wahrgenommen.

Während ich den Feueratem fortsetze, erwacht mein Geruchssinn voll und ganz. Drei Minuten sind inzwischen vergangen. Ich atme tief ein und halte meinen Atem fünfzehn Sekunden lang an, während ich jeden Muskel in meinem Körper anspanne. Jetzt! Ich atme ganz plötzlich durch den Mund aus – wie ein Kanonenschuss. Ich wiederhole die letzte Ein- und Ausatmung und entspanne mich. Ein Prickeln läuft über meinen Körper. Es fühlt sich gut an.

Als Nächstes schwinge ich meine Arme in großen Kreisen und spüre, wie sich meine Brust weiter öffnet, während meine Arme rhythmisch pumpen. Nach einer Minute merke ich, wie mein oberer Brustbereich warm wird und meine Wangen sich röten. Als ich am Ende dieser Übung einatme, fühle ich mich wach und achtsam. Ich spüre, wie das Blut in meinen Fingerspitzen pulsiert und meine Herzfrequenz sich allmählich erhöht. Mit ausgestreckten Armen beginne ich jetzt, mit den Händen zu kreisen. (Probieren Sie es und konzentrieren Sie sich dabei. Es ist wirklich anstrengend!) Innerhalb weniger Sekunden verläuft meine Atmung synchron mit der Bewegung meiner Handgelenke. Diese Übung spüre ich in den Schultern. Als ich einatme und meinen Atem anhalte, spüre ich einen Energieschub, der von meinem Nabel ausgeht und durch meinen Brustkorb hinauf zu meinem Kronenchakra strömt. Ich fühle mich stabil, leicht und sehr aufmerksam. Ich lasse den Atem los und entspanne meine Arme.

Bei der nächsten Übung strecke ich mich kraftvoll in die Höhe, indem ich meine Arme hoch über meinen Kopf hebe. Es fühlt sich gut an, sich so zu dehnen. Dann entspanne ich mich und senke meine Arme wieder. Ich wiederhole das Ganze. Atmen Sie beim Hochheben der Arme ein und beim Senken der Arme aus. Mit jedem dieser Zyklen habe ich das Gefühl, mehr geerdet zu sein und mit beiden Füßen fester auf dem Boden zu stehen. Mein Rippenbogen fühlt sich weit und entspannt an. Ich bin ganz präsent. Ich bin richtig erpicht darauf, loszugehen, aber ich möchte diese Übungen abschließen, um mein Immunsystem anzuregen. Also halte ich mir den rechten Nasenflügel zu und atme nur durch den linken. Jede Seite sendet eine andere Botschaft an die beiden Gehirnhälften. Ich beginne mich zu entspannen, während ich auf diese Weise atme. Es ist sehr wohltuend. Es fühlt sich ein wenig wie eine langsame, angenehme Drehung auf einem Karussell an. Wie eine sanfte Woge entspannt der Atem meinen ganzen Körper und meine Gedanken scheinen sich auch ein wenig zu beruhigen. Als ich mich umschaue, ist es so, als sähe ich dieselbe alte Straße völlig neu. Der Salbei, der staubige Boden und die Blumen ringsum erscheinen mir jetzt unglaublich intensiv.

Jetzt beginne ich zu gehen. Meine Beine schlenkern ein wenig, mein Gang ist noch nicht geschmeidig. Im Geiste „scanne" ich meinen Körper. Das ist der zweite Schritt bei einem Breathwalk: jeden Teil des Körpers scannen und ausrichten. Meine rechte Zehe ist ein wenig nach innen gedreht. Ich passe meine Füße etwas an. Meine Hüften lockern sich; ich spüre, wie ihre Bewegung natürlicher wird. Ich spüre einen leichten Schmerz in meinem Kreuz. Ich reagiere nicht und verspanne mich nicht, wie ich das üblicherweise mache, wenn mir etwas weh tut. Stattdessen entspanne ich mich und scanne meinen Brustkorb und meine Schultern. Als sich meine Schultern lockern, scheinen die Kreuzschmerzen nachzulassen und dieser Bereich schließt sich dem Rhythmus des übrigen Körpers an. Jetzt komme ich richtig in Schwung. Mein Nacken lockert sich und stützt meinen Kopf genau richtig. Wenn ich also meinen Körper mit meinem geistigen Auge scanne, reagiert alles und richtet sich entsprechend aus.

Jetzt beginne ich bewusst nach einem bestimmten Muster zu atmen, das die gewünschte Wirkung hat. Das ist das Herz und die Seele des Breathwalk, Schritt 3: das Vitalisieren. Ich beginne, in vier Abschnitten, die zeitlich auf meine Schritte abgestimmt sind, einzuatmen. (Vgl. Kapitel 3) Dasselbe mache ich beim Ausatmen – vier kurze Atemstöße, während ich vier Schritte mache. Ich atme durch die Nase und synchronisiere meine unterteilte Atmung mit meinen Schritten. Der Rhythmus fällt mir jetzt leicht; das vierfach unterteilte, tiefe Ein- und Ausatmen passiert fast automatisch. Jetzt beginne ich im Geist die vier Urklänge SA-TA-NA-MA zu wiederholen. Ich möchte meinen Geist beruhigen und meinen inneren Dialog durchbrechen. Ich verlagere meine Aufmerksamkeit auf die Atmung und die inneren Klänge. Zuerst konzentriere ich mich auf die Atmung, um meine Rippen und meinen Brustkorb anzupassen. Ich beginne tiefer zu atmen, wobei ich die einzelnen Atemabschnitte gleichmäßig und geschmeidig fließen lasse. Die inneren Klänge nehmen meine übrige Aufmerksamkeit in Anspruch. Schon bald habe ich mich an den gleich bleibenden Rhythmus gewöhnt und die Klänge stehen im Vordergrund meiner Aufmerksamkeit: SA-TA-NA-MA ...

Nun konzentriere ich mich darauf, wie meine Atmung sich anfühlt. Einatmen – in vier gleichen Abschnitten. Der Bauch wölbt sich nach außen, mein Brustkorb füllt sich; der Atem scheint mich nach oben zu ziehen, denn meine Schultern heben sich leicht und gehen etwas nach hinten, sodass ich noch tiefer einatme. Ausatmen – in vier gleichen Abschnitten. Ich konzentriere mich darauf, den Nabel ein wenig einzuziehen. Dann pulsiert der Atem – ein und aus – mit den Schritten meiner Füße. Immer vier Abschnitte. SA-TA-NA-MA ... Alles verläuft wunderbar synchron und harmonisch, wie bei einem Orchesterkonzert.

Ich beginne mit meinen Fingerspitzen zu spielen – mache die „Fingermagie" (Erklärung folgt), alles ganz rhythmisch. Nacheinander berührt jede Fingerspitze jeder Hand die jeweilige Daumenspitze, im Rhythmus von SA-TA-NA-MA ... Ich nehme alles um mich herum wahr: Bäume, Hügel, bellende Hunde, Vögel. Alles ist klar und deutlich und dreidimensional. Ich *gehe* nicht einfach, ich *fließe*. Ich bin voller Energie.

Nach fünf Minuten entspanne ich meine Atmung und höre mit der unterteilten Atmung auf. Jetzt gehe und atme ich normal, mein Körper ist entspannt und locker. Das ist Teil von Schritt 3: Dynamische Intervalle einsetzen. Ich wechsle zwischen normalem Gehen und Gehen mit einem Atemmuster ab. Als ich meinen Körper und meine Gefühle überprüfe, bemerke ich vor allem meine Sehkraft. Ich sehe die drei Dimensionen jetzt stärker als zuvor; die Farben rings um mich herum und die Dimensionen erscheinen mir intensiver. Ich gehe an ein paar großen Pappeln vorbei, deren flaumige Samen wie Wattebäusche aussehen; ich kann sie mit erstaunlicher Klarheit erkennen und sehen, wie sie sich sanft im Wind bewegen. Bäume und Berge erscheinen unglaublich scharf. Jedes einzelne Ding kommt mir stärker präsent vor. Ich bin sehr dankbar für diesen Augenblick.

Ich setze meine Tonleiter der Urklänge fort: SA-TA-NA-MA ... Nach drei Minuten bin ich wieder bereit für das Atemmuster im Verhältnis 4 : 4. Ein kleiner Hügel veranlasst mich dazu, langsamer und bedächtiger zu gehen. Ich passe meine Atmung an und atme tiefer mit SA-TA-NA-MA ... Meine gleichmäßige Atmung wirkt sich auf mein Gesicht und meine Haut aus: Ich empfinde Wärme, Sensibilität und Lebendigkeit.

Ich spüre, wie die Luft über meine Wangen streicht. Ich habe das Gefühl, ich befinde mich im Zentrum all dieser vitalen Aktivität. Meine

Beine werden warm und fühlen sich an, als könnten sie tagelang ohne Pause weitergehen. Geistig konzentriere ich mich einmal auf die Urklänge und dann wieder darauf, wie die Welt um mich herum sich anfühlt – mein Geist ist sozusagen wie ein riesiges Pendel, das hin- und herschwingt. Mein ganzer Körper erwärmt sich, er ist aber nicht verschwitzt, sondern nur durch und durch warm.

Nach zehn Minuten scheinen sich meine Lungen geweitet und geöffnet zu haben. Ich habe das Gefühl, als müsste ich gar nicht mehr atmen. Ich habe genug Vitalenergie in mir. Aber ich behalte die Kadenz SA-TA-NA-MA bei. Ich bin ganz im Hier und Jetzt, mit allem verbunden. Jetzt werde ich langsamer, atme entspannt und richte meine Aufmerksamkeit auf alles um mich herum. Das ist Schritt 4: Balancieren oder Harmonisieren. Ich verlangsame meine Schrittgeschwindigkeit und lenke meine Aufmerksamkeit von innen nach außen. Nach zwei Minuten mache ich den letzten Schritt: Integrieren. Ich möchte mir diese Bewusstheit und Energie den ganzen Tag lang bewahren. Ich möchte sie verankern. Ich führe einen einfachen „Innerwalk" durch. Während ich langsamer werde, lasse ich den Weg und alle Schritte, die ich auf diesem Breathwalk gemacht habe, Revue passieren. Ich wiederhole ihn im Geiste und achte dabei auf alle einzelnen Sinneswahrnehmungen. Ich möchte, dass sich der Breathwalk und all die Veränderungen, die er bewirkt hat, in meinem Geist einprägen. Jetzt bringe ich meine Sinne zurück in diesen Augenblick. Ich lehne mich an einen passenden Baum und atme ganz langsam. Ich führe meinen Atem geistig in meine Arme und Beine und wieder zurück. Ich sehe mich selbst strahlend und ausgeglichen.

Bei meinem Haus angekommen mache ich abschließend mit geschmeidigen, schnellen Bewegungen drei Dehnübungen. Ich bin nun bereit für diesen Tag.

Wir hoffen, mit dieser Schilderung können Sie sich gut vorstellen, wie ein Breathwalk abläuft und wirkt. Natürlich ist uns klar, dass jeder Mensch seine ganz eigenen Erfahrungen macht. Wir wissen, dass die verschiedenen Breathwalk-Muster und ihre Auswirkungen sich ganz unterschiedlich anfühlen. Wir möchten Sie einladen, sie selbst zu erforschen.

Das ist nur der Anfang. Indem wir die fünf Teile des Breathwalks in den Kapiteln 5 bis 9 detailliert untersuchen, wird er immer natürlicher, effektiver und macht mehr Spaß. Während wir die Vielzahl der Breathwalk-Muster und -Programme erforschen, können Sie jene herausfinden, die Ihre Bedürfnisse am besten erfüllen. Nach und nach lernen Sie, den Breathwalk auf langen Wanderungen und auf kurzen Spaziergängen einzusetzen. Sie beherrschen ihn allmählich automatisch und müssen sich weniger darauf konzentrieren, sondern nehmen stärker wahr, welchen körperlichen und seelischen Auftrieb er Ihnen gibt.

Kapitel 5

Schritt 1: Aufwecken

Die meisten von uns haben am Morgen, wenn sie aufstehen, das Gefühl, sie müssten Körper und Geist erst aufwecken. Wir müssen die Träume und den „Nebel" der Nacht auflösen und unseren Körper von seiner Anspannung und Trägheit befreien. Wir bringen unseren Kreislauf in Schwung und können uns erst nach und nach konzentrieren. Jeder hat seine eigenen Rituale, um aufzuwachen. Wir dehnen und strecken uns, duschen, bereiten uns eine Tasse Tee oder Kaffee. Auch wenn wir ein Übungsprogramm absolvieren – egal ob es zehn Minuten oder eine Stunde dauert –, müssen wir Körper und Geist vorher aufwecken. Bei unseren normalen Aktivitäten kann es sein, dass wir sie beinahe im Halbschlaf ausführen, jeweils nur auf diese eine Sache konzentriert sind und dabei unseren Körper und unsere inneren Ressourcen außer Acht lassen.

Bei Breathwalk beginnen wir mit Aufweckübungen, die uns helfen, jegliche Trägheit oder Lethargie abzuschütteln. Wir stimulieren selektiv die körperlichen und geistigen Funktionen, die wir beleben möchten. Die Aufweckübungen bestehen aus ganz bestimmten Bewegungen, die nacheinander ausgeführt werden und auf die Atmung abgestimmt sind, sodass sie den ganzen Körper ins Gleichgewicht bringen. Ihre Wirkung ist auf die Reihenfolge und die Zusammensetzung der Bewegungen zurückzuführen. Wir ersetzen damit die herkömmlichen Aufwärmübungen, die Sie sonst vor sportlicher Betätigung durchführen. Einige Aufweckübungen steigern generell die Auswirkung der Übung auf jeden Teil Ihres Körpers. Andere zielen darauf ab, eine bestimmte Körperfunktion anzuregen, wie etwa das Immunsystem, den Kreislauf oder die Lungen. Sie können diejenigen Aufweckübungen wählen, die Ihren Bedürfnissen jeweils am besten entsprechen. Aufweckübungen stimulieren auch ganz spezifische Bereiche Ihres Körpers, die vielleicht besondere Aufmerksamkeit oder Heilung brauchen, wie Rückenmuskulatur, Wirbelsäule oder Kreislauf. Die Aufweckübungen bereiten Sie auf den Hauptteil des Breathwalk vor, der darin besteht, dass Sie Ihre Atmung bewusst lenken und auf das Gehen abstimmen.

Jede Aufweckübung wirkt sich auf andere Muskeln und Bereiche von Körper und Gehirn aus. Das heißt, wenn Sie Ihre Aufweckübungen variieren, können Sie jeden Teil von Körper und Geist „aufbauen". Manche Aufweckübungen eignen sich besser zur Stimulation, andere zur Entspannung; manche stärken den Kreislauf und andere sorgen für Kraft; manche helfen Ihnen, sich zu konzentrieren und zu handeln, andere dienen dazu, sich zu zentrieren. Experimentieren Sie ein wenig, lesen Sie unsere Kommentare zu den einzelnen Aufweckübungen und Sie werden schnell herausfinden, welche bei Ihnen am besten funktionieren.

Fast jede Aufweckübung besteht aus denselben zwei Hauptaktionen – der Vorbereitung der und bestimmten Bewegungssequenzen. Jede Aufweckübung beginnt mit ein bis drei Minuten bewusster, kontrollierter Atmung. Wir nennen diese Aktion „die Atmung vorbereiten".

Bei jeder Aufweckübung führen Sie drei bis fünf kurze Übungen in einer bestimmten Reihenfolge aus, um den gewünschten Effekt zu erzielen. Sie können wählen, ob Sie Ihre Stimmung, Ihren Kreislauf, Ihre Muskelspannung und -flexibilität oder Ihr neuroendokrines System beeinflussen möchten.

Die Atmung vorbereiten

Vielleicht erinnern Sie sich noch an die alten Brunnen, bei denen Sie zuerst ein wenig pumpen mussten, bevor das Wasser zu fließen begann. Oder vielleicht mussten Sie einmal etwas absaugen und wissen noch, dass Sie zuerst einmal Flüssigkeit durch den Schlauch saugen mussten, bevor sie dann von alleine floss. Unser Körper muss auch etwas angekurbelt werden, damit er möglichst effektiv funktioniert. Die Atmung vorzubereiten bedeutet, dass Sie ein paar bewusste Atemzüge machen, um den Atemstrom in Schwung zu bringen. Er fließt vom Universum in unsere Lungen und von unseren Lungen in jede Zelle. Wir können diesen Fluss verstärken, umlenken und vervollkommnen. Wir bereiten unsere Atmung vor, damit sie besser funktioniert. Dabei stoßen wir alte Luft aus, reinigen die Lungen und stimulieren den Kreislauf.

So bereiten Sie Ihre Atmung vor: Atmen Sie einfach bewusst ein bis drei Minuten lang, ohne sich irgendwie ablenken zu lassen. Atmen Sie, um sich Ihrer Atmung bewusst zu werden, um damit zu beginnen, Atmung und Bewegung zu koordinieren, um das von Ihnen gewählte Atemmuster auszuführen, Ihren Kreislauf sofort anzuregen und Ihr Energieniveau zu steigern.

Sie können diese Übung zur Vorbereitung Ihrer Atmung ausführen, indem Sie entweder stehen, wobei Sie Ihr Gewicht gleichmäßig auf beide Füße verlagern, oder indem Sie aufrecht, aber entspannt sitzen. Sie können Ihre Augen offen lassen, ohne auf etwas zu starren. Ihr Blick ist dabei auch nicht verschwommen, er ist bloß nicht auf irgendein Objekt fokussiert. Oder Sie schließen Ihre Augen und rollen sie leicht nach oben, um sich auf Ihr Stirnchakra (in der Mitte zwischen den Augenbrauen) zu konzentrieren. Die beste Handposition ist, dass jede Fingerspitze die Daumenspitze der jeweiligen Hand berührt. Damit nutzen Sie den Energiefluss in Ihren Meridianen. Wenn die Fingerspitzen die Daumen berühren, bleiben Sie ruhig und empfänglich. Ihr ganzer Körper nimmt jetzt bereitwillig das neue Atemmuster auf, das Sie ihm zeigen.

Wählen Sie jetzt entweder die tiefe, vollständige Atmung oder den Feueratem. Atmen Sie gleichmäßig ein bis drei Minuten lang. Am Ende dieser Atemübung atmen Sie tief ein und setzen für fünf Sekunden mit der Atmung aus. Heben Sie dazu Ihren Brustkorb ein wenig an, ziehen Sie Ihr Kinn ein, wobei der Nacken entspannt bleibt, und spannen Sie den Beckenbereich (Nabel, Geschlechtsorgane und Anus) sanft an. Das nennt man den „Wurzelverschluss". Dann entspannen Sie den ganzen Körper.

Wenn Sie einen zusätzlichen Energieschub benötigen, machen Sie die oben angeführte Übung zur Vorbereitung Ihrer Atmung, aber heben Sie dabei beide Arme über Ihren Kopf, wobei die Handgelenke ausgestreckt sind und die Hände wie oben beschrieben gehalten werden, das heißt: Die Fingerspitzen jeder Hand berühren die jeweilige Daumenspitze. Halten Sie Ihren Kopf in einem Winkel von 60 Grad zwischen Ihren nach oben ausgestreckten Armen und Ihrem Körper. Lassen Sie während der ganzen Übung zur Vorbereitung der Atmung Ihre Arme mit gestrecktem Ellbogen oben. Wenn Sie am Ende der Übung mit der Atmung aussetzen, lassen Sie die Arme immer noch nach oben gestreckt. Entspannen Sie sie dann und lassen Sie sie nach unten sinken, wenn Sie schließlich ausatmen.

Um sich noch mehr zu entspannen und den Tag hinter sich zu lassen, verwenden Sie die tiefe, vollständige Atmung. Konzentrieren Sie sich auf das Stirnchakra oder dritte Auge und achten Sie sowohl auf einen Klang als auch auf den Atemfluss. Konzentrieren Sie sich entweder auf den sanften Klang des Atems oder wiederholen Sie im Geiste die Urklänge „SAAAAAT" beim Einatmen und „NAAAM" beim Ausatmen.

Die Aufweckübungen

Sobald Sie eine Übung zur Vorbereitung der Atmung wie die gerade beschriebene durchgeführt haben, beginnen Sie mit einer Reihe nacheinander wiederholter Bewegungen, die der Hauptbestandteil jeder Aufweckübung sind. Die starke Wirkung dieser aufeinander folgenden Bewegungen ist auf den so genannten „systemischen Trainingseffekt" zurückzuführen. Dieser Effekt ergibt sich aus den nacheinander durchgeführten, ausgewogenen Bewegungen, wie etwa Heben und Senken beider Arme. Wenn Sie einen Arm oder ein Bein auf einer Seite Ihres Körpers bewegen, stimulieren Sie automatisch den Arm oder das Bein auf der anderen Seite des Körpers. Übungen, die dieses grundlegende Prinzip nutzen, stimulieren mit rhythmischen Bewegungen abwechselnd beide Seiten des Körpers und erzielen einen Trainingseffekt, der weit größer ist als einfach nur die Bewegung einzelner Gliedmaßen. Dieses Prinzip wird im Kampfsport, im Tai Chi, beim Yoga und in Rehabilitationsübungen angewendet. Das Ergebnis ist eine ausgewogene Stärkung der Muskeln.

Unsere Aufweckübungen sind mehr als nur Aufwärm- und Dehnübungen – es geht darum, eine bestimmte Körperhaltung anzunehmen und mit bewusster Atmung zu kombinieren. Wenn wir eine bestimmte Körperhaltung annehmen, dehnen wir einen Muskel nicht direkt, sondern stimulieren ihn indirekt, indem wir auf den Organbereich, der mit diesem Muskel verbunden ist, Druck ausüben. Wenn Sie beispielsweise mithilfe der entsprechenden Körperhaltung Druck auf Nabel und Dickdarm ausüben, lockern Sie damit die Kniesehnenmuskulatur. Nach

Erkenntnissen der *Applied Kinesiology*, bei der es um Muskelspannung und Bewegung geht, reagiert jeder Muskel auf den jeweiligen Grad an Stimulation sowie auf die Funktion bestimmter Körperorgane: Die Kniesehnenmuskulatur zieht sich zusammen und verliert an Flexibilität, wenn der Dickdarm nicht gut funktioniert.

Hier ist ein Beispiel, das Sie selbst nachvollziehen können, wenn Sie schon einmal die Grippe hatten. Angenommen, Sie können sich normalerweise am Morgen beugen und Ihre Zehen berühren. Aber versuchen Sie einmal, Ihre Zehen zu erreichen, wenn Sie erste Anzeichen einer Krankheit spüren, und Sie werden schnell feststellen, dass Sie weit davon entfernt sind, Ihre Zehen zu berühren. Sich so weit zu beugen wie normal verursacht dann starke Schmerzen auf der Rück- oder Innenseite der Knie.

Eine bestimmte Körperhaltung anzunehmen wirkt sich auf die Reflexzonen und Meridiane aus, die mit Muskeln, Nerven und Drüsen im ganzen Körper verbunden sind. Die richtige Aufweckübung setzt eine Reihe von Körperhaltungen ein, die einen Energiestrom auslösen, der genau die Muskelgruppe anspricht, die Sie stärken und flexibler machen wollen.

⇛ Es gibt ein paar allgemeine Richtlinien, die Sie einhalten sollten, wenn Sie die Aufweckübungen ausführen, die zu den Breathwalks (vgl. Kapitel 13) gehören:

- Die rhythmische Bewegung der Arme und Beine bei den Aufweckübungen beginnt und endet fließend mit dem Ein- und Ausatmen.
- Als Abschluss einer Aufweckübung behalten Sie die letzte Körperhaltung einen Augenblick lang bei und setzen kurz mit der Atmung aus.
- Beginnen Sie mit dem Einatmen zu Beginn einer Bewegung und nicht mitten in der Bewegung. Die Bewegung, die Sie ausführen, steuert dann sanft Ihre Atmung. Erzwingen Sie weder Bewegung noch Atmung. Atmen Sie ganz entspannt und lassen Sie den Atem natürlich mit der Bewegung fließen. Achten Sie grundsätzlich darauf, dass Sie Ihren Bauch beim Einatmen entspannen und Ihren Nabel beim Ausatmen leicht nach innen und oben ziehen. Es ist schwierig, nur mit dem Brustkorb zu atmen, und es verursacht Unbehagen, Spannung oder Schwindelgefühle. Üben Sie die richtige Atmung wie in den

vorangehenden Kapiteln beschrieben, bis Sie völlig damit vertraut sind.

- Sobald Sie das Atemmuster für eine Übung festgelegt haben, vergessen Sie es und richten Sie Ihre Aufmerksamkeit auf die Bewegung oder den Punkt, auf den Sie sich konzentrieren. Ihr Atem sollte automatisch fließen. Seien Sie sich Ihrer Atmung bewusst – sobald sie den richtigen Rhythmus erreicht, lassen Sie sich von Ihrem Atem mit Energie versorgen, die Sie bei den anderen Bewegungen unterstützt.
- Atmen Sie immer durch die Nase, außer Sie werden ausdrücklich angewiesen, durch den Mund zu atmen.

Warum die Aufweckübungen funktionieren

Sie fragen sich vielleicht, warum Aufweckübungen besser sein sollen als herkömmliche Aufwärmübungen. Die meisten von uns denken beim Körper vor allem an seine mechanischen Funktionen: Bei Aufwärmübungen geht es darum, die Kerntemperatur des Körpers zu erhöhen und den Kreislauf anzuregen, um den gesteigerten Stoffwechsel, der mit kraftvollem Training einhergeht, zu unterstützen. Dehnübungen bringen die Muskeln ins Gleichgewicht, die Sie durch das Training stärken wollen. Wenn Sie diese Muskeln zuerst dehnen, sind sie beim Training flexibler. Man könnte also sagen, die normalen Dehn- und Aufwärmübungen dienen dazu, die systemische Körperaktivität zu erhöhen, die Flexibilität zu steigern und die Verletzungsgefahr zu reduzieren, indem Sie den Körper ins Gleichgewicht bringen.

Statt an die mechanischen Körperfunktionen zu denken, deren Leistungsfähigkeit Sie steigern, indem Sie äußerlich darauf einwirken, denken Sie hier an die Organe, Drüsen und Muskeln als eine lebendige „Gemeinschaft“, die sensibel reagiert. Eine optimale Flexibilität und Gesundheit erreichen Sie, indem Sie die Kommunikation und Kooperation zwischen den verschiedenen Teilen erhöhen und lokale „Mitglieder“ direkt stimulieren. Es ist logisch, dass man eine größere Wirkung erzielt, wenn man effektive Teams aus „Gemeinschaftsmitgliedern“ einsetzt, statt sich nur auf ein isoliertes Mitglied zu verlassen.

⇛ Im Gegensatz zu Aufwärmübungen, die einzig und allein auf Ihre Muskeln abzielen, geht es bei unseren Aufweckübungen um weit mehr als um die Fitness der Muskeln, nämlich um folgende Punkte:

Atmung

Ihre Atmung ist ein wesentlicher Teil beinahe jeder Aufweckübung. Sie trägt dazu bei, aus jeder Übung den maximalen Nutzen zu ziehen.

Stille

Bei manchen Aufweckübungen müssen Sie einfach eine bestimmte Körperhaltung ein bis drei Minuten lang einnehmen, während Sie bewusst atmen und Ihre Aufmerksamkeit lenken. Wenn Sie eine Position halten, nutzt Ihr Körper die Tatsache, dass alle Organe, Drüsen und Muskeln miteinander verbunden sind. Sie erzeugen dabei Druck in einem bestimmten Bereich Ihres Körpers. Dieser Druck kann Ihre Muskeln dazu stimulieren, sich anzupassen. Der Druck führt dazu, dass sich ein Meridian öffnet, die Energie fließt und die körpereigene Intelligenz veranlasst wird, Funktion und Form des Bereichs, auf den Druck ausgeübt wird, zu korrigieren.

Wiederholte Bewegungen

Bei vielen Aufweckübungen werden wiederholte Bewegungen eingesetzt, wie etwa das Schwingen Ihrer Arme oder das Anheben Ihrer Beine. Diese Bewegungen, die Sie mit Ihrer Atmung koordinieren, werden eine bestimmte Zeit lang gleichmäßig durchgeführt. Statt eine Dehnübung ein paar Mal zu wiederholen, um Ihre Muskeln zu lockern und aufzuwärmen, werden viele Aufweckübungen sechzig Mal pro Minute wiederholt. Die wiederholten kleinen Bewegungen einer Aufweckübung haben einen großen kumulativen Effekt.

Sequenzen

Bei den Aufweckübungen handelt es sich immer um eine Gruppe von Übungen, die in einer bestimmten Reihenfolge durchgeführt werden. Diese Übungssequenzen stellen ein Gleichgewicht in Körper und Geist her und zielen immer auf eine ganz bestimmte Wirkung ab. Stille geht harmonisch in wiederholte Bewegungen über und erzeugt „Synergie“ – den gemeinsamen Nutzen, der weit größer ist als der, den Sie durch *eine* der beiden Übungen allein erzielen.

Aktive Aufmerksamkeit

Aufmerksamkeit bedeutet, dass Sie sich auf einen Punkt innerhalb oder außerhalb Ihres Körpers konzentrieren. Allein die Tatsache, dass Sie einer Sache Aufmerksamkeit schenken, verändert diese Sache.

*

Unser Körper verfügt über ein kompliziertes System aus Muskeln, Nerven, Kreislauf und Drüsen – kombiniert mit einem aktiven Geist. Alle diese Komponenten arbeiten zusammen wie ein empfindliches Netzwerk, nicht wie eine Gruppe von mechanischen Schaltern. Wir sind sensible Wesen, die lernen, sich anpassen und über eine angeborene Intelligenz verfügen, die sich über Jahrtausende hinweg weiterentwickelt hat. Wenn wir diese inneren Gaben nutzen, können wir uns augenblicklich ändern und unsere Bewusstheit, Gesundheit und Geisteshaltung nach und nach erweitern.

Die wichtigsten Punkte im Überblick

- Beginnen Sie damit, Ihre Atmung vorzubereiten. Machen Sie dazu ein paar bewusste Atemzüge, damit Ihre Atmung zu fließen beginnt – aus dem riesigen Vorrat an Atemenergie, der in uns und um uns herum vorhanden ist.
- Führen Sie die körperlichen Bewegungen in der Reihenfolge durch, die in der jeweiligen Aufweckübung angegeben ist. Die richtigen Bewegungssequenzen lösen einen kombinierten Übungseffekt aus, der die Gesamtwirkung Ihres Trainings um ein Vielfaches erhöht.
- Synchronisieren Sie Atmung und Bewegung. Jede Bewegung, die Sie dann machen, steuert sanft Ihre Atmung, sodass innere Energie freigesetzt sowie Körper und Geist aufgeweckt werden.

Kapitel 6
Schritt 2: Ausrichten

Wenn wir gehen, dann kommt es oft vor, dass unser Geist an *einem* Ort ist und unser Körper an einem *anderen*. Die meisten von uns sind einfach nicht daran gewöhnt, voll in ihrem Körper präsent zu sein, wenn sie trainieren. Der zweite Schritt beim Breathwalk – die Ausrichtung – sorgt für eine bewusste Verbindung zwischen Körper und Geist. Wenn wir uns auf bewusstes, achtsames Gehen ausrichten, sind wir bereit zu lernen, neue Gedanken und Gefühle zuzulassen. Das ist eine ganz einfache und natürliche Sache, die dem Vergnügen des Gehens und der Meditation neue Dimensionen verleiht.

Ohne die Bewusstheit, die wir durch das Ausrichten erlangen können, erleben wir das Gehen eher als etwas Nützliches und Praktisches: Es bringt uns von Punkt A nach Punkt B. Wenn wir beim Gehen jedoch bewusst und aufmerksam sind, dann bringt uns das weit mehr, als dass wir einfach irgendwo hinkommen. Das Gehen kann ein Gefühl der Freude und Zufriedenheit in uns auslösen. Wir vergessen unsere Probleme und auf einmal bieten sich uns Lösungen an. Alle unsere Aktivitäten fallen uns leichter, wenn wir uns dem Gefühl der Freude öffnen können, das jedem Augenblick innewohnt. Selbst ein kurzer Spaziergang kann unsere Geister beleben. Das Gehen erinnert uns daran, dass wir mehr sind als Maschinen, mehr als unser Job, mehr als Spielball unseres Schicksals, und dass wir geboren wurden, um glücklich zu leben.

Langsam beginnen

Gehen kann man natürlich in ganz verschiedenen Geschwindigkeiten. Wie Pferde unterschiedliche Gangarten haben, so ist das auch bei uns

Menschen. Wir können spazieren gehen, normal gehen, schnell gehen oder Speed-Walking machen.

Spazierengehen	Geschwindigkeit: 2,5 bis 4,5 km/h
Normales Gehen	Geschwindigkeit: 4,5 bis 5,5 km/h
Schnelles Gehen	Geschwindigkeit: 5,5 bis 6,5 km/h
Speed-Walking	Geschwindigkeit: 6,5 bis 7,5 km/h
Race-Walking	Geschwindigkeit: 7,5 bis 9,5 km/h

Wir profitieren selbst dann vom Gehen, wenn wir ganz langsam gehen. Das langsamste Tempo ist der Spaziergang. Wir sind dabei locker und ungezwungen, variieren unsere Geschwindigkeit und bleiben häufig stehen, um die Aussicht zu genießen, einen Duft in uns aufzunehmen oder uns mit einem Freund zu unterhalten. Das Spazierengehen ist ein guter Einstieg in die Kunst des Breathwalks mit seinen vielen Varianten.

Wenn Sie körperlich oder geistig erschöpft und in schlechter Verfassung sind, dann kann ein Spaziergang Ihnen helfen, sich ohne Verletzungsgefahr, Risiko oder besondere Anstrengung wieder aufzubauen und in Schwung zu bringen. Das haben wir oft bei Menschen erlebt, mit denen wir den Breathwalk trainierten. Leute, die in 20 Minuten nicht einmal einen ganzen Kilometer schafften, als sie mit dem Breathwalk begannen, gingen später einen Kilometer in 9 Minuten und legten nach 9 Monaten täglich 5 Kilometer und mehr zurück. Sie haben Gewicht verloren und neue Perspektiven für ihr Leben gewonnen – abgesehen davon, dass sie zahlreiche gesundheitliche Risiken drastisch reduziert haben. Und das alles nur durch Spazierengehen!

Viele Menschen möchten nach und nach ihr Tempo beim Gehen erhöhen, um mehr Kalorien zu verbrennen. Sie wissen, dass der Kalorienverbrauch bei Geschwindigkeiten über 7 km/h sehr schnell ansteigt – und zwar nichtlinear. Wir empfehlen für den Breathwalk jedoch etwas langsamere Geschwindigkeiten, um einen möglichst breit gefächerten Nutzen daraus zu ziehen. Der Kalorienverbrauch ergibt sich daraus, dass wir unseren Körper für eine gewisse Zeit in Bewegung halten, hat aber nicht unbedingt damit zu tun, den Körper in Form zu bringen (im übertragenen Sinne). Den Körper in Form zu bringen heißt nämlich auch, dass alle

Organe, Drüsen und Muskeln miteinander kommunizieren, die Emotionen im Gleichgewicht sind und dass Sie über eine gute Kondition verfügen. Wenn Sie langsamer als beim Speed-Walking gehen, regen Sie diese Kommunikation auf allen Ebenen Ihres Körpers und Geistes besser an. Wie Sie im nächsten Kapitel, im dritten Schritt des Breathwalk, erfahren werden, steigern wir unsere Vitalität, indem wir bewusste Atmung und normales Gehen in dynamischen Intervallen abwechseln. Das verstärkt viele der Nutzeffekte des Gehens, sodass sie Ihnen auch bei viel langsameren Geschwindigkeiten zugutekommen. Und das langsamere Gehen erfüllt Sie mit Energie und Freude, wie Sie es nur bei größerer Anstrengung und höherer Geschwindigkeit für möglich gehalten hätten.

Wenn wir bei Breathwalk-Kursen den Teilnehmern beibringen richtig zu gehen, beginnen wir mit einem Spaziergang oder mit langsamem, normalem Gehen, das wir dann allmählich steigern, bis wir eine höhere Geschwindigkeit erreichen, die den Teilnehmern noch angenehm ist. Bei unserem Training nennen wir dies „das Tempo steigern", und wir möchten kurz erklären, wie das funktioniert, bevor wir den zweiten Schritt des Breathwalk – das Ausrichten – besprechen.

Beginnen Sie, indem Sie normal gehen und sich dabei langsam und systematisch aufwärmen (im übertragenen Sinne). Erhöhen Sie dann nach und nach Ihre Geschwindigkeit, bis Sie ein Tempo erreicht haben, das Sie für die nächsten 15 Minuten bequem beibehalten können. Das gibt uns die Gelegenheit, einen „Systemcheck" durchzuführen. Indem wir das Tempo steigern, erzielen wir eine gleichmäßige Bewegung, einen Rhythmus, und richten unsere Aufmerksamkeit auf diese Übung und weg von den Tausenden von Pflichten und Ablenkungen, mit denen wir sonst zu tun haben. Das Tempo zu steigern sollte 1 bis 3 Minuten dauern und dazu führen, dass Sie schließlich mit einer Geschwindigkeit zwischen 2,5 und 9,5 km/h gehen. Es sollte sich dabei um eine Geschwindigkeit handeln, die Sie mit gleichmäßigem und rhythmischem Schritt bequem einhalten können.

Preschen Sie nicht einfach los, sondern werden Sie *nach und nach* schneller, um Körper und Geist aufzuwärmen. Diese ein- bis dreiminütige Phase ist ein wichtiger Auftakt für den Breathwalk. Während Sie schneller werden, prüfen Sie auch Ihren Gang und passen Ihre Haltung und Bewegung bewusst an, sodass sie effizient und sogar elegant sind.

Sich bewusst ausrichten

Wir alle gehen, ohne viel darüber nachzudenken. Wenn wir über jeden einzelnen Muskel, den wir einsetzen, und das komplizierte Zusammenspiel aller Muskeln beim Gehen nachdenken müssten, könnten wir wahrscheinlich überhaupt nicht gehen. Manche Dinge machen wir am besten automatisch. Menschen, die sich zu sehr auf jede Bewegung konzentrieren und alles perfekt machen wollen, gehen letztendlich eher steif und mechanisch. Das heißt nicht, dass es sich nicht lohnt, wenn wir uns hin und wieder darauf konzentrieren, wie wir gehen. Es passiert nämlich sehr leicht, dass wir unbewusst in schlechte Gewohnheiten beim Gehen verfallen. Diese Gewohnheiten sind eventuell schwer zu durchbrechen, können zu körperlichen Problemen führen oder einem die Freude am Gehen nehmen.

Um Ihren Gehstil zu verbessern, beginnen Sie einfach bei Ihrem Ist-Zustand. Gehen Sie zunächst so, wie Sie normalerweise gehen. Dann gehen Sie im Geiste die Checkliste (siehe Seite 112) durch und prüfen Sie jeden Bereich Ihres Körpers. Nehmen Sie kleine Korrekturen vor. Spitzensportler und Tänzer versuchen auf diese Weise, sich zu verbessern. Golfer und Schwimmer wenden diese Methode an, damit ihre Schläge bzw. Schwimmbewegungen effizienter werden. Nehmen Sie Ihre instinktiven Bewegungen als Grundlage und verfeinern Sie diese nach und nach. Vergessen Sie nicht: Ihr Körper verfügt über eine angeborene Intelligenz, die sich im Laufe der Jahrtausende entwickelt hat und die Ihnen hilft, sich geschmeidig zu bewegen. Vertrauen Sie Ihrem inneren Wissen. Fügen Sie dann schließlich noch bewusst ein paar „Anweisungen“ (für sich selbst) hinzu, um Ihren Gehstil schrittweise zu verbessern und sich dem Ideal anzunähern.

Richten Sie Ihre Bewusstheit und Körperhaltung aus, um Ihrem Gang Eleganz und Ihrem Energiefluss Vitalität zu verleihen. Während Sie Ihr Tempo zu einer normalen Gehgeschwindigkeit erhöhen, versuchen Sie Ihre bewusste Aufmerksamkeit auf Ihren Gehstil zu lenken. Fragen Sie sich: „Gehe ich richtig?“, und führen Sie einen „Systemcheck“ durch. Wie bewegen sich Ihre Füße, Ihre Knöchel, Ihre Knie? Spüren Sie etwas Ungewöhnliches oder sogar Schmerzen? „Scannen“ Sie alle Bewegungen und Ihren ganzen Körper und nehmen Sie die notwendigen Korrekturen vor, um einen perfekten Gehstil zu erlangen. Wenn Sie Probleme haben, Ihren

Körper mit Ihrem geistigen Auge zu scannen, versuchen Sie Folgendes: Bitten Sie einen Freund oder eine Freundin, Sie mit der Videokamera zu filmen, während Sie gehen, damit Sie Ihre Haltung und Ihre Bewegungen überprüfen können.

Während Sie Ihren Körper und Ihre körperliche Verfassung nach und nach überprüfen, achten Sie auch auf Ihre Stimmung. Was empfinden Sie, wenn Sie an den Tag denken, der vor Ihnen liegt? Möchten Sie, dass Ihre Gefühle sich ändern? Welche Gefühle möchten Sie auslösen und verstärken? Achten Sie auf die Gefühle in Ihrem ganzen Körper – wo verweilt Ihre Aufmerksamkeit länger? Aufmerksamkeit setzt sich genauso in verschiedenen Bereichen des Körpers fest wie Anspannung. Wenn wir bewusst wahrnehmen, wo sich in unserem Körper Aufmerksamkeit sammelt, können wir uns selbst erlauben, diese Aufmerksamkeit umzuverteilen und die Anspannung aufzulösen.

⇛ Um sich vollständig auszurichten, müssen Sie zwei Dinge tun:

1. Gehen Sie die grundlegende Checkliste für eine gute Körperhaltung durch (vgl. Seite 112)– ähnlich wie ein Pilot vor dem Abflug.
2. Achten Sie bewusst und aufmerksam – wie ein Künstler, der seine Kreation begutachtet – auf jedes Gefühl und jede Regung, die Aussehen und Form Ihres Körpers in Ihnen auslösen.

Zuerst werden wir auf diese grundlegenden Techniken eingehen und dann, um Schritt 2 des Breathwalk abzuschließen, auf die Kunst der Achtsamkeit beim Scannen Ihres Körpers.

Diese achtsame Aufmerksamkeit, während Sie Ihren Körper gründlich scannen, vermittelt Ihnen nach und nach ein Gefühl der Präsenz. Körper und Geist sind im Hier und Jetzt präsent. Ihr Geist synchronisiert seine Aufmerksamkeit mit Ihren Bewegungen und Ihrer bewussten Absicht, diese Aktivität jetzt auszuführen. Sie sind wachsam, ausgerichtet und ganz und gar präsent.

Aus Hunderten von Meditations- und Breathwalk-Workshops haben wir gelernt, dass diese zwei Dinge – gute Körperhaltung und wachsame Präsenz – das Vergnügen und die Wirkung des Gehens maximieren. Fügen Sie dem Ganzen noch einen guten Bewegungsablauf und die Kunst der bewussten Aufmerksamkeit hinzu und das Gehen löst eine wahre Flut von Nutzeffekten aus: bessere Laune, einfaches Training ohne

Verletzungsgefahr, anmutige Bewegungen, körperliche Fitness, Spaß und Lebensfreude ...

Wenn Sie zunächst Ihre Körperhaltung richtig anpassen und ausrichten, können Sie sich dann den anderen Empfindungen und Freuden des Gehens widmen. Dadurch, dass Sie Ihre Körperhaltung prüfen, erkennen Sie die Verfassung Ihres Körpers und wissen, wie gut Ihr Körper funktioniert, bevor Sie mit dem Gehen beginnen. Nehmen Sie eine gute Körperhaltung an, und während Sie gehen, werden Verspannungen aufgelöst und natürliche Heilkräfte aktiviert.

Grundlage einer guten Körperhaltung sind drei Faktoren: die „Physik" des Gehens, die innere Einstellung und Lernbereitschaft. Mit Physik meinen wir die mechanischen Gesetze, die für ein ausgewogenes Zusammenspiel von Muskeln, Schwerkraft und Struktur des menschlichen Skeletts sorgen. Allein aufzustehen und auf zwei Beinen zu gehen ist ein wahrer Balanceakt. Während wir gehen, muss das Becken beispielsweise geneigt und gedreht werden. Die Bewegung des Rumpfes ist eine Kombination aus Schwingung und Drehung, die die Bewegung des Beckens und der Beine auf meisterliche Weise ausgleicht. Diese gegensätzlichen Kräfte müssen genau den richtigen Rhythmus und die richtige Stärke haben, damit wir unser Gleichgewicht halten und uns vorwärts bewegen – also gehen – können.

Abgesehen von den komplexen Mechanismen und Gesetzen der Biophysik hat unsere Körperhaltung auch mit unserer inneren Einstellung zu tun. Eine negative Einstellung führt zu einer schlechten Körperhaltung. Was wir innerlich von uns halten, zeigt sich äußerlich in unserer Körperhaltung. Denken Sie besser über sich selbst und stehen Sie aufrecht! Körperhaltung hat nichts damit zu tun, für andere Menschen gut auszusehen. Es geht darum, Ihren Körper auszurichten, damit Bewegung und Atmung einfach und effektiv sind. Es geht um innere Würde, die sich äußerlich in Form von Stil und Eleganz offenbart.

Mit unserer Körperhaltung drücken wir unsere Stimmung und unsere innere Einstellung aus – das wird vor allem beim Tanz und den darstellenden Künsten deutlich. Probieren Sie einmal, sich glücklich zu fühlen, während Ihr Körper in sich zusammensackt, und Sie wissen, was ich meine. Oder versuchen Sie, sich traurig zu fühlen, während Sie Ihre

Arme ausbreiten, Ihren Kopf hoch erheben und Ihren Brustkorb ausdehnen. Diese Körperhaltungen passen nicht zu den genannten Gefühlen.

Was dabei passiert, ist Folgendes: Die innere Einstellung verändert Ihre Chemie und die Chemie beeinflusst die Körperhaltung. Wenn Sie also eine bestimmte Körperhaltung einnehmen, dann ist sie auf Ihre innere Einstellung zurückzuführen. Wenn Sie an einer bestimmten Emotion festhalten, spiegelt sie sich in Ihrer Haltung und Ihren Bewegungen beim Gehen wider. Umgekehrt löst die bewusst angenommene *richtige* Haltung automatisch chemische Veränderungen aus, die Ihre Emotionen und Ihre Stimmung positiv beeinflussen. Das heißt, Sie können negative Emotionen auflösen, indem Sie Ihre Körperhaltung korrigieren – das ist eine Erklärung dafür, warum Sie mit dem Breathwalk und der damit verbundenen körperlichen Bewegung Ihre Emotionen verändern oder bereichern können. Körperhaltung und Stimmung sind eng miteinander verbunden.

Für die richtige Körperhaltung müssen Sie bereit sein zu lernen, denn die Gesetze der Physik erfordern eine Vielzahl koordinierter Muskelbewegungen, um ein einziges Ziel zu erreichen – aufrecht zu gehen. Weil für das Gehen so viele kleine Bewegungen erforderlich sind, erkennen wir bei unseren Freunden oft einen charakteristischen Gehstil.

Die Körperhaltung ist so etwas wie ein Coach für die Muskeln, die beim Gehen im Einsatz sind. Wenn Sie daran denken, sich aufrecht zu halten oder Ihren Brustkorb anzuheben, dann beginnen Sie automatisch, alle anderen Muskeln, die Sie zum Gehen brauchen, effektiver einzusetzen. Sie müssen nur auf eine einzige Sache achten – die Haltung Ihres Körpers –, nicht auf die Millionen von winzigen Muskelbewegungen. Deshalb reicht eine Checkliste mit den Hauptpunkten für eine gute Körperhaltung, um ganzen Körper in seiner Form und Haltung zu beeinflussen. Eine gute Körperhaltung ist mehr als nur gerade zu stehen. Sie erfordert, dass innere Einstellung und äußere Bewegung harmonisch zusammenwirken.

Checkliste für eine gute Körperhaltung

Beginnen Sie bei Ihren Füßen

Prüfen Sie den Winkel zwischen Ihren Füßen, wenn Ihre Fersen auf dem Boden aufliegen. Der Winkel sollte ungefähr 40 Grad betragen, also etwas weniger als die Hälfte eines rechten Winkels.

Prüfen Sie den Winkel zwischen Ihrer Fußoberseite und den Beinen

Es sollte sich um einen beinahe rechten Winkel handeln (also 90 Grad). Manche Leute haben sich angewöhnt, ihre Füße fast flach aufzusetzen. Damit nutzen sie ihr Fußgewölbe nicht als Puffer. Andere haben sich angewöhnt, die Fußspitze hochschnellen zu lassen. Damit wird die Ferse zu wenig belastet und der Knöchel bleibt unbeweglich. Setzen Sie die Ferse richtig auf, so wird die Kraft durch die Ferse geleitet und das Bein gerade ausgestreckt. Wenn Sie die Füße im richtigen Winkel aufsetzen, verleiht Ihnen Ihr Körpergewicht den nötigen Schwung, ohne dass Sie sich selbst übermäßig anstrengen müssen.

So sieht die richtige Reihenfolge aus: Verteilen Sie Ihr Gewicht von der Ferse zu den Zehen hin, indem Sie die Ferse leicht, aber fest aufsetzen. Dann verlagern Sie Ihr Gewicht über Ihr Fußgewölbe nach vorne, während Sie den Fuß am äußeren Rand entlang zu den äußeren Zehen hin abrollen. Schließlich verlagern Sie Ihr Gewicht über den Fußballen und die großen Zehen, während Sie sich von der Fußmitte her abstoßen.

Dehnen Sie Ihr Kreuz und richten Sie Ihren Rumpf gerade auf

Eine gute Körperhaltung beim Gehen hilft, viele Rückenprobleme zu lindern und die Bauchmuskeln zu stärken. Zu schlurfen und sich nach vorne zu neigen ist nicht so gut. Für die beste Haltung stellen Sie sich vor, dass Ihre Wirbelsäule sich nach oben streckt und der untere, gewölbte Teil Ihres Rückens sich etwas mehr krümmt. Stellen Sie sich das vor Ihrem geistigen Auge vor. Stellen Sie sich eine vertikale Linie vor, die von oberhalb Ihres Kopfes hinunter bis zum Boden verläuft. „Verlängern" Sie Ihre untere Wirbelsäule. Beachten Sie jetzt, dass Sie Ihr Gewicht, wenn Sie Ihren Rumpf über diese Linie hinaus zurücklehnen, auf die unteren Rückenmuskeln verlagern und diese belasten. Wenn Sie Ihre Wirbelsäule nach der imaginären vertikalen Linie ausrichten, balancieren Ihre Kreuz- und Bauchmuskeln Ihren ganzen Rumpf perfekt aus.

Beobachten Sie Ihren Brustkorb

Heben Sie Ihren Brustkorb leicht an, als würde ihn ein unsichtbarer Haken, der an Ihrem Brustbein befestigt ist, nach oben und leicht nach vorne ziehen. Stellen Sie sich das vor Ihrem geistigen Auge vor. Entspannen Sie Ihre Schultern und senken Sie sie nach hinten. Schieben Sie Ihre Schulterblätter nicht zusammen. Damit würden Sie aus dem Gleichgewicht kommen und schwanken. Ihre Arme und Rippen müssen beweglich bleiben, also entspannen Sie Ihre Schulterblätter. Spüren Sie, dass Ihr Brustkorb offen ist, sich mit Ihrer Atmung bewegt und Sie nach vorne führt.

Halten Sie Ihren Kopf hoch, aufrecht und im Gleichgewicht

Wenn Ihr Kopf aus dem Gleichgewicht gerät, versuchen Sie dies mit dem übrigen Körper zu kompensieren. Wenn Sie Ihren Kopf ausrichten, dann ziehen Ihre Schultern, Ihr Brustkorb und Ihre Wirbelsäule nach. Um Ihren Kopf in die richtige Position zu bringen, achten Sie darauf, dass Sie vorher Ihren Brustkorb leicht anheben; dann richten Sie Ihre Augen auf den Horizont, halten Ihren Kopf gerade, wobei das Kinn etwas eingezogen, aber nicht nach unten geneigt ist. Wenn Sie das tun, können sich die Mitte Ihres Rumpfes und der Solarplexus entspannen. Ihre Bauchmuskeln werden dabei automatisch eingezogen und gestrafft. Spüren Sie, wie der Bereich Ihrer Schädelbasis (des Atlas) sich anfühlt. Diese Verbindung zwischen Schädelbasis und Wirbelsäule sollte sich entspannt anfühlen. Wenn Sie jetzt gehen, spüren Sie dort ein leichtes Pulsieren. Wenn dieser Bereich entspannt ist, sendet er einen Reflex aus, der dazu beiträgt, dass sich der untere Bereich der Wirbelsäule – das Kreuzbein – frei bewegen kann. Prüfen Sie, ob Ihre Hals- und Nackenmuskeln ebenfalls entspannt sind. Wenn Sie Ihren Kopf nach vorn neigen, verspannen sich diese Muskeln.

Wenn Sie gehen, als würde Ihr Kopf Sie führen, lehnen Sie sich über die imaginäre vertikale Linie nach vorne. Dann verlagern sich Ihre Schultern automatisch nach vorne und drücken Ihren Brustkorb zusammen.

Ihre Atmung wird eingeschränkt und verursacht Probleme in Ihrem Kreuz. Wie Sie sehen, löst eine kleine Fehlhaltung weitere Fehlhaltungen aus, was ernsthafte Folgen haben kann.

Prüfen und entspannen Sie Ihre Schultern, Hüften und Knie

Die Körperhaltung wird durch das geschmeidige Hin- und Herschwingen von Armen und Beinen in Balance gehalten. „Scannen" Sie Ihre Schultern und Arme, dann Ihre Hüften und Beine und schließlich Ihre Knie. Beachten Sie Ihre Schultern. Achten Sie darauf, dass sie locker und gerade sind, in einer Linie mit Ihren Ohren und Ihren Hüften. Spüren Sie jetzt das Gewicht Ihrer Arme. Lassen Sie sie einfach locker und spüren Sie, wie sich ihr Gewicht bis in die Fingerspitzen verteilt. Halten Sie die Spannung und das Gefühl des Gewichts Ihrer Arme nicht in Ihren Schultern fest. Verteilen Sie das Gewicht auf Ihre gesamte Armlänge, während Ihre Arme wie Pendel an Ihren Schultern natürlich und rhythmisch vor- und zurückschwingen. Schieben Sie sie nicht mit dem Brustkorb oder dem Rücken an, auch dann nicht, wenn Sie schneller gehen. Lassen Sie Ihre Arme einfach frei schwingen, angetrieben von Ihrem natürlichen Rhythmus, der dafür sorgt, dass sie sich perfekt synchron und harmonisch bewegen.

Richten Sie Ihre Aufmerksamkeit auf Ihre Hüften und Beine

Lassen Sie das Gewicht Ihrer Beine los und spüren Sie, wie es sich bis in Ihre Füße ausbreitet. Spüren Sie, wie das natürliche Schwingen Ihrer Beine und deren Gewicht Ihr Hüftgelenk entlasten, sodass die Bewegung geschmeidig und reibungslos abläuft. Achten Sie auf die Bewegung Ihrer Hüften. Sie kreisen und drehen sich in wellenförmigen Zyklen. Ihr Becken dreht sich um ungefähr 4 oder 5 Grad auf jeder Seite der vertikalen Gravitationslinie Ihrer Wirbelsäule. Das Becken verschiebt sich auf der Seite des unterstützenden Beines nach unten und federt Ihren Körper ab. Alles in allem kommt es zu einer ziemlich komplizierten Bewegung, die sich auf das dreieckige Kreuzbein, den untersten Teil Ihrer Wirbelsäule, auswirkt. Das ist der Bereich knapp über dem Steißbein. Es wackelt mit der rhythmischen Bewegung des Beckens ein wenig hin und her, schiebt sich durch Ihre Atmung und das Zusammenziehen Ihres Zwerchfells etwas nach unten und wieder zurück.

Achten Sie auf die Bewegung Ihrer Knie

Ihre Knie sollten beim Gehen nicht hin- und herschlottern. Dieses Gelenk ist das komplizierteste Ihres ganzen Körpers, es wird nur von Muskeln und nicht von einer starken Skelettstruktur zusammengehalten. Deshalb ist das menschliche Knie beim Sport so anfällig für Verletzungen. Im Gegensatz zum Laufen, bei dem es durch zu viel Gewicht und Druck belastet wird, ist das Gehen sanft zum Knie. Scannen Sie die Bewegung Ihrer Knie. Sie sollten nicht schlenkern. Viele Anfänger beugen ihre Knie zu stark, wenn sie zügig gehen. Das beeinträchtigt die Bewegung des Beckens und führt dazu, dass Sie die Füße flach aufsetzen, statt sie von der Ferse zu den Zehen hin abzurollen. Ihr Gang wird dadurch ruckartig und Sie belasten Ihre Knie stärker. Ihre Knie sollten sich beim Gehen stabil anfühlen.

Nachdem Sie den gesamten körperlichen Mechanismus während des Gehens gescannt haben, beenden Sie diese Übung wie folgt: Gehen Sie langsam und spüren Sie, wie die Energie sanft durch Ihren ganzen Körper fließt – die Freude an der Bewegung, die rhythmischen Wogen, die das Gehen auslöst. Richten Sie Ihre Aufmerksamkeit jetzt auf die Atmung. Lauschen Sie ein paar Augenblicke lang den Urklängen Ihrer eigenen Atmung oder der Musik, die Sie während des Gehens vielleicht genießen.

*

Wenn Sie das erste Mal Ihren ganzen Körper in Bezug auf Ihre Körperhaltung beim Gehen scannen, sollte das zwischen 3 und 10 Minuten dauern. Mit etwas Übung werden Sie bald imstande sein, beim Losgehen in 1 bis 3 Minuten einen effektiven Scan durchzuführen. Wenn Sie sich die Zeit nehmen, alle Ergebnisse zu visualisieren und jeden Körperbereich, der geschmeidig funktioniert, wahrzunehmen, so merken sich Ihre Muskeln bald jede richtige Bewegung. Ihre Bewegungen werden automatisch, effektiv und angenehm.

Seinen Geist fokussieren

Während Sie Ihren Körper scannen und dann Ihr Tempo zu einer zügigen Gangart steigern, konzentriert sich Ihr Geist zunächst auf *einen* Bereich, der in Bewegung ist, und dann auf den nächsten, bis Sie schließlich den gesamten geschmeidigen, effizienten Bewegungsablauf im Gedächtnis Ihrer Muskeln speichern. Aber worauf richten Sie Ihren Geist, *nachdem* Sie Ihre Körperhaltung perfekt eingestellt haben? So wie Sie Ihren Körper ausrichten, können Sie auch Ihren Geist ausrichten. Indem Sie ihn auf einen einzelnen Punkt einstellen, verhindern Sie, dass Ihre Gedanken umherschweifen, und Sie können sich besser auf Ihre Hauptaktivität konzentrieren.

Nachdem Sie die richtige Körperhaltung gefunden haben, können Sie bewusst einen Punkt wählen, auf den Sie Ihren Geist projizieren oder konzentrieren. Wir richten unseren Geist ja immer auf bestimmte Punkte, ob wir uns dessen bewusst sind oder nicht. Im Kampfsport lernt man beispielsweise, sich auf den Schwerpunkt in der Körpermitte, ungefähr in Nabelhöhe, zu konzentrieren. Ein weiterer, häufig verwendeter Ausrichtungspunkt befindet sich in der Nähe des Herzchakras, in der Mitte der Brust. Wir nehmen die Welt von diesem Punkt aus anders wahr als vom Nabelbereich aus. Ein weiterer Punkt ist das dritte Auge, in der Mitte der Stirn, knapp über der Nase.

Die meisten von uns wählen instinktiv eine Stelle am oder im Körper, die ihnen als Zentrum dient, auf das sie sich konzentrieren, wenn sie etwas tun. Das ist uns meist nicht bewusst. Manchmal verschieben wir diesen Punkt hierhin und dorthin, weil unsere Gedanken umherwandern. Für das Verschieben dieses Punktes ist eine komplizierte Mischung aus Emotionen, Training und körperlicher Verfassung verantwortlich. Aber vergessen Sie nicht: Sie können den Punkt für Ihre geistige Projektion selbst auswählen. Das macht man fast immer, wenn man Spitzenleistungen beim Tanzen, im Sport oder in den Kampfkünsten erzielen will – und für einen guten Breathwalk.

Experimentieren Sie mit den genannten drei Konzentrationspunkten, um Ihrer geistigen Haltung den letzten „Touch“ zu verleihen. Stellen Sie sich ein leuchtendes Lichtbündel vor, das wie ein Laserstrahl von Ihrem Körper ausgeht, und zwar von dem Punkt, den Sie wählen – vom Nabel, Herzzentrum oder Stirnchakra. Stellen Sie sich vor, dass er sich parallel zum Boden vor Ihnen erstreckt. Folgen Sie beim Gehen diesem Lichtstrahl, als würde er Sie ziehen oder direkt durch Sie hindurchgehen. Erleben Sie das Gehen vom Nabel, dann vom Herzen und dann vom Stirnchakra aus. Sie werden einen deutlichen Unterschied wahrnehmen, wenn Sie das Licht vom jeweiligen Punkt aus projizieren. Der Lichtstrahl, der durch den Nabel fokussiert wird, fühlt sich stabil, beständig, kräftig und erdig an. Durch das Herz fühlt er sich offen, weiträumig, empfänglich und optimistisch an. Wenn Sie ihn vom Stirnchakra aus projizieren, fühlen Sie sich selbstsicher, leicht, losgelöst, als würden Sie fliegen. Sobald Sie ein Zentrum gewählt haben, das Ihren Schwerpunkt beim Gehen darstellt, stellen Sie sich den Lichtstrahl vor und dann lassen Sie los. Jetzt *gehen* Sie einfach und Ihr Körper hält mit dem Lichtstrahl das Zentrum mühelos in seiner Position.

Sein Körperbild verändern

Ihr Gehirn hat ein 3-D-Bild von Form und Funktionen Ihres gesamten Körpers gespeichert. Es merkt sich dieses Bild und kann auf alles, was Ihren Körper betrifft, reagieren, indem es die Informationen anhand der sensorischen Daten, die es erhält, aktualisiert. Woher wissen wir, dass diese 3-D-Abbildung des Körpers im Gehirn wirklich stattfindet? Studien zeigen, dass Menschen, die stark abgenommen haben und dann gebeten werden, ein genaues Bild von sich selbst zu zeichnen, sich viel dicker zeichnen, als sie tatsächlich sind. Ihr inneres Bild wurde noch nicht aktualisiert und ihre Handlungen und Emotionen entsprechen nicht ihrem tatsächlichen Zustand. Aufgrund dessen fühlen sie sich unbehaglich, bewegen sich linkisch und sind unmotiviert, weil die tatsächliche Veränderung noch nicht wirklich registriert wurde.

Um wirklich im Hier und Jetzt zu leben, müssen Sie ständig Ihr eigenes Körperbild aktualisieren, damit innere Realität und äußere, sensorische Informationen übereinstimmen. Das sorgt auch für weniger innere Unruhe und für mehr Gelassenheit. Es entsteht eine besondere Art von Achtsamkeit, wenn Sie die von uns beschriebene Präsenz erreichen. Sie lernen aus Ihren Erfahrungen und nicht aus Ihren verstandesmäßigen Vorstellungen. Jetzt kann es passieren, dass Ihr ganzer Körper, Zelle für

Zelle, lernt. Sie können Ihre Körperzellen dazu bringen, sich ein neues Bild anzueignen, das dem entspricht, das Sie visualisieren. Das ist ein ausgezeichnetes Beispiel für die Macht Ihrer eigenen, angeborenen Körperintelligenz. Wenn Sie diesen Schritt anwenden, um Ihren Körper auszurichten, und mit den durch die Atemmuster des Breathwalk verursachten Veränderungen kombinieren, können Sie Ihr inneres Körperbild und Ihre Stimmung effektiv und schnell aktualisieren.

Der wissenschaftliche Hintergrund dafür ist ziemlich kompliziert, aber praktisch bedeutet es einfach, dass die Achtsamkeit, die durch das aufmerksame Scannen Ihres Körpers entsteht, etwas im Gehirn auslöst. Das Scannen des Körpers – vor allem dann, wenn Ihr Körper dabei in Bewegung ist, während Sie Ihr Tempo für den Breathwalk steigern – regt Gehirnbereiche wie das Kleinhirn, den sensorischen Kortex, die Insula, den Hippocampus und die damit verbundenen Gehirnsysteme an und programmiert Ihr inneres Körperbild und die damit assoziierten Gefühle neu.

Das ist eine sehr praktische Übung. Wenn Sie beispielsweise Ihr Gewicht ändern oder eine Langzeitdepression auflösen möchten, können Sie sich zuerst mit den Zellen, die Ihre alten Erfahrungen immer wieder reproduzieren oder festhalten, verbinden und kommunizieren. Ihren Körper in der richtigen Form zu visualisieren, während Sie sich bewegen, beschleunigt den Umlernprozess. Das innere Bild, das Sie gespeichert hatten, nimmt die gewünschte Form an, sodass Sie sich schnell und effektiv physisch ändern können.

Ohne diese praktische und einfach nachvollziehbare Übung, mit der Sie ein neues inneres Bild von sich erzeugen, scheitern Ihre Bemühungen, sich zu ändern, oft. Sie produzieren vielleicht einen Gedanken, der aber nicht von der ganzen Kraft Ihres Wünschens begleitet wird, oder ein Teil von Ihnen versucht, sich zu ändern, ohne dass der Rest von Ihnen mitmacht. Sie fallen sehr schnell in die alten Muster zurück, weil Sie die Erinnerung Ihrer Zellen und Ihr Lernverhalten nicht geändert haben. Sie kommunizieren mit Ihrem Bewusstsein, ohne Ihr Unterbewusstsein umzuprogrammieren. Um eine wirklich permanente Veränderung in diesen Bereichen herbeizuführen, müssen Sie sich mit Ihrem Unterbewusstsein und Ihren Zellen, in denen die alten Muster gespeichert sind, verbinden. Durchbrechen Sie diese Muster dann und erzeugen Sie für Ihre zukünftigen Handlungen neue Energie und neue „Schablonen“.

Üben Sie das neue Muster und es wird gespeichert, ohne dass Sie darüber nachdenken müssen.

Abnehmen und sonstige gesundheitliche und körperliche Veränderungen beginnen beim inneren Körperbild. Programmieren Sie Ihr Körperbild neu und Sie können anfangen, Ihr Gewicht oder eine bestimmte Stimmung zu verändern.

Nehmen Sie sich morgens nach dem Aufwachen ein paar Minuten Zeit, um sich auszurichten. Körper und Geist im Hier und Jetzt zu vereinen ist angenehm, heilsam und einfach. Es bereitet Sie darauf vor, die Früchte des dritten Schrittes des Breathwalks – Vitalisieren – zu ernten und seine Wirkung zu steigern.

Die wichtigsten Punkte im Überblick

- Steigern Sie nach und nach Ihr Tempo, bis Sie Ihre normale (zügige) Gehgeschwindigkeit erreicht haben.
- Die Ausrichtung erfolgt, indem Sie Körper und Geist „scannen", während Sie Ihr Tempo steigern. Damit perfektionieren Sie Ihre Körperhaltung beim Gehen und Ihre geistige Präsenz.
- Ihren Körper bewusst zu steuern, damit er die richtige Haltung annimmt, löst automatisch chemische Prozesse aus, die Ihnen Auftrieb verleihen und Ihre Stimmung anheben.

Kapitel 7

Schritt 3: Vitalisieren

Sie gelangen jetzt zum Herzstück des Breathwalks – zu dem Punkt, an dem Atmen und Gehen, Muster und Rhythmus vereint werden. Wir müssen uns jetzt auf die Details konzentrieren, damit diese Übung gelingt und wir die volle Wirkung genießen können. Es ist wie beim Klavierspielen, wo wir zunächst lernen müssen, mit den Händen die Technik zu beherrschen und die Noten zu lesen, ehe wir in den natürlichen Fluss und die Schönheit einer Sonate eintauchen können. Sobald wir die Technik beherrschen, können wir unsere Aufmerksamkeit auf die Melodie und die Wirkung der Harmonien richten. Beim Breathwalk richten wir unseren Fokus jetzt auf die Abstimmung unserer Schritte mit unserem Atem. Wir achten auf die Atemquotienten und -muster und bemühen uns, beim Gehen zwischen einem bestimmten Atemmuster und Entspannungsphasen abzuwechseln. Sobald Sie die einzelnen Elemente beherrschen, können Sie leicht Ihr Wahrnehmungsfeld erweitern und Ihren Fokus auf die durch den Breathwalk bewirkten Veränderungen richten: Sie fühlen sich belebt und Ihr Geist ist klarer geworden.

Dies wird durch die Kombination instinktiver Rhythmen mit unserer Atmung mühelos erreicht. Mit etwas Genauigkeit synchronisieren wir unsere Atmung mit unseren Schritten, indem wir das Ein- und Ausatmen nach einem vorgegebenen Verhältnis unterteilen und uns dabei abwechselnd konzentrieren und entspannen. Etwas Präzision ist notwendig, die Rhythmen sind jedoch einfach und natürlich. Lesen Sie die Einzelheiten im vorliegenden Kapitel aufmerksam durch und überlassen Sie es beim Gehen ihren Füßen und ihren natürlichen Rhythmen, zur Übereinstimmung zu finden.

Die drei Grundelemente für das Vitalisieren

- Atmen und Gehen zeitlich aufeinander abgestimmt
- Atemmuster, für die ein bestimmter Atemquotient und ein Atemtyp kombiniert werden
- Dynamische Intervalle – Gehen mit und ohne Atemmuster

Atmung und Gehen aufeinander abstimmen

Die einfachste Erklärung für Breathwalk lautet: Atemmuster und Gehen werden kombiniert, sodass eine einheitliche, synchrone Bewegung entsteht. Ein Breathwalk ist Gehen im Einklang mit der Atmung. Mit jedem Schritt regen Sie Ihre Atmung ein Stück weit an und jeder Atemzug wiederum steuert die Bewegung. Gehen und Atmen verbinden sich unmittelbar. Sie übernehmen mit Ihren Schritten fast automatisch den Rhythmus Ihrer Atmung und umgekehrt wird Ihre Atmung durch Ihre Schritte angeregt.

Halten Sie sich nur die unterschiedlichen Gangarten der Pferde vor Augen und Sie bekommen ein Gefühl dafür, wie sich Atem und Bewegung ganz spezifisch verbinden. Die Bewegungsabläufe bei Pferden wurden mit Videoaufnahmen und Computeranalysen sehr genau erforscht, um die Ergebnisse für das Training von Rennpferden zu nutzen. Bei einem gut trainierten Rennpferd erleben Sie Bewegung in vollendeter Eleganz. Diese Eleganz ist der Beweis dafür, dass nur bestimmte Kombinationen von Atmung und Gangart sich bewähren und stabil sind.

Ein Pferd startet langsam und wird allmählich schneller. Damit Laufen oder Galoppieren möglich werden, greifen viele komplexe Systeme ineinander. Das Pferd bewegt seine Beine nicht kontinuierlich schneller, es verfügt vielmehr über bestimmte festgelegte Muster. Ein gut trainiertes Pferd findet sofort in die Muster und passt sie der geforderten Geschwindigkeit an. Es beginnt im langsamen Schritt, wechselt in den Trab und in den langsamen Galopp. Und schließlich fällt es in den schnellen Galopp. Beim Trab bewegt das Pferd bei jedem Schritt zwei Beine, jeweils ein Vorderbein und das Hinterbein der anderen Körperseite. Beim vollen Galopp heben bei jeder Vorwärtsbewegung alle vier Beine gleichzeitig vom Boden ab – in einem dreitaktigen Rhythmus.

Bei genauerem Hinsehen erkennen Sie, wie das Pferd seine Atmung nach festen Mustern an die Bewegung der Beine anpasst. Zu jeder Gangart – langsamer Gang, Trab, langsamer Galopp, schneller Galopp – gehören ein Atemmuster und die entsprechende Beinbewegung: Dadurch wird die Energie effizient eingesetzt und das Pferd kann die Gangart beibehalten, ohne zu stolpern oder sich zu verletzen. Jede Gangart, ob langsam oder schnell, setzt einen bestimmten Atemrhythmus voraus und jeder Rhythmus bestimmt wiederum die Gangart. Auch bei uns Menschen funktionieren bestimmte Kombinationen von Atemrhythmus und Schritttempo optimal. Wenn wir uns danach richten, gehen wir gleichmäßig und erreichen mit wenig Anstrengung eine positive Wirkung.

Wir brauchen uns nicht übermäßig anzustrengen, um den Nutzen für Körper oder Geist tatsächlich zu spüren. Der Puls unserer synchronisierten Atmung und der Schwung, der durch die körperliche Anstrengung bei den dynamischen Intervallen entsteht, funktionieren gemeinsam wie ein Pendel und erhöhen den Energiepegel: Stellen Sie sich eine Schaukel vor. Mit jeder neuen Bewegung schwingt die Schaukel höher, die Bewegung wird kraftvoller. Damit sie noch höher schwingt, stoßen wir die Schaukel vorsichtig und gezielt am höchsten Punkt an. Tun wir dies zu früh, so bremsen wir den Schwung; stoßen wir zu spät an, geht Kraft verloren. Das gleiche Prinzip gilt für die Synchronisation von Gehbewegung und Atemmuster. Beim Gehen bringen präzise sanfte Atemzüge unsere Energie, unsere Aufmerksamkeit und unsere umfassende Vitalität sacht in Schwung.

Wenn es uns immer besser gelingt, Schritte und Atem bewusst aufeinander abzustimmen, beleben und verbinden wir immer mehr Bereiche unseres Körpers. Vielleicht wurden einige Bereiche unseres Körpers nicht mehr ausreichend mit Energie versorgt und waren kaum noch mit dem übrigen Körper verbunden, weil eingefahrene Gefühlsmuster zu chronischen oder traumatischen Verspannungen geführt hatten. Diese Bereiche müssen durch den regelmäßigen Puls des Atems sanft aufgeweckt werden, damit sie ihre gewohnheitsmäßige Haltung aufgeben. Dann können sie die Verbindung zum übrigen Körper und zum Geist wieder aufnehmen und wirklich Teil des Körpers werden. Sobald alle Teile unseres Körpers reagieren und gemeinsam handeln, gelingen uns das Lernen, das Training der neuen Verhaltensweisen und die Aufhellung unserer Stimmungen sehr viel besser.

Verschiedene Atemmuster

Sobald wir unsere Schritte und unseren Atem harmonisch aufeinander abstimmen können, nehmen wir ein bewusstes Atemmuster hinzu. Ein „Atemmuster" besteht aus zwei Teilen – aus dem Atemquotienten und der Art der Atmung. Wie bereits in Kapitel 3 erklärt, beschreibt der Atemquotient die zeitliche Relation zwischen Ein- und Ausatmen. Bei einigen Atemmustern ist die Zeit gleich, bei anderen unterschiedlich. Bei der *Art* der Atmung wird unterschieden zwischen vollständigen und unterteilten Atemzügen. Die Art der Atmung und der Atemquotient ergeben das *Atemmuster.*

Wenn wir beim Gehen zusätzlich Atemmuster praktizieren, können wir besser die gewünschte Wirkung anpeilen – mehr Energie, geistige

Klarheit, Steuerung unserer Stimmungen, das Gefühl von Verbundenheit oder Zugang zur Seele. Jedes Muster ist gleichsam Teil eines Rezepts für eine spezielle Wirkung des Breathwalks.

Was ein Atemmuster ist, lässt sich am Vergleich der drei folgenden Beispiele einfach erläutern:

- Bei *normaler* Atmung atmen Sie automatisch in einem Zug vollständig ein und aus, dann ist der Atemquotient gleichmäßig.
- Bei der Grundübung für *unterteilte* Atmung im Verhältnis 4 : 4 (Kapitel 4) wenden Sie bewusst ein unterteiltes Atemmuster mit einem gleichmäßigen Atemquotienten an – Sie begleiten die Einatmung und die Ausatmung mit jeweils vier Schritten.
- Für den Breathwalk mit der Bezeichnung „Falke" gilt ein Muster mit unterteiltem Atem und ungleichmäßigem Atemquotienten. Das Einatmen wird auf 8, das Ausatmen aber nur auf 4 Schritte aufgeteilt. Das heißt, dass Sie beim unterteilten Atemmuster im Verhältnis 8 : 4 für das Einatmen doppelt so viel Zeit benötigen wie für das Ausatmen, denn Ihr Schritttempo bleibt dabei so gleichmäßig wie das Ticken einer Uhr.

Die Art der Atmung wird also unterschieden nach *unterteilt* oder *vollständig* und der Atemquotient, der durch die Schritte bestimmt wird, kann entweder gleichmäßig oder ungleichmäßig sein.

Die verschiedenen Zahlenverhältnisse lassen sich leicht einüben: Sie zählen einfach Ihre Schritte und steuern damit die Atmung. So gelingt es Ihnen, sowohl den Atemquotienten als auch die Atemfrequenz einzuhalten.

In der grafischen Darstellung auf der nächsten Seite sehen Sie die Unterschiede und die Übereinstimmungen zwischen zwei Atemmustern.

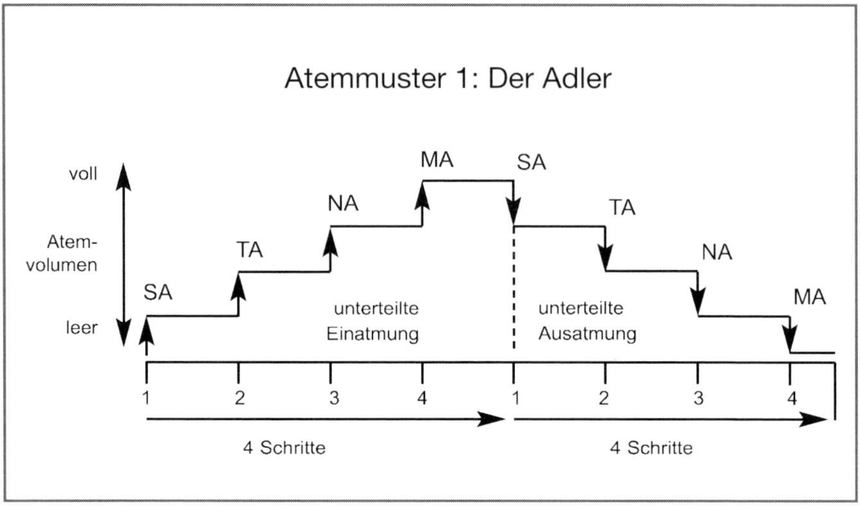
Atemmuster 1: Der Adler
voll
Atem-
volumen
leer
SA
TA
NA
MA
SA
TA
NA
MA
unterteilte
Einatmung
unterteilte
Ausatmung
1 2 3 4 1 2 3 4
4 Schritte
4 Schritte

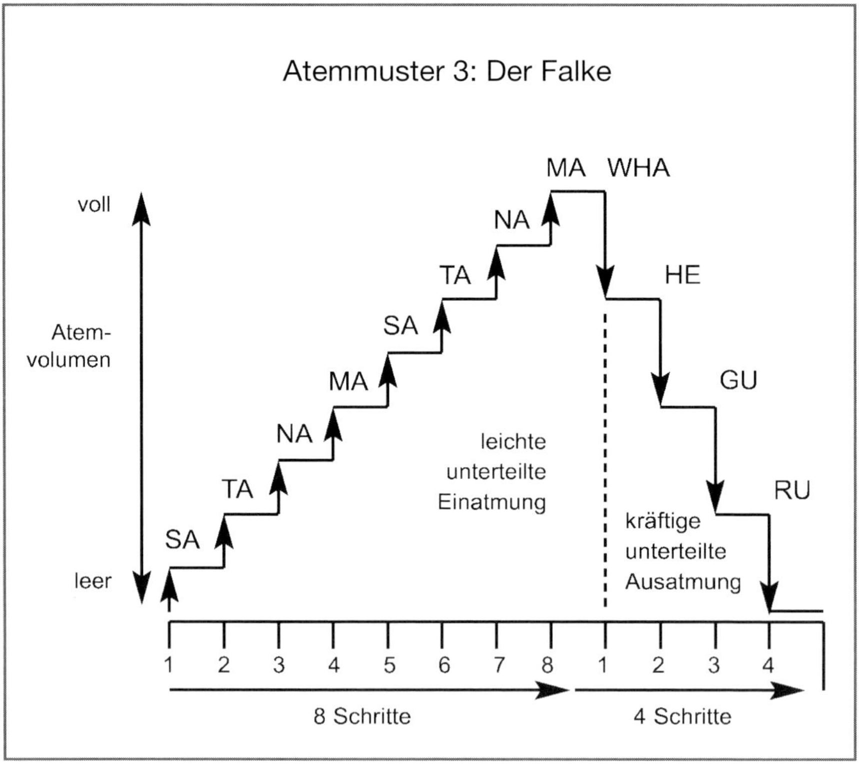
Atemmuster 3: Der Falke
voll
Atem-
volumen
leer
SA
TA
NA
MA
SA
TA
NA
MA
WHA
HE
GU
RU
leichte
unterteilte
Einatmung
kräftige
unterteilte
Ausatmung
1 2 3 4 5 6 7 8 1 2 3 4
8 Schritte
4 Schritte

Jedes einzelne Atemmuster ist in seiner Wirkung auf Gesundheit und Fitness etwas anders. So können Sie sich *das* Programm herausgreifen, das für Ihr Ziel am besten geeignet ist, je nachdem, ob Sie für Ihren Körper, Ihren Geist oder für positivere Stimmungen trainieren wollen.

In der nachfolgenden Tabelle finden Sie die wesentlichen Informationen zu zehn der wichtigsten Breathwalk-Muster.

Breathwalk-Atemmuster und ihre Wirkung

Quotient	*Atemtyp*	*Allgemeine Wirkung*
4 : 4	Unterteilter Atem	Klarheit und Energie
8 : 8	Unterteilter Atem	Innere Ruhe, Ausgeglichenheit, Ausdauer
8 : 4	Unterteilter Atem	Energie, Motivation, Fokus
4 : 8	Unterteilter Atem	Langsamer werden, reinigen, loslassen
4 : 4	Vollständige Atmung	Balance, klar, zentriert
8 : 8	Vollständige Atmung	Ruhe, gute Verdauung, weniger Gelüste, mildert Stress
8 : 4	Vollständige Atmung	Selbstsicherheit, starkes Herz, gute Blutzirkulation, Verjüngung
4 : 8	Vollständige Atmung	Geduld, alte Gefühle und Wut aufgeben, Gewohnheiten verringern, neue Perspektiven
4 : 4 : 4 und 8 : 8 : 8	Vollständig, dreiteilig	Präsenz, Bewusstheit, Großzügigkeit

In unseren Kursen werden wir oft gefragt, warum wir gerade diese Zahlenverhältnisse gewählt haben und ob nicht auch andere Verhältnisse möglich wären. Wir arbeiten bei den Breathwalk-Atemmustern nur mit bestimmten Grundmustern, mit *geraden* Zahlen, da diese seit vielen Generationen erprobt sind. Sie wirken eindeutig dahingehend, dass sich die Stimmungslage stabilisiert, dass der Geist klarer und die Energie gesteigert wird. Nur bestimmte Kombinationen von Atmung und Bewegung führen zu einem vorhersagbaren, stabilen und überzeugenden Ergebnis. So wie Sie für einen Kuchen die einzelnen Zutaten im richtigen Verhältnis zueinander nehmen müssen, damit der Kuchen aufgeht und gut schmeckt, wirken auch die einzelnen Elemente beim Breathwalk nur in den richtigen Proportionen. Die Zahlenverhältnisse, die wir für die Breathwalk-Muster nutzen, haben sich über Jahrhunderte im Kundalini-Yoga bewährt und sie werden durch Forschungsergebnisse bestätigt.

Natürlich können wir uns andere Zahlenverhältnisse vorstellen, 3 : 15, 7 : 9 oder 11 : 6. Es gibt unzählig viele Möglichkeiten, aber nicht alle diese Verhältnisse sind stabil. Die meisten sind instabil und verursachen Stimmungsschwankungen oder energetische Störungen. Und das ist entscheidend. Gehen und Atmen in einem bestimmten Verhältnis zueinander, Eislaufen oder die Pferde im Renngalopp – alle diese Vorgänge sind den Gesetzen der Physik und der Physiologie unterworfen. Die Zahlenverhältnisse bei den Breathwalk-Mustern berücksichtigen beides und führen zu respektablen Ergebnissen. Sie passen den Atem den körpereigenen biologischen Gegebenheiten und Rhythmen an.

Während der Untersuchungen, über die wir in einem späteren Kapitel berichten, fanden sich geeignete mathematische Modelle, die uns zeigten, warum die „Verdoppelung" der Schritte in den Quotienten zu einem optimalen Einsatz von Atem und Energie führt. Probieren Sie es selbst aus und vertrauen Sie auf die Erfahrung von Menschen, die Breathwalk seit Jahren regelmäßig praktizieren. Mit den vorgegebenen Zahlenverhältnissen vermitteln die Muster ein gutes Gefühl und sie sind leicht zu lernen.

Wenn unsere Bewegungen beim Gehen in einem Breathwalk-Muster synchron werden, *gleiten* wir gleichsam dahin, während wir die Vitalisierungsübungen ausführen. Und indem wir in einem Breathwalk die verschiedenen Muster nutzen, wählen wir selbst, was wir in Bezug auf unsere Stimmung, unseren Energiespiegel und unseren Geist erreichen wollen.

Dynamische Intervalle

Für ein *Intervall* beim Vitalisieren gehen wir abwechselnd einige Minuten normal und einige Minuten nach einem Breathwalk-Muster. Wir gehen zum Beispiel 5 Minuten mit unterteilter Atmung im Verhältnis 4 : 4 und dann 3 Minuten in normalem Tempo weiter und atmen dabei entspannt.

Viele Menschen kennen das Training in Intervallen aus dem Aerobic. Wir hören oft die Frage, ob die Intervalle bei uns das gleiche Ziel verfolgen oder einen anderen Zweck haben.

Für uns gibt es drei Gründe, warum wir in Intervallen trainieren:

- um die Kondition und den Trainingseffekt in kürzester Zeit zu optimieren,
- um den Körper in Form zu bringen, zusätzliche Energie bereitzustellen und Gesundungsprozesse zu unterstützen und
- um die emotionale Intelligenz zu trainieren, die uns hilft, unseren geistig-seelischen Zustand zu bessern und unsere Stimmungen zu stabilisieren.

⇛ 1. An erster Stelle ist das Training in Intervallen von großem Nutzen für den Körper. Es ist für die Steigerung der Kondition besser geeignet als konstantes Training. Der Körper verändert sich allmählich. Wird eine Übung nicht ununterbrochen mit viel Kraft, sondern in zeitlich abgestimmten Intervallen praktiziert, so entsteht durch den Wechsel – der sich mit dem Auf und Ab von Wellen vergleichen lässt – ein Kontrast, der das Lernen beschleunigt. Körper und Geist sind unmittelbar miteinander verbunden. Deshalb lernt Ihr Geist sich im gleichen Maße zu verändern, wie Sie Ihren Körper auf die Veränderungen vorbereiten. Mit Intervallen können Sie in kürzerer Zeit mehr erreichen.

⇛ 2. Der zweite Nutzeffekt des Trainings in Intervallen: Es verhilft Ihnen zu ausreichend Kondition und Energie für den ganzen Tag. Ihr Stoffwechsel wird angeregt und das Gehen erweist sich als genau so effektiv wie manche anstrengenden Übungen. Bei Aerobic lernt man eine möglichst hohe Herzschlagfrequenz anzustreben, weil diese die Fitness steigert. Das ist sicher gut für das Training, aber das ist nicht alles. Ein Training ist dann effektiv, wenn es Körper *und* Geist einbezieht, wenn die Effizienz Ihrer körpereigenen Systeme gesteigert wird, sodass Sie die Energie dann zur Verfügung haben, wenn sie benötigen. Auch mit Übungen, die die Herzfrequenz nicht maximal steigern, kann dieses Ziel – schrittweise – erreicht werden.

Es ist nachgewiesen, dass selbst leichte Übungen, die mehrmals täglich für einige Minuten ausgeführt werden, sich sehr positiv auf die Gesundheit auswirken. Das *Journal of the American Medical Association* berichtete in seiner Ausgabe vom 26.8.99, dass sich eindeutig gezeigt hat, dass zügiges Gehen zu einem ebenso deutlichen Rückgang von Herzerkrankungen bei Frauen führt wie dynamischere Übungen. In einer acht Jahre laufenden Studie mit 72 488 Frauen fand man heraus, dass Laufen mit einer Geschwindigkeit von circa 5 Kilometer pro Stunde (fünf Stunden pro Woche) die Wahrscheinlichkeit von Herzerkrankungen um 50 Prozent verringerte. Und auch bei nur drei Stunden Gehen in der Woche verringerte sich das Risiko noch um 30 Prozent. In einem diesbezüglichen Bericht von *Associated Press* wird eine Aussage von Dr. Gerald Fletcher, dem Sprecher der amerikanischen *Heart Association* wiedergegeben: Die Menschen seien häufig der Meinung, Training müsse anstrengend sein. Aber Gehen, und besonders zügiges Gehen, sei genauso gut wie ein „stürmisches" Fußballspiel, wie Bergwandern oder Gewichtestemmen im Fitnessclub.

Um die Kondition auch in Stresssituationen zu erhalten, müssen wir einen weiteren Messwert berücksichtigen. Vitalität lässt sich nicht nur an der Herzfrequenz ablesen, vielmehr spielt die „Komplexität" der Muster eine Rolle, die durch unterschiedliche Herzfrequenzen über einen längeren Zeitraum entsteht. Daran lässt sich das Wohlbefinden eines Menschen ablesen. (Nähere Erläuterungen dazu finden Sie in Kapitel 11.) Dieser Nutzeffekt wird im Verlauf mehrerer dynamischer Intervalle stärker, eine einzige länger andauernde Anstrengung reicht dazu nicht.

⇛ 3. Zum Dritten bewirken die dynamischen Intervalle Veränderungen unserer Stimmung und unserer geistigen Haltung. Die Übungen vergrößern unsere emotionale Intelligenz, dank derer wir unsere Gefühle und Stimmungen und unsere geistige Verfassung gezielt steuern und beherrschen können. Beim Breathwalk wollen wir einen *Zustand* erreichen – nicht ein bestimmtes Leistungsniveau. Ein klarer Geist und ein waches Bewusstsein sind unser wichtigstes Ziel. Mithilfe unseres Bewusstseins und unserer Vitalität spiegeln und steuern wir unser gesamtes System, einzelne Messwerte wie Herzschlag oder Muskelspannung haben unter Umständen nicht genügend Aussagekraft. Wir werden sicher feststellen, dass unser Herzschlag sich bei Breathwalk ähnlich wie bei Aerobic beschleunigt, aber für die Vitalität sind andere Messgrößen ebenso wichtig, wenn nicht sogar wichtiger. Indem wir unsere geistige Verfassung und unsere Stimmung verändern und bereit werden zu handeln, lösen wir sozusagen eine „Kaskade" positiver Veränderungen im ganzen Körper aus, denn unsere sportlichen Bemühungen werden von unserer Einstellung und unserer Stimmung getragen.

Während der dynamischen Intervalle entstehen durch den Wechsel zwischen einem Atemmuster und dem entspannten Gehen starke Kontraste, die es für Körper und Geist leichter machen, Veränderungen zu erkennen und zu vollziehen. Und so gelangen wir zu einer neuen emotionalen und geistigen Haltung. Wir lernen schnell, auf welche Weise wir diesen veränderten Zustand herbeiführen und wie sich das auch in Zukunft wiederholen lässt, wenn wir *nicht* trainieren. Die Intervallübungen erhöhen nicht nur die Herzfrequenz, sie verstärken auch unsere Präsenz. In diesem Zustand können wir alte Muster aufgeben und uns selbst und andere auf neue Weise wahrnehmen.

Zum Beispiel Alexander

Die Vitalisierung und die Ganzkörperintegration beim Breathwalk können auch für gut trainierte Sportler nützlich sein. Alexander, ein Läufer der Spitzenklasse, lief beim Training für den Boston-Marathon etwa 150 Kilometer in der Woche und stemmte zusätzlich Gewichte. Dann wollte er bei einem unserer Yogaschüler Dehnübungen lernen und erfuhr dabei von Breathwalk. Alexander war bereit, alles zu tun, um sein Training weiter zu verbessern – auf diesem Leistungsniveau kann schon eine Steigerung um eine Minute entscheidend sein. So ergänzte er seinen Tagesplan um zwei Mal eine halbe Stunde Breathwalk und einige zusätzliche Aufweckübungen. Und er merkte, dass er seine wöchentliche Laufstrecke auf unter 100 Kilometer verringern konnte, ohne dass sein Training darunter litt. Er berichtete uns, dass er jetzt flüssiger und mit weniger Stress laufe. So konnte er sich in nur drei Monaten Training um fünf Minuten verbessern.

„Fingermagie"

Mit „Fingermagie" bezeichnen wir bestimmte Fingerbewegungen. Die „Magie" besteht dabei in der belebenden und heilenden Wirkung, die durch einfache Fingerübungen zu erzielen ist. In diesen Übungen werden nacheinander die einzelnen Fingerspitzen und die Daumenspitze zusammengebracht:

Drücken Sie kräftig mit der Daumenspitze gegen die Spitze des Zeigefingers, dann des Mittelfingers, des Ringfingers und schließlich des kleinen Fingers – mit einem Druck von etwa eineinhalb bis zwei Kilogramm. Danach beginnen Sie wieder beim Zeigefinger. Dieser Zyklus der Stimulation vom ersten bis zum vierten Finger – synchronisiert mit dem Schritttempo, dem Atem und dem Rhythmus der Urklänge – macht die Fingermagie aus. Sie können jetzt Ihren Breathwalk durch die Fingerübungen ergänzen.

Die Fingermagie wirkt dreifach:

- Sie macht den Körper offen für Veränderungen.
- Sie fördert die Kommunikation mit dem ganzen Gehirn.
- Sie stimuliert die Meridiane für ungestörten Energiefluss und für Balance.

Die Wirkungsweise der Fingermagie

Wir nehmen unaufhörlich Dinge wahr, die unser Körper als Erinnerungen und unbewusste Eindrücke speichert. Erlebnisse hinterlassen Spuren und manchmal Narben, die unseren Charakter und unsere Persönlichkeit formen. Leben bedeutet jedoch auch konstanten Wandel. Wenn der Körper erstarrt und nicht auf Veränderungen reagiert, hat er sich ein Schneckenhaus, eine Maske oder einen Panzer geschaffen. Er schützt sich. Er hält etwa an einem alten Muster oder an einer belastenden Erinnerung fest. Damit der Körper die alte Panzerung aufgibt, müssen wir ihn auf die Veränderungen vorbereiten. Dann können wir für neue Energie und ein neues Muster sorgen. Fingermagie hilft dem Körper, aufmerksam und bereit für Veränderungen zu werden.

Werden die Finger beider Hände gleichzeitig bewegt, scheinen beide Seiten des motorischen Kortex in unserem Gehirn aktiv zu werden.

Damit wird die Kommunikation zwischen den beiden Gehirnhälften verstärkt. Sehen Sie sich eine Abbildung der verschiedenen „Zuständigkeitsbereiche“ der Gehirnrinde (des Kortex) an. Den einzelnen Teilen des Körpers entsprechen unterschiedlich große Areale der Rinde. Und überraschenderweise ist für die Finger und die Hände ein *größerer* Bereich zuständig als für den gesamten Rumpf, obwohl dieser viel größer ist! Die Hände werden für Tätigkeiten gebraucht, die das Überleben sichern, sowie für eine ausdrucksvolle Gestik. Diese komplexe Ausdruckskraft beansprucht mehr Nervenverbindungen und einen größeren Bereich im Kortex.

Zwischen den Fingern und Teilen des Körpers und des Gehirns bestehen viele wechselseitige Beziehungen. Durch den Druck auf die einzelnen Fingerspitzen werden die jeweils damit verbundenen Bereiche in Körper und Gehirn angeregt. Die *Serie* der Berührungen fördert den natürlichen Fluss der Energie im Körper. Störungen im Energiefluss, die durch früher erlebte emotionale oder körperliche Schmerzen bedingt sind, werden mithilfe des Rhythmus und der Wiederholung überwunden: Unsere Aufmerksamkeit wandert mit dem Druck von einem Finger zum nächsten weiter, und wenn wir nach dem kleinen Finger wieder beim Zeigefinger ankommen, erlebt dieser die Stimulation als *neue* Erfahrung, da die vorherige Berührung bereits vergessen ist. Diese pulsierende Welle der „Erregung" programmiert die Erinnerung des Körpers neu und hilft damit, alte Muster aufzugeben. Spannungen lösen sich.

Heiler und Yogis haben sich intensiv mit dem menschlichen Körper befasst und festgestellt, dass der gesamte Körper von Meridianen durchzogen ist. Entlang der Meridiane wird die Energie geleitet, die teils elektromagnetischer, teils biochemischer und teils feinstofflicher Natur ist. Mehrere wichtige Meridiane enden oder beginnen in den Fingerspitzen. Wenn Sie gehen und atmen und dabei Druck auf die Fingerspitzen ausüben, machen Sie es möglich, dass sich der Energiefluss neu ausrichtet. Die Übung ist unter anderem deshalb so wirksam, weil die Energie, die in den Meridianen bis zu den Fingerspitzen fließt, dort ihre Richtung ändert und in umgekehrter Richtung zum Zentrum des Körpers zurückfließt.

Die sensiblen Punkte in den Fingerspitzen werden auch „Strahlungspunkte" genannt. In der Aura erscheinen sie als leuchtende Flammen. Werden sie im Rhythmus berührt, so strahlen sie heller und es findet ein verstärkter Energieaustausch statt. Dann können Geübte möglicherweise bei anderen mit gezielten Berührungen heilende Wirkungen erzielen – oder natürlich auch bei sich selbst.

Die wichtigsten Punkte im Überblick

- Kernstück von Breathwalk sind die Muster, in denen Atmung und Gehen aufeinander abgestimmt in dynamischen Intervallen trainiert werden.
- Die Wirkung der Muster beruht auf der Abstimmung von Atemtyp, Atemfrequenz und Atemquotient.
- Für eine dynamische Intervallübung gehen Sie *abwechselnd* nach einem Muster mit bewusst *gesteuertem* Atem und dann wieder mit entspannter Atmung, ganz normal. Dadurch verstärkt sich die Wirkung.
- Machen Sie während der Breathwalks auch Fingerübungen – das erhöht die heilende Wirkung und beschleunigt Veränderungen.
- Gehen, auch wenn es nur fünf Stunden pro Woche sind, verringert Ihr Risiko einer Herzerkrankung. Gehen ist genauso wirksam wie anstrengendes Bergwandern, Fußballspielen oder Wettlaufen – jedoch ohne das Verletzungsrisiko.

Kapitel 8

Schritt 4: Balancieren

Wenn wir unser Energieniveau angehoben, unsere Stimmung verbessert und unsere geistige Haltung verändert haben, gehen wir weiter zum vierten Schritt des Breathwalks – Balancieren. Dafür sind nur zwischen 1 und 3 Minuten nötig. Mit der Balance soll der Nutzeffekt der vorhergegangenen dynamischen Intervalle den ganzen Tag erhalten bleiben. Dazu vertiefen wir unsere Aufmerksamkeit, indem wir unsere Sinne weit öffnen und in einer Übungsserie unsere Muskeln dehnen, damit deren Balance erhalten bleibt.

Wenn wir für diese Balance sorgen – und seien es nur wenige Minuten –, erscheint uns die Welt in einem neuen Licht und es fällt uns leichter, intelligent und bewusst zu handeln. Manchmal eröffnet sich uns in diesem Moment auch eine Ahnung von einer höheren, zeitlosen Dimension. Auch wenn wir uns noch so bemühen, unser Leben ein Stück weit in der Balance zu halten, immer wieder bringen berufliche Belastungen, die Ansprüche unserer Familie, aber auch unsere eigenen Ziele die Balance in Gefahr. Wir können kreativ sein und die äußere Balance besser bewahren, indem wir regelmäßig die Balance in unserem Innern spüren.

Sich dieses Gefühl von Balance regelmäßig zu gönnen ist ein Akt der Großzügigkeit gegenüber der eigenen Person. Auf diesem Weg lernen Sie zu geben. Am besten geben Sie immer dann etwas, wenn Sie etwas verdient oder erhalten haben. Das lässt sich auf das Training der Balance übertragen: Gönnen Sie sich täglich etwas Balance und Sie selbst spüren die Balance in dem, was Sie tun und wer Sie sind.

Bei jedem Breathwalk trainieren wir bewusst die Balance: zwischen eng begrenzter und weit ausgerichteter Aufmerksamkeit, oder zwischen Anstrengung und Entspannung, Fokus nach innen und nach außen, zwischen dem gegenwärtigen Augenblick und unserem Ausblick auf andere Zeiten. Wir verlangsamen unser Tempo nach den dynamischen

Intervallen, während wir unseren Fokus verändern und uns dehnen. Wir spüren, wie unsere Muskeln, unser Atem und unsere Nerven sich wieder ihrem Normalzustand nähern, während wir langsam und stetig mit entspannten Armen und normalem Schwung weitergehen. Dies ist der Moment, in dem wir unsere erneuerte geistige Klarheit und emotionale Stärke sozusagen „versiegeln", um sie weiterhin uneingeschränkt zur Verfügung zu haben.

Die Sinne „erweitern"

Die Sinne stehen im Mittelpunkt der Breathwalk-Übung „Balancieren". Wir alle verfolgen bestimmte Wahrnehmungsstrategien, dank derer wir unsere Aufmerksamkeit auf *eine* Sache richten und eine *andere* übersehen. Diese Strategien werden zu Gewohnheiten. Sie tragen dazu bei, dass wir in dem, was wir tun, erfolgreich sind, sie begrenzen jedoch unsere Flexibilität. Die Breathwalk-Muster der dynamischen Intervalle geben den Anreiz zu einer Veränderung dieser gewohnten Wahrnehmungsmuster. Während der Intervalle sind Aufmerksamkeit und Energie nach innen, auf den Atem und den Rhythmus gelenkt. *Jetzt* ist es an der Zeit, diese Energie zu verteilen und Ihre Aufmerksamkeit neu auszurichten. Dazu lassen Sie alte Strategien hinter sich, Sie richten Ihren Fokus so ein, dass Sie die gesamte Umgebung rundum wahrnehmen können, und Sie öffnen alle Ihre Sinne. Dieser Wechsel von einem engen inneren Fokus zu einem weiten äußeren Fokus bewirkt Balance und damit die Voraussetzung dafür, dass Sie die positive Wirkung Ihres Breathwalks bewahren können.

Unsere Aufmerksamkeit lenkt unsere Sinne, die entsprechend eher geöffnet oder verschlossen oder auf einen kleinen Bereich oder in die Weite ausgerichtet sind. Vielleicht nehmen wir an, unsere Sinne seien immer aufnahmebereit. In Wirklichkeit jedoch ist unsere Aufmerksamkeit eine begrenzte, kostbare Ressource. Wir steuern unsere Aufmerksamkeit so, dass wir Dinge schnell und präzise wahrnehmen und daraufhin reagieren. Immer wenn wir uns besonders anstrengen, verkleinert oder vergrößert sich das Fenster unserer Wahrnehmung entsprechend den Anforderungen. Immer wenn wir uns besondere Mühe geben, wenn wir zum Beispiel ein Musikstück vortragen oder uns an eine Telefonnummer erinnern wollen, blenden wir alles andere aus. Vielleicht haben Sie schon einmal beobachtet, wie jemand das Autoradio ausschaltete, um sich in einer fremden Umgebung leichter orientieren zu können. Die Aufmerksamkeit wird von Hören auf Sehen umgeschaltet – eine Strategie, um die beschränkte Ressource Aufmerksamkeit auf die im Augenblick anstehende Aufgabe zu konzentrieren. Wir alle verfügen über Wahrnehmungsstrategien für unsere täglichen Aktivitäten – Strategien, bei denen die einzelnen Sinne wie in einem Patchwork-Muster abwechselnd offen oder verschlossen sind. Die individuelle *Kombination* der verschiedenen Sinne (mit den ihnen eigenen Fähigkeiten) ergibt einen spezifischen Fokus. Mit dem richtigen Fokus setzen wir unsere Sinne optimal ein.

Dank unseres Wahrnehmungsmusters ist es uns möglich, Gefühle und Erfahrungen mit bestimmten Einzelheiten zu verbinden: Wir können uns beim Training auf die Beine konzentrieren und assoziieren dann unsere Empfindungen – angespannte Muskeln – mit unseren Beinen. Wie wir unsere Aufmerksamkeit *nach* einem Erlebnis steuern, entscheidet darüber, ob diese Erfahrung in der Zukunft für uns leicht oder kaum zugänglich ist. Mithilfe einer *breit* gestreuten Aufmerksamkeit verbinden wir eine Erfahrung mit weiteren Verknüpfungen und bereits gemachten Erfahrungen. Im Allgemeinen *engen* wir unseren Fokus ein, wenn wir eine Aufgabe erledigen wollen. Deshalb ist eine Übung, bei der unsere Aufmerksamkeit auf einen weiten Umkreis ausgerichtet wird, sehr entspannend, sie dient zur Balance nach der Einengung des Fokus. Einfache Meditationsübungen bauen auf diesen Effekt. Wenn wir uns in der Meditation wundervolle Szenen ausmalen, verändern sich Reichweite und Richtung unserer Aufmerksamkeit.

Während der dynamischen Intervalle erleben wir gewöhnlich ansatzweise diesen Wechsel zwischen begrenzter und unbegrenzter Aufmerksamkeit. Meist ist unsere Aufmerksamkeit aber konzentriert nach innen gerichtet – durch die Atemmuster und das Hören oder das Wiederholen der Urklänge. Mit diesem Fokus nach innen werden die von uns erreichten Veränderungen verstärkt und gefestigt. Auch Schritt 2 („Ausrichten") lenkt unsere Aufmerksamkeit nach innen, auf die einzelnen Elemente des Gehens und der Bewegung. Wechseln wir von der synchronisierten Atmung wieder zum normalen Gehen, so erweitern wir unseren Fokus vielleicht wieder, indem wir unsere Umgebung aktiv wahrnehmen oder uns sogar unterhalten. Trotzdem ist die Aufmerksamkeit meist innen konzentriert – wegen der eindrucksvollen Veränderungen und Empfindungen, die durch die Breathwalk-Muster ausgelöst werden.

Nach den dynamischen Intervallen brauchen wir eine Balance. Wir müssen unsere Aufmerksamkeit bewusst verändern und einige Minuten lang alle Sinne weit öffnen, um zu spüren, zu hören, zu sehen und zu riechen. Steuern Sie Ihre Wahrnehmung nicht, grenzen Sie nichts aus, nehmen Sie alles auf! Schalten Sie von Nahsicht auf Weitsicht. Und lassen Sie auch Ihre Gedanken und Gefühle frei fließen.

Relativ einfach können Sie Ihre Energie nach den dynamischen Intervallen wieder in die Balance bringen und zur Ruhe kommen, indem Sie zunächst auf etwas schauen oder hören, was Ihnen auffällt – ein Mensch, ein Baum, ein Gebäude oder ein Tier. Gehen Sie 1 bis 3 Minuten langsamer, achten Sie auf Einzelheiten und nehmen Sie alles mit allen Sinnen auf. Wechseln Sie dann zu einem anderen Objekt und wieder zum nächsten. Achten Sie auf jeden neuen Eindruck – kräftige Farben, unbekannte und vertraute Gerüche, das Gefühl für Ihre Umgebung. Begeben Sie sich mental ins Hier und Jetzt, in den gegenwärtigen Augenblick, an den Ort, an dem Sie sich befinden. Lassen Sie die Gedanken nicht schweifen und halten Sie keinen Gedanken und keine Vorstellung fest. Bleiben Sie präsent und lassen Sie alle Gedanken und Empfindungen ungehindert durch Sie hindurchfließen.

⇛ Die kurze Übung des Balancierens bewirkt zweierlei:

Erstens kann durch die Erweiterung unseres Fokus der Zustand, den wir mit den Breathwalk-Mustern erzeugt haben, länger anhalten und die positive Wirkung stabilisiert sich und bleibt uns den ganzen Tag erhalten. Egal welches Wahrnehmungsmuster wir für unsere weiteren Aktivitäten an diesem Tag benutzen, jetzt bleibt eine starke Verbindung zu diesem Bewusstseinszustand voller Ruhe und Energie bestehen.

Zweitens sind wir nach der Übung entspannt und wirklich in der Gegenwart präsent. Ohne alte Gedanken und Gefühle, die unser Bewusstsein von uns selbst behindern, gewinnen wir neue Einsichten. Wenn die Sinne offen sind und wir uns selbst spüren, werden wir flexibel und reagieren auf die Botschaften von Körper und Geist. Das steigert unsere körperliche und geistige Gesundheit. Das Gefühl, wach und bewusst zu sein, lässt uns jeden Augenblick genießen und wirkt als Gegenmittel gegen Stress und Überlastung.

Die Dreifachdehnung

Diese Dehnübung ist als entspannende „Nachübung" gedacht. Damit sind Sie zwar aktiv, aber durch die Dehnungen sollen Sie wieder Balance erreichen. Die Lungen dürften sich mittlerweile voll entfaltet haben und Ihr Atem und Ihre Bewegungen sind sicher aufeinander eingespielt. Das ist die Voraussetzung für die Dehnübung. Ohne die richtige Atmung kommt es beim Dehnen zu Problemen, zum Beispiel zu Verkrampfungen. Mit der richtigen Atmung werden Sie durch die Dehnungen frei und weit, Ihre Flexibilität wird gesteigert und Sie fühlen sich einfach großartig. Wenn Sie 30 Minuten oder auch länger trainiert haben, ist die Dehnung ein guter Ausgleich.

Die Dehnungen berücksichtigen hauptsächlich drei Bereiche: den oberen Rücken mit Nacken und Schultern; den Rumpf mit den Rippen und dem mittleren Rückenbereich; die Hüften, Waden und Beine, einschließlich der Achillessehne und der Streckmuskeln am Oberschenkel (Quadrizeps). Wir dehnen diese drei Bereiche der Reihe nach – daher der Begriff Dreifachdehnung.

Die drei Bewegungsfolgen entspannen und dehnen den Körper und verteilen die Energie besser im Körper:

1. „Den Himmel grüßen" lockert die Schultern und den oberen Rücken.
2. „Die Flügel ausbreiten" weitet den Rumpf und den mittleren Rückenbereich.
3. „Die Erde grüßen" lockert die Beine, den unteren Rückenbereich und die Hüfte.

☞ Den Himmel grüßen

1. Stehen Sie mit geschlossenen Beinen aufrecht, die Arme liegen entspannt am Körper. Atmen Sie ein und heben Sie dabei die Arme über den Kopf, die Handflächen berühren sich. Halten Sie den Atem an und legen Sie die Arme an die Ohren – 1 bis 2 Sekunden. Dann atmen Sie vollständig aus und lassen die Arme wieder sinken.
2. Atmen Sie ein und ziehen Sie beide Schultern gleichzeitig hoch. Bleiben Sie 1 Sekunde in dieser Haltung. Atmen Sie dann aus, während Sie die Schultern wieder locker lassen. Halten Sie den Atem 1 Sekunde lang an und erlauben Sie dabei dem Gewicht Ihrer Arme, die Schultern weiter nach unten zu ziehen.
3. Atmen Sie tief ein und heben Sie die gestreckten Arme nach vorne an und von dort in einem großen Bogen über den Kopf. Halten Sie die Arme 1 Sekunde dort und strecken Sie sich zum Himmel. Atmen Sie dann aus und vollenden Sie die Kreisbewegung, indem Sie die Arme von der Mitte zu den Seiten, nach hinten und wieder nach unten bewegen. Halten Sie den Atem wieder 1 Sekunde an und erlauben Sie dabei dem Gewicht Ihrer Arme, die Schultern weiter nach unten zu ziehen; die Wirbelsäule bleibt dabei aufrecht und der Brustkorb leicht angehoben.
4. Umfassen Sie mit Ihren Händen die jeweils gegenüberliegende Schulter. Atmen Sie tief ein und beugen Sie den Kopf etwa 45 Grad nach hinten – oder so weit, wie es für Sie angenehm ist. Atmen Sie aus und senken Sie das Kinn dabei möglichst weit zur Brust. Halten Sie den Atem wieder 1 Sekunde und heben Sie den Brustkorb an, ziehen Sie den Bauch ein und drücken Sie beide Schultern nach hinten zusammen. Atmen Sie dann ein, richten Sie sich auf und entspannen Sie.

☞ Die Flügel ausbreiten

1. Stehen Sie aufrecht, die Handflächen vor der Brustmitte aneinander gelegt (Gebetshaltung). Atmen Sie tief ein und halten Sie den Atem 1 Sekunde lang. Mit dem Ausatmen bewegen Sie den rechten Arm zur Seite nach hinten und gleichzeitig drehen Sie Kopf und Oberkörper nach rechts. (Die andere Hand bleibt währenddessen vor der Brustmitte, die Finger nach oben gestreckt.) Halten Sie den rechten Arm

1 Sekunde nach hinten ausgestreckt. Kommen Sie einatmend mit Arm und Oberkörper zur Mitte zurück und bringen Sie beide Hände wieder in die Gebetshaltung.

2. Wiederholen Sie die gleiche Bewegung mit dem linken Arm: ausatmen und den Arm zur Seite nach hinten bewegen und gleichzeitig Oberkörper und Kopf in dieselbe Richtung drehen, mit dem Ausatmen wieder zur Mitte. 1 Sekunde in dieser Stellung bleiben.
3. Atmen Sie aus und bringen Sie beide Arme zur Seite nach hinten, die Handgelenke sind dabei gebeugt und die Finger zeigen nach oben, Kopf und Oberkörper bleiben nach vorne ausgerichtet. Halten Sie die Arme 1 Sekunde gestreckt. Atmen Sie dann ein und bringen Sie die Arme wieder vor den Körper.
4. Wiederholen Sie die gesamte Bewegungsfolge drei bis fünf Mal.

☞ Die Erde grüßen

1. Stehen Sie aufrecht mit leicht gespreizten Beinen, strecken Sie die Arme parallel zum Boden nach vorn aus, die Handflächen nach oben. Verschränken Sie dann die Hände und üben Sie mit den Fingerspitzen Druck auf die Fingerknöchel aus. (Diese Übung nennt man auch „Hammergriff".) Atmen Sie tief ein und strecken Sie die Arme mit verschränkten Händen nach oben über den Kopf. Halten Sie die Streckung 1 Sekunde. Dann atmen Sie aus, beugen sich in der Taille nach vorne und schwingen dabei die Arme mit den verschränkten Händen nach unten und durch die Beine. In dieser Stellung bleiben Sie 1 Sekunde, ohne zu atmen. Mit dem Einatem richten Sie sich auf und halten die Streckung wieder 1 Sekunde. Mit dem Ausatem beugen Sie sich wieder nach vorn, schwingen die verbundenen Hände über den rechten Fuß und halten wieder 1 Sekunde. Atmen Sie ein und kommen Sie mit gestreckten Armen wieder nach oben zur Mitte.
2. Wiederholen Sie die Übung, diesmal aber über den linken Fuß.
3. Dann atmen Sie aus. Dabei lösen Sie die Hände und strecken sie wieder nach vorne, parallel zum Boden aus.
4. Diese vollständige Übungsfolge wiederholen Sie drei bis fünf Mal.

5. **Beugen Sie den Oberkörper nach vorne, stützen Sie sich mit den Händen flach auf dem Boden auf und halten Sie das Gesäß nach oben gestreckt, sodass ein Dreieck entsteht. Die Fersen bleiben etwas vom Boden weg. Entspannen Sie den Nacken vollständig. Dann atmen Sie langsam ein und wieder aus und halten 1 Sekunde lang den Atem, während Sie die Fersen zum Boden drücken. Mit dem Einatmen lösen Sie den Druck wieder, sodass sich die Fersen heben. Das wiederholen Sie drei Mal. Mit dem Einatem richten Sie sich dann langsam auf und entspannen.**

*

Diese Dreifachdehnung verteilt die Energie im Körper und wirkt entspannend. Sie soll verhindern, dass Energie und Spannung sich in einer bestimmten Körperregion konzentrieren. Die Dreifachdehnung steigert das Körperbewusstsein, sodass der Körper wieder als Einheit handeln kann. Bewusster Atem in Verbindung mit Bewegung fördert den Austausch von Flüssigkeiten zwischen miteinander verbundenen Muskelgewebefasern. Das Bindegewebe wird von Kollagen zusammengehalten, einem Protein, das überall im Körper vorhanden ist. Bei starker Beanspruchung lagern Kalzium und andere Abbaustoffe sich im Bindegewebe ab, sodass dessen Stabilität nachlässt. Durch das Training und besonders die Dehnungen wird das Bindegewebe verstärkt mit Blut, Sauerstoff und anderen Flüssigkeiten versorgt. Deshalb bleibt es elastisch, selten nur bleibt ein Muskelkater zurück und der Körper entspannt sich.

Und damit sind wir am Ausgangspunkt für mangelnde Flexibilität des Körpers angelangt. Sie entsteht nicht in den Muskeln, sondern im Bindegewebe. Dehnen Sie sich einige Minuten und Sie können über viele Stunden Flexibilität und Balance genießen.

Die wichtigsten Punkte im Überblick

- Balance ist Abrundung und Ergebnis der dynamischen Intervalle des Breathwalks.
- Wir schaffen Balance, indem wir unsere Sinne öffnen, den Fokus unserer Aufmerksamkeit verändern und einige fließende Dehnübungen ausführen.
- Das Ziel des Balancierens besteht darin, die positive Wirkung der Breathwalk-Muster für den ganzen Tag zu erhalten und uns wirklich in der Gegenwart ankommen zu lassen – bewusst, wach und lebendig.

Kapitel 9

Schritt 5: Integrieren

Als letzter Schritt bei Breathwalk folgt das Integrieren. Jetzt sind wir bereit, uns erneut der Welt zu öffnen. Unser Körper ist wach und voller Energie. Unser Geist ist klar und ohne Widersprüche. Wir haben unserem spirituellen Selbst Raum gegeben und die Verbindung erneuert. Wenn wir integriert sind, werden wir achtsam. Wir steigern unser Bewusstsein ganz bewusst und erreichen damit, dass unser Geist, unser „Selbst-Bewusstsein“ und unser höheres Selbst eins werden. Das ist mehr als nur wache Aufmerksamkeit.

Integrieren geschieht durch einen „Innerwalk“. Die Innerwalks beinhalten eine große Zahl von Übungen, die unseren Geist und unser Bewusstsein so lenken, dass neue Gedankengänge und Denkmuster entstehen. Sie öffnen unsere Sinne nicht nur, sie bringen vielmehr alte Wahrnehmungsmuster zum Verschwinden und ersetzen sie durch neue. Sobald unser Geist nicht mehr blockiert, sondern mit unseren inneren Ressourcen verbunden ist, können wir nach unserem Breathwalk jeden gewünschten Weg voller Zuversicht angehen – und wir werden auch Erfolg haben.

Ein Innerwalk geleitet uns auf einen inneren Weg, der nicht von unserem äußeren Weg abhängig ist. Wir fühlen deutlich, dass dies ein besonderer Weg ist. Einer unserer Yogaschüler fragte einmal: „Wie lang ist der Weg zu Bewusstwerdung und Erleuchtung? Beides scheint sehr weit weg und manchmal unerreichbar zu sein.“ Als Antwort spreizte Yogi Bhajan die Finger einer Hand. Er legte die Spitze des kleinen Fingers auf den Nabelpunkt und streckte den Daumen hoch bis zur Brustmitte – dem Herzzentrum. „Nur so weit“, antwortete er.

Der innere Pfad des Bewusstwerdens verlangt von uns, dass wir uns vom Nabelbereich nach oben zum Herzzentrum bewegen: von dem Bereich, in dem Impulse und Instinkt verarbeitet werden, hin zu dem

Zentrum, in dem wir Mitgefühl empfinden und uns anderer Menschen genauso wie unserer eigenen Person bewusst sind. Um *dauerhaft* Vitalität und Achtsamkeit zu erreichen, müssen wir diesen Pfad gehen. Auf diesem Weg verbinden sich unsere Wahrnehmungsfähigkeiten mit unserem Handeln in einer Balance, in der wir uns als spirituelle Wesen erweisen und unsere empfindsame Seele zeigen können.

Wenn wir uns auf diese innere Reise begeben, wird auch jede Reise in der äußeren Welt erfolgreich sein und spirituelle Erfahrungen möglich machen. Wohin wir auch gehen, wir fördern unser charakterliches Wachstum und unser Glück. Innerwalks helfen uns auf dem Pfad zum Herzen weiter.

Ein Innerwalk dauert zwischen einer und fünfzehn Minuten, je nachdem, welchen Innerwalk Sie für welchen Zweck auswählen. Sie können ihn praktizieren, indem Sie gehen und dann langsamer werden und anhalten, oder indem Sie in ruhiger Betrachtung sitzen. Jeder Innerwalk führt Ihren Geist auf unterschiedliche Weise. Er führt Sie zum Beispiel mit inneren Bildern den Weg entlang, auf dem Sie gehen. Wenn Sie sitzen, führt er Sie durch Ihren Körper oder lässt Sie mit Ihrer Fantasie neue Orte irgendwo im Universum ansteuern. Das Schönste an den Innerwalks ist jedoch, dass sie uns einen Weg aufzeigen, wie wir gute Kommunikation zwischen Herz und Kopf sowie zwischen Kopf und Herz sicherstellen können.

Ein Innerwalk ist eine Technik und bringt gleichzeitig eine Überzeugung zum Ausdruck. Er demonstriert in gewisser Weise die Haltung des Herzens. Hier öffnen wir uns jedem Augenblick ohne Vorbehalte, so als wäre vorher nichts gewesen. Ein guter Innerwalk unterstützt uns, wenn wir unsere Fähigkeit zur Liebe ausbauen und die Kraft unseres Herzzentrums stärken wollen. Einige der Übungen wirken dadurch, dass sie unsere Achtsamkeit erhöhen und unseren Wahrnehmungsbereich erweitern. Andere schalten Ablenkungen aus und lenken unseren Fokus auf die Gegenwart. Wieder andere lassen durch die Auflösung emotionaler Blockaden Hindernisse und Fallen verschwinden. Sobald der Weg frei ist und wir innerlich aufwachen, bekommen wir Zugang zu unserem Herzzentrum und können es weit öffnen.

Wir können leicht erkennen, wann unser Geist und unsere Emotionen integriert sind und das Tor zu unserem Herzzentrum offen ist. Da gibt es einen zeitlosen, klaren Moment, in dem wir wirklich präsent und lebendig sind. Alle unsere Sinne geraten in Schwingung. Unser Körper vibriert, unser Geist ist wach und aufnahmefähig, die vielen Stimmen aus den inneren Kämpfen sind jetzt ruhig. In diesem zeitlosen Augenblick sind wir lebendig und wach und gleichzeitig ist da noch *mehr*. Wir sind uns *bewusst*, dass wir lebendig und auch bereit sind, unser Leben zu leben. Aus dem Herzzentrum breiten sich spontan heilende Wirkungen aus und Körper und Geist können sich mit Unterstützung unseres spirituellen Selbst neu organisieren.

An diesen Ort in unserem Inneren gelangen wir spontan bei einem Spaziergang durch die Landschaft oder beim Ausblick auf eine Bergkette – oder sogar wenn wir nur kurz einen Blick zwischen Häusern hindurch erhaschen. Unser Zentrum finden wir nur in unserem Inneren. Wenn wir am Ende unseres Breathwalks integrieren, dann ...

... siegt Gewissheit über Zweifel,

... wird Kummer geheilt,

... tritt Klarheit an die Stelle von Verwirrung,

... kommt inmitten von Turbulenzen ein Zustand des Fließens (engl. *flow*) auf und weist uns den Weg,

... steigt aus der dunkelsten Stimmung plötzlich ein Leuchten auf.

Wir wissen genau, wo wir stehen, und wir wissen in jeder Situation mit Sicherheit, was zu tun ist.

Mit dieser Achtsamkeit können wir unsere Emotionen in ihrer ganzen Bandbreite fühlen. Wir unterdrücken kein Gefühl und übersehen keine einzige Regung. Wir empfinden so tiefen inneren Frieden und Balance, dass wir kein Bedürfnis haben, auf irgendein Gefühl zu reagieren, es sei denn, wir entscheiden uns, bestimmte Gefühle anzunehmen. Jetzt dominieren Spontaneität und das Gefühl der Freiheit und nicht mehr die frühere Impulsivität und Zwanghaftigkeit. Wir sind uns unserer Umwelt bewusst und fühlen uns irgendwie tief mit ihr verbunden. Unser Zeitgefühl verändert sich. Der Augenblick erscheint uns zeitlos und vermittelt eine Ahnung der Unendlichkeit. Wir stellen fest, dass auch unsere einfachsten Tätigkeiten sich nahtlos in den höheren Zweck unseres Lebens einfügen.

Im Folgenden bieten wir Ihnen detaillierte Anleitungen und möchten Sie damit ermuntern, jede Technik auszuprobieren, damit Sie das Gefühl der Integration persönlich erleben. *Lesen* Sie die folgenden Seiten nicht nur, sondern *erleben* Sie sie. Lernen Sie ganzheitlich mit Körper und Geist, so wie Sie auch die Ganzheit von Körper und Geist leben möchten. Sobald Sie etwas finden, was Ihr Interesse weckt, ein Bedürfnis Ihrerseits anspricht oder Ihre Intuition anregt – probieren Sie es aus.

Fünf Innerwalks für Körper, Geist und Seele

Freunden Sie sich zunächst mit dem Gedanken an, dass Ihre Sinne ein wahres Geschenk sind – das Geschenk Ihrer sechs Sinne: zunächst einmal fünf Sinne und dazu der sechste Sinn – nennen wir ihn Intuition. Wir erleben die Welt und uns selbst durch das Zusammenspiel der sechs Sinne. Es lässt sich nicht bestreiten, dass bei jedem Menschen einige Sinne von Geburt an (genetisch bedingt) stärker zu sein scheinen. Vielleicht haben Sie „ein Ohr" für Töne und Klang oder „ein gutes Auge" für feinste Farbschattierungen. Wichtiger ist jedoch die Tatsache, dass wir lernen, bestimmte Sinne häufiger als andere zu gebrauchen. Mit unseren Sinnen schaffen wir uns ein Abbild der Welt, um uns auf Aktivitäten in der Welt vorzubereiten, um Erfahrungen zu vermeiden, die uns unangenehm sind, und stattdessen diejenigen auszuwählen, die uns angenehm sind. Wir alle entwickeln aus den eigenen Erfahrungen und Lernprozessen unser eigenes Wahrnehmungsmuster; wir können manche Sinne stärker und andere weniger nutzen.

Auf diese Weise gewöhnen wir uns bewusst und unbewusst an bestimmte Wahrnehmungsmuster – aufgrund natürlicher Neigungen und durch Lernen. Harmonisch aufeinander abgestimmtes Gehen und Atmen kann diese einprogrammierten Muster aufbrechen und so alle Sinne öffnen, damit wir genießen und dazulernen können. Breathwalk ändert die Voraussetzungen für unsere Wahrnehmung, indem es auf das autonome Nervensystem einwirkt, damit es neue Gefühle und Informationen einlässt. Sie sind dann unmittelbar mit der Gegenwart verbunden und haben alle Wahrnehmungskanäle weit geöffnet. Sie werden sich des gegenwärtigen Augenblicks bewusst und reagieren unmittelbar.

Probieren Sie jeden dieser fünf Innerwalks aus und achten Sie darauf, wie sich Ihre Wahrnehmung erweitert.

Die Sinne sammeln Wir nennen diesen Innerwalk „Die Sinne sammeln", und genau das tun wir auch. Wir erfahren *dann* am meisten, wenn wir alle sensorischen Details zu einem prächtigen, lebendigen Gesamteindruck zusammenfügen. Diesen Innerwalk können Sie im Sitzen oder im Gehen praktizieren, im Gehen scheint er jedoch am besten zu wirken.

Beim Gehen bleiben die Hände zunächst entspannt. Dann beginnen Sie mit den *Fingerbewegungen*, die Sie entweder mit einer oder mit beiden Händen ausführen:

Sie rollen den *Zeigefinger* nach innen in die Hand und achten genau auf das, was Sie sehen.

Dann rollen Sie den *Mittelfinger* ein und achten auf das, was Sie hören – Geräusche von außen und Ihre eigenen inneren Stimmen.

Danach beugen Sie den *Ringfinger* und konzentrieren Sie sich auf Ihren Geruchsinn. Nehmen Sie Gerüche wahr, die neu für Sie sind, oder ist vielleicht keinerlei Geruch wahrnehmbar?

Dann rollen Sie den *kleinen Finger* ein und achten darauf, ob Ihr Geschmackssinn etwas registriert: Sehr häufig hat ein Geschmackseindruck nichts mit Essen zu tun, er kann vielmehr Hinweise auf unsere Gefühle und unsere Gesundheit geben.

Zuletzt legen Sie den *Daumen* über die anderen Finger und bilden eine Faust und achten jetzt auf alle Ihre Empfindungen.

Zum Beenden der Übung lassen Sie Ihre Fäuste „aufspringen" und nehmen alles gleichzeitig wahr – die Dinge um Sie herum und im Universum. Scannen Sie mit Ihren Sinnen alles ab und nehmen Sie alles auf. Setzen Sie Ihre Intuition ein, um den nächsten Schritt zu erspüren und gleichzeitig zu fühlen, wie dieser Schritt Sie mit Ihrem weiteren Weg, mit Ihrem weiteren Leben und der übrigen Welt verbindet.

Gehen Sie schließlich einige Minuten, ohne bewusst auf etwas zu achten; lassen Sie Ihre Sinne spielerisch schweifen, nur durch das angeregt, was Ihnen zufällig auffällt.

☞ **Die „Sinnesblase" ausdehnen** Der nächste Innerwalk nennt sich „Die Sinne ausdehnen". Diesen Innerwalk führen Sie am besten ruhig sitzend (wie zur Meditation) durch. Anstatt sich auf die einzelnen Sinne zu konzentrieren, stellen Sie sich vor, dass sich Ihre Haut nach allen Seiten wie eine riesige Blase ausdehnt, die Sie vollständig einhüllt. Die Oberfläche ist äußerst sensibel. Lassen Sie alles ein – Geräusche, Gefühle, Gedanken, Gerüche und Geschmacksempfindungen. Sie selbst im Zentrum der Blase werden sehr ruhig. Sie ruhen in Ihrem Herzen. Benutzen Sie das Gefühl und das Bild dieser Blase, um Dinge in allen Richtungen gleichzeitig wahrzunehmen. Eine Richtung scheint vielleicht offener oder leichter zu erspüren zu sein als andere. Das ist in Ordnung. Spüren Sie auch das. Öffnen Sie diesen Bereich. Werden Sie vollkommen durchlässig. Werden Sie feinsinnig und empfindsam. Halten Sie nichts zurück: Lassen Sie auch Spannungen und Verengungen kommen und wieder gehen. Es ist der Geist, der die Realität begrenzt und die Wahrnehmung einschränkt. Setzen Sie Ihre Vorstellungskraft ein und dehnen Sie die „Sinnesblase" aus – Meter, Kilometer, Hunderte von Kilometern, Lichtjahre, bis ins Unendliche.

Achten Sie auch auf den Fluss Ihres Atems – als ein Element unter vielen anderen Wahrnehmungen. Atmen Sie während der ganzen Übung bewusst, kommen Sie mit jedem Atemzug wieder zu Ihrem Ruhepunkt, Ihrer Mitte zurück. Mit jedem Einatem werden Sie wacher, beim Ausatmen lassen Sie los, was Sie wahrgenommen haben, und vergessen auch, *wie* Sie es wahrgenommen haben. Sie fühlen alles, sind dankbar dafür und lassen alles wieder los. Während Sie die „Sinnesblase" gleichmäßig in alle Richtungen ausdehnen und immer ruhiger werden, genießen Sie einen der Vorzüge des Innerwalks: Sie erleben Stück um Stück die unendliche Weite Ihres Herzzentrums.

Die meisten Menschen nehmen sich dafür drei bis fünf Minuten. Beenden Sie dann die Übung mit einer tiefen Einatmung. Halten Sie den Atem fünf bis zehn Sekunden an und atmen Sie vollständig aus. Diese Atemübung wiederholen Sie drei Mal und strecken dann die Arme nach oben.

Den Atem führen Hier nun ein längerer Innerwalk mit einer vorgegebenen Reihenfolge der Schritte. Er fördert die Selbstheilungskräfte, verjüngt und entspannt. Er wirkt direkt auf unseren Lichtkörper, auf die Chakras und die Meridiane ein. Wir setzen ihn bei mehreren Breathwalk-Programmen ein. (Siehe Kapitel 13)

Achten Sie zunächst auf Ihre Atmung und beobachten Sie, wie Sie atmen: langsam, schnell, sanft, kräftig oder flach? Spüren Sie insbesondere nach, wie der Atem Ihren Körper auszufüllen scheint, wie er sich wie in Wellen durch alle Regionen des Körpers bis in jedes Glied und jede einzelne Zelle ausbreitet. Denken Sie an die Leben spendende Kraft des Atems – zugleich ein Geschenk und der Puls des Lebens. Wo der Atem hinfließt, da entstehen Bewegung, Energie und Vitalität. Nehmen Sie diese Gedanken und Gefühle mit, wenn Sie jetzt Ihren Atemstrom beobachten.

Spüren Sie, dass Atem mehr ist als nur Sauerstoff. Stellen Sie sich den Atem als ein subtiles Leuchten, als Energie oder als Quelle des Lebens vor. Spüren Sie beim Einatmen nach, wie sich der Atem in Ihrem Körper ausbreitet, durch die Haut austritt und um Sie herum zirkuliert. Stellen Sie sich den Ausatem als einen Lichtschein vor, *hören* Sie, wie der sanfte Klang des Atems Sie umgibt, und senden Sie ihn nach außen. Spüren Sie, wie der Atem Ihren Körper verlässt, und stellen Sie sich vor, Sie würden jetzt Licht ins Universum schicken. Stellen Sie in Ihrem Geist eine Verbindung zwischen dem Kommen und Gehen Ihres Atems und dem Universum her – als wäre da ein Meer an Energie, das in Ihren Körper und auch in Ihren leuchtenden „Atem-Körper" hineinfließt und wieder hinausfließt.

Stellen Sie sich nun vor, dass Ihr Atem beim Einatmen durch den Scheitelpunkt in Ihren Körper gelangt und entlang der Wirbelsäule weiter nach unten fließt. Spüren Sie nach, wie sich dieses Gefühl, ausgehend von der Wirbelsäule, im ganzen Körper ausbreitet. Wenn Sie voll eingeatmet haben, spüren Sie, wie Ihr Körper leuchtet und kraftvoll nach allen Seiten strahlt. Beim Ausatmen lenken Sie Ihren Atem so, dass er wie ein Lichtstrom an der Wirbelsäule aufwärts und bis nach vorn zu dem Punkt zwischen den Augenbrauen fließt. Dann lassen Sie den Atem weiterfließen – von dem Punkt zwischen den Augenbrauen über die Nasenspitze hinaus ins Universum. Führen Sie den Atem auf diese Weise ein bis zwei Minuten lang.

Jetzt atmen Sie langsam ein und „führen" den Atem von den Fingerspitzen der linken Hand den Arm hinauf bis zur Brustmitte, dem Herzzentrum. Nach der vollen Einatmung spüren Sie, wie der Atem Ihren Oberkörper komplett ausfüllt, und jetzt visualisieren Sie Ihren Atem als intensives, angenehmes Leuchten in Ihrem Innern. Mit dem Ausatmen führen Sie den Atem aus dem Brustraum über den Arm und die Fingerspitzen nach außen zurück ins Universum. Wiederholen Sie diese Art der Atemführung drei oder vier Mal. Dann wechseln Sie zum rechten Arm und führen hier den Atem auf die gleiche Art.

Jetzt richten Sie Ihre Aufmerksamkeit wieder auf das Fließen des Atems, diesmal vom linken Fuß ausgehend: von den Zehen entlang der Sohle, am Bein hoch und weiter zum Nabelpunkt. Spüren Sie, wie bei voller Einatmung ein Leuchten vom Nabelpunkt ausgeht und den ganzen Körper mit einem intensiven, heilsamen Licht erfüllt. Mit dem nächsten Ausatmen lassen Sie jegliche Beschwerden und allen Kummer aus Ihrem Körper entweichen – durch das Nabelzentrum das Bein hinunter und durch die Zehen des linken Fußes hinaus ins Universum. Führen Sie diese Übung langsam und bewusst drei bis vier Mal aus und wechseln Sie dann zur rechten Seite.

Anschließend konzentrieren Sie sich darauf, den Atem durch beide Beine gleichzeitig zu führen. Während Sie langsam und tief einatmen, leiten Sie Ihren Atem zunächst mental in beiden Beinen nach oben und bringen beide Ströme im Nabelzentrum wie zwei ineinander mündende Flüsse zusammen. Und mit derselben Einatmung führen Sie den Atem weiter vom Nabelbereich zum Herzzentrum. Spüren Sie auf dem Höhepunkt der Einatmung ein intensives Leuchten aus Ihrem Herzen heraus. Mit dem Ausatmen projizieren Sie den Atem aus dem Herzzentrum in die Welt hinaus. Stellen Sie sich Ihren Atem als einen starken Windstoß vor, der Ihnen den Weg frei macht, als ein Leuchten, das Ihren Weg erhellt und jeden Ihrer Schritt sicher macht. Wiederholen Sie die Übung drei bis vier Mal.

Bringen Sie Ihre Aufmerksamkeit jetzt wieder zu Ihren Händen. Mit einer langsamen Einatmung leiten Sie den Atem mental von beiden Händen über die Arme hoch und im Herzzentrum zusammen. Spüren Sie auf dem Höhepunkt der Einatmung, wie der Atem Ihren Oberkörper füllt und erstrahlen lässt. Während Sie langsam ausatmen, lenken Sie den Atem vom Herzzentrum in die Wirbelsäule, aufwärts durch den Nacken, am

Scheitelpunkt hinaus und zurück ins Universum. Lassen Sie ihn gleich einem Windstoß bis zu den fernsten Sternen reichen. Lassen Sie den Atem mit dem Gefühl der Dankbarkeit entweichen, im Vertrauen darauf, dass der nächste Atemzug folgt. Wiederholen Sie diesen Teil des Innerwalks drei oder vier Mal.

Wieder atmen Sie sehr langsam ein. Fühlen Sie die endlose Weite des Kosmos. Führen Sie Ihren Atem vom Scheitelpunkt über den Nacken die Wirbelsäule hinunter und stellen Sie sich dabei vor, wie der Atem in jede Zelle Ihres Körpers fließt. Lassen Sie jede Zelle hell und warm leuchten. Spüren Sie auf der Höhe der Einatmung, wie Licht und Energie in Ihrem Körper auflodern. Spüren Sie die Oberfläche Ihrer Haut – gleichzeitig vorn und hinten, auf beiden Seiten und oben und unten. Während Sie sehr langsam ausatmen, stellen Sie sich vor, wie jede Pore Atem nach außen abgibt. Stellen Sie sich vor, wie jede Pore Lichtstrahlen in blauer und weißer Farbe aussendet, und zwar so leuchtende Strahlen wie beim Lichtbogenschweißen oder bei einem Blitzgewitter.

Senden Sie beim Ausatmen dieses Licht aus allen Poren gleichzeitig meilenweit hinaus. Sorgen Sie dafür, dass dieser Atem wie eine Windbö bis in den Kosmos reicht. Dann atmen Sie wieder über den Scheitelpunkt ein. Wiederholen Sie diese Übung, sooft Sie wollen. Dann konzentrieren Sie sich auf den Punkt zwischen den Augenbrauen oder auf die Stirn. Halten Sie den Atem mit meditativer Leichtigkeit etwa eine Minute. Dann holen Sie tief Atem, halten ihn kurz und stoßen dann den Atem wie eine Kanonenkugel durch den Mund aus. Das wiederholen Sie einmal. Strecken Sie die Arme zum Himmel und drehen Sie sich zwei Mal nach links und zwei Mal nach rechts. Dann entspannen Sie sich.

Jetzt sind Sie für alles bereit! Nachdem Sie Ihren Atem durch alle diese inneren Kanäle gelenkt haben, können Sie Ihren äußeren Weg voller Energie und erfolgreich beschreiten. Die hier beschriebene Sequenz ist technisch ausgefeilt und sehr gut durchdacht. Tausende von Yogaschülern haben sie praktiziert – mit durchgängig positiven Ergebnissen. Es empfiehlt sich allerdings, vor dieser Sequenz die Visualisierungen und die einzelnen Schritte zu üben. Dann können Sie sich leichter daran erinnern, welchen Weg Sie den Atem entlangführen. Diese Übung als letzter Schritt eines Breathwalks vermittelt Ihnen eine tiefgehende Erfahrung, an die sich gerne erinnern werden.

☞ **Spiel's noch einmal ...** Diesen Innerwalk empfehlen wir, wenn Sie sich nach stundenlanger Arbeit erfrischen wollen, wenn Sie wieder in Ihre Mitte finden und präsent sein wollen, wenn Sie Stress überwinden oder aus dem Trott einer gefühlsmäßig verfahrenen Situation ausbrechen wollen.

Als Vorbereitung für den Innerwalk gehen Sie einige Minuten langsamer, um ruhiger zu werden, und öffnen dabei Ihre Sinne für Ihre Umgebung. Dann setzen Sie sich bequem hin und schließen die Augen. Bewegen Sie die Augen leicht nach oben, lächeln Sie und heben Sie die Wangen und die Augenwinkel leicht an.

Stellen Sie sich mental vor, dass Sie durch die Stirn nach außen auf einen Panoramabildschirm blicken. Sehen Sie sich auf diesem Bildschirm einen Film des Breathwalks an, den Sie zuvor praktiziert haben. Gehen Sie zurück an den Anfang Ihres Breathwalks, beginnend bei den Aufweckübungen bis zu den ersten Schritten, die Sie langsam gegangen sind. Lassen Sie den ganzen Breathwalk noch einmal ablaufen, sehen Sie sich jeden Schritt Bild für Bild noch einmal an. Hören Sie auf alle Geräusche und erinnern Sie sich, wo in Ihrem Körper Sie etwas gespürt haben und wie sich die Empfindungen während des Gehens verändert haben. Betrachten Sie die gesamte Szenerie entlang des Weges, Menschen und Dinge. Erinnern Sie sich an die verschiedenen Gerüche und wo Sie sie wahrgenommen haben. Gehen Sie den gesamten Breathwalk noch einmal durch – bis zu dem Moment, in dem Sie sich jetzt alles noch einmal in Erinnerung rufen.

Achten Sie jetzt genau darauf, wie Sie den Breathwalk wiederholt haben. Haben Sie alle Ihre Sinne benutzt? Von welchem Standpunkt aus haben Sie die Wiederholung erlebt? Befand sich die mentale Kamera in Ihrem Körper oder außerhalb, in einiger Entfernung? Haben Sie einen engen Fokus benutzt oder Weitwinkel? Haben Sie Ihre Schritte mit gleich bleibender Geschwindigkeit zurückverfolgt oder waren Sie zwischendurch unterschiedlich schnell? Betrachten Sie sich Ihre Wiederholung so, als wären Sie Filmkritiker: Achten Sie auf die Qualität der Produktion, die Vorgabe des Regisseurs bezüglich des Kamerawinkels, den Einsatz von Geräuschen und die inneren Kommentare.

*

Wiederholen Sie den Breathwalk noch einmal. Dieses Mal befinden Sie sich in Ihrem Körper und sehen alles durch Ihre Augen, also können Sie nicht Ihren ganzen Körper sehen. Achten Sie darauf, den Fokus nicht ober- oder unterhalb Ihrer Augen zu verschieben. Während Sie jetzt im Geist den Breathwalk wiederholen, justieren Sie das Bild neu und erweitern Sie den Bildausschnitt ein Stück weit. Machen Sie das Bild eventuell heller. Achten Sie auf Details, die Ihnen vorher entgangen sind. Verstärken Sie die Geräusche entlang des Weges, lassen Sie diese von allen Seiten auf Sie hereinprasseln. Spüren Sie Ihren Körper, nehmen Sie Ihre eigenen Atemgeräusche wahr, achten Sie auf alle Gerüche. Schreiten Sie den gesamten Weg ab, bis Sie wieder bei sich ankommen – so wie Sie hier sitzen, die Augen leicht nach oben gerollt, ein Lächeln im Gesicht, und dabei Ihren Atemfluss wahrnehmen.

*

Jetzt spielen Sie Ihren Breathwalk noch einmal durch. Dieses Mal versetzen Sie sich in einen imaginären Partner oder in Ihren tatsächlichen Partner, falls jemand Sie bei Ihrem Breathwalk begleitet hat. Stellen Sie sich vor, dass Sie sich selbst laufen sehen. Achten Sie beim Gehen auf die Umgebung, blicken Sie nach vorn und dann blicken Sie wieder auf Ihren Körper, der neben Ihnen hergeht. Das mag Ihnen zunächst vielleicht etwas seltsam erscheinen. Es verändert Ihre Sichtweise jedoch völlig und Sie können gefühlsmäßig erfassen, wie Sie von anderen gesehen werden. Damit wird ein Muster unterbrochen, Ihr Fokus ist nicht mehr wie üblich nach vorne ausgerichtet. Damit werden neue Gefühle möglich. Vielleicht erkennen Sie jetzt Details, die Ihnen bei der ersten Wiederholung entgangen sind.

Achten Sie auf Ihre Gefühle zu dem Breathwalk, zu sich selbst und bezüglich Ihrer Stimmungen. Beobachten Sie, wie das Wunder des Atmens sich vollzieht. Respektieren Sie dankbar Ihre Anstrengungen und Ihre Veränderungen während des Breathwalks. Bringen Sie den Breathwalk zu Ende, bis zu dem Punkt, an dem Sie sich wieder in Sitzposition sehen, wie Sie Ihren Fokus auf die Stirn richten. Dann versetzen Sie sich in die Stirn und schlüpfen in Ihren eigenen Körper zurück. Verweilen Sie bei Ihren neuen Empfindungen und beobachten Sie, wie Ihr Atem kommt und geht, langsam und ruhig.

*

Wiederholen Sie den Breathwalk noch ein weiteres Mal. Versetzen Sie sich in eine Position in einiger Entfernung von Ihrem Körper. Richten Sie sich auf ein weites Blickfeld ein, damit Sie sich nur noch wenig bewegen müssen, um große Ausschnitte Ihres Breathwalks zu sehen. Während Sie beobachten, bleiben Sie entspannt, alle Ihre Sinne sind jedoch hellwach. Erweitern Sie Ihre Wahrnehmung, damit Sie entfernte Geräusche wahrnehmen, die Ihnen vorher vielleicht entgangen sind, weil Sie sich auf das Gehen oder auf die Unterhaltung konzentriert haben. Spulen Sie den Film schnell und an einem Stück ab, bis Sie wieder zu sich in Ihrer sitzenden Position zurückkommen. Bewegen Sie die mentale Kamera einmal um sich selbst. Beobachten Sie aus jeder Position Ihre ruhige Haltung und Ihre gleichmäßige Konzentration. Dann schweben Sie im Geist über Ihren Kopf und kehren in Ihren Körper zurück. Richten Sie sich wieder in Ihrem Körper ein und schauen Sie wieder durch Ihre Augen. Verweilen Sie noch einen Augenblick bei allem, was Sie gefühlt und gelernt haben, und achten Sie dabei auf Ihren Atem.

Kommen Sie schließlich mit allen Sinnen bewusst in die Gegenwart zurück. Machen Sie sich klar, wie der Innerwalk Ihre Achtsamkeit verändert hat. Registrieren Sie, wie es sich anfühlt, jetzt, da Sie derart umfassende und detaillierte Informationen erfahren und neue Gefühle erlebt haben – über sich selbst und das, was Sie gerade gemacht haben. Erinnern Sie sich an Vorstellungen oder Gefühle, die Sie für nützlich halten. Stellen Sie sich vor, dass Sie diesen Zustand von Offenheit und Achtsamkeit für den Rest des Tages beibehalten. Und stellen Sie sich vor, dass Sie sich jetzt in Ihren Alltag begeben, alle Sinne offen und flexibel. Dann versetzen Sie sich in die verbleibenden Stunden des Tages. Spüren Sie, wie Sie die Stunden mit voller Kraft, Vitalität und Aufmerksamkeit durchleben. Und stellen Sie sich vor, wie gut es sich anfühlt, wenn Sie am Abend auf den Weg schauen, den Sie zurückgelegt haben. Sehen Sie, wie gut es ist, aufmerksam wahrzunehmen und jede Chance zu ergreifen. Wenn Sie das Gefühl haben, dass Sie bereit sind, atmen Sie drei Mal tief durch. Halten Sie den Atem kurz an, atmen Sie aus und entspannen sie.

Das 360-Grad-Mentalkino Dieser Innerwalk wendet ein klassisches Augen-Scanmuster an und macht Ihnen damit Ihre gesamten Denkressourcen zugänglich. Sobald Sie es beherrschen, können Sie wählen, wie Sie emotional auf etwas reagieren, und Sie erkennen besser, wie Sie Körper und Geist durch Ihre Gedanken beeinflussen. Der Innerwalk fördert außerdem Ihre Kreativität und verschafft Ihnen das Gefühl von Ganzheit und Verbundensein.

Schließen Sie entspannt die Augen und richten Sie Ihre Augen gerade nach vorne. Wiederholen Sie den Breathwalk einmal im Schnelldurchgang. Jetzt stellen Sie sich vor, dass Sie noch einmal starten. Begeben Sie sich in Ihrer Vorstellung in Ihren Körper und empfangen Sie noch einmal all die Gedanken, Gefühle und Empfindungen, die Sie hatten. Während Sie den Weg jetzt im Geist weitergehen, wiederholen Sie die nachfolgend beschriebenen Augenbewegungen – in Verbindung mit Ihrem Atem – so oft, bis Sie am Ende des Weges angelangt sind. Beachten Sie dabei bitte: Wenn Sie noch nicht daran gewöhnt sind, Ihren Atem zu regulieren, sollte die Übung nicht länger als zehn Minuten dauern. Wenn Ihnen schwindlig wird oder Sie sich orientierungslos fühlen, können Sie diese Übungsreihe entweder langsamer ausführen oder einen anderen Innerwalk wählen. Andererseits berichteten uns viele Menschen, die über Schwindel klagten, dass Ihre Symptome nach dieser Übung verschwunden seien. Probieren Sie es selbst aus.

Hier nun die Reihe der Augenbewegungen in Kombination mit dem Atem:

Öffnen Sie die Augen etwa ein zehntel weit und schauen Sie auf Ihre Nasenspitze. Atmen Sie sehr langsam und tief ein. Dann atmen Sie vollständig aus und ziehen dabei den Nabel ein.

Rollen Sie jetzt die Augen nach oben und konzentrieren Sie sich auf den Punkt zwischen den Augenbrauen (am Ende bzw. an der Nasenwurzel). Halten Sie die Augen nahezu geschlossen. Dann atmen Sie wieder langsam ein und spüren jeder Bewegung Ihres Atems nach. Atmen Sie sehr langsam aus.

Danach atmen Sie wieder voll ein, halten den Atem an und bewegen dabei die Augen zwei Mal entlang jeder Achse – nach oben und unten, von links nach rechts, diagonal nach rechts oben und links unten und schließlich diagonal nach links oben und rechts unten. Bewegen Sie dann die Augen jeweils in einem großen Kreis links und rechts herum. Erst jetzt atmen Sie vollständig aus.

Atmen Sie tief ein, halten Sie noch einmal den Atem an und bewegen Sie dabei die Augen spontan in alle Richtungen.

Sobald Sie mit den Augenbewegungen und der Atmung vertraut sind, stellen Sie sich vor, dass Sie diesen Breathwalk noch einmal wiederholen. Wenn Sie Augenbewegungen und Atmung mit der mentalen Wiederholung kombinieren, merken Sie vielleicht, dass plötzlich bestimmte Gefühle auftauchen und verarbeitet werden.

Nachdem Sie am Ende des Weges angekommen sind, wiederholen Sie die Sequenz ein letztes Mal, um das Mentalkino zu vervollständigen. Bei dieser letzten Wiederholung der Augenbewegungen konzentrieren Sie sich darauf, welche Tätigkeiten, Probleme oder Gefühle Ihnen am wichtigsten erscheinen. Dann atmen Sie tief ein, strecken die Arme nach oben, öffnen die Augen und schauen auf den Horizont. Schließlich atmen Sie langsam aus, lassen die Arme herunter und entspannen.

Wann immer Sie Ihr ganzes Gehirn brauchen, um Erfahrungen zu verstehen, Probleme zu lösen, Hindernisse zu überwinden oder um Ihre Gewohnheiten Ihren neuen Zielen oder Visionen anzupassen, dann wählen Sie diesen Innerwalk mit dem 360-Grad-Mentalkino.

Die wichtigsten Punkte im Überblick

- Integrieren ist das Schlüsselwort für diesen letzten Schritt des Breathwalks. Wir wollen alles integrieren, was wir durch die Breathwalk-Muster erreicht haben: unsere geschärften Sinne, unsere Empfindungen und Gefühle, unseren geistigen Zustand und unser Energieniveau. Nach der Integration verstärkt sich die Wirkung mit der Zeit, sie zeigt sich bei der Arbeit und beim Spiel, und ein klarer, selbstbestimmter Geist macht die Hinwendung zur Spiritualität möglich.
- Die Integration unseres Zustands findet mithilfe des Innerwalks statt. Dabei werden verschiedene Techniken eingesetzt, die Ihre Sinne und Ihre Aufmerksamkeit steuern, um Ihre geistige Beweglichkeit zu fördern. Die Techniken nutzen die beim Breathwalk erreichte Vitalität und die Achtsamkeit, um geistige Blockaden zu beseitigen, emotionale und spirituelle Ressourcen zu beleben und die Kreativität zu stärken.
- Die drei wichtigsten Innerwalks sind „Die Sinne sammeln“, „Die Sinne ausdehnen“ und „Den Atem führen“. Sie werden in vielen Breathwalk-Programmen immer wieder verwendet.

Kapitel 10

Urklänge einsetzen

Schritt- und Klangrhythmen verbinden sich wie von selbst mit den Atemmustern, die wir Ihnen vorgestellt haben. Sie erweitern den Breathwalk um eine Dimension – mit ihrer Hilfe lässt sich der Fluss der Gedanken noch besser an die Erfahrungen des Augenblicks anbinden. Durch Klänge können wir in unserem Inneren für Ruhe sorgen und das interne „Geschnatter", unsere Selbstgespräche, abstellen.

Beim Breathwalk werden gewöhnlich vier Grundlaute mit einer einfachen Melodie wiederholt. Wir sprechen von einer „Urklangfolge", die wir entweder nur innerlich oder auch laut wiederholen, je nachdem, was wir erreichen wollen. Durch die Wiederholung wird unsere Aufmerksamkeit sehr viel intensiver, wir handeln zielorientierter, wir können besser zwischen Stimmungen wählen und unsere Selbstheilungskräfte anregen.

Diese Urlaute sind die Grundbausteine für die Bildung von Wörtern. Sie sind die kleinsten sprachlichen Einheiten, anhand derer sich einzelne Wörter unterscheiden lassen. Deshalb bezeichnen Linguisten sie als „Phoneme". Sie bilden die Basis für die Wörter, so wie die Atome Bausteine für die Materie und Steine das Grundmaterial für Erde sind. Sie dienen als Grundstock für jede natürliche Sprache. Deshalb sind sie universell. Sie klingen wie SA, TA, NA, MA, PA, GA, DA, NEE, SO, RE, RA, HAY, GU, WHA, NEE, KA, ROO und ähnlich. Sie können wie Atome zu Klangmolekülen verbunden werden und werden dann zu Alltagssprache. PA heißt in einigen Sprachen „Vater", in anderen „bekommen". Die Laute erhalten eine Bedeutung und werden mit anderen assoziiert. Klänge werden jedoch auch universal eingesetzt. Jeder Grundton bewirkt bei uns eine energetische Reaktion: Der reine Klang einer Flöte oder einer Gitarre löst bei uns bestimmte Gefühle aus. Wir verstehen diese Energie, auch wenn sie in eine größere musikalische Einheit eingebettet ist und auch wenn ihr jemand eine Sprache zuordnet. Und so ist jeder Urklang, dem wir aufmerksam lauschen, ein Ausdruck von Energie, ein Muster spezifischer Eigenschaften.

Der Klang SA ist offen. Er fliegt von der Zungenspitze und entsteht durch Vibrationen direkt in der Mundhöhle. Die Musiker und Yogis aus den Kulturen des Ostens, die die Feinheiten der Klänge studierten, leiteten die Bedeutung der Urklänge überwiegend von diesen Eigenschaften ab, die sprachliche Bedeutung spielte kaum eine Rolle. SA fühlt sich in seiner energetischen Qualität an wie Ganzheit, Kosmos oder Offenheit zum Universum hin, und das ist auch seine Bedeutung. Wenn Sie diesen Urklang langsam und gleichmäßig einige Minuten lang wiederholen, fühlen Sie sich auch wirklich weit, entspannt und offen. Vergleichen Sie das mit dem TA: Es wird durch die Zähne hervorgestoßen, der Druck entsteht im vorderen Gaumenbereich. Es steht für die Qualitäten von Energie und Zielgerichtetheit. Als Urklang steht es für das Leben, für die Energie unserer Existenz und unserer Bewegungen oder für das Universum, das sich konzentriert in eben diesem Moment offenbart. SA und TA sind unterschiedlich und beinahe Gegenpole.

Urklänge werden nach ihrer Energie ausgewählt, nach dem Muster, das sie beim Rezitieren hervorrufen, und nicht nach ihrer Bedeutung in irgendeiner Sprache, sei es nun Englisch, Deutsch, Hindi oder Mandarin. In diesem Sinne sind es „Wörter", die *vor* der Sprache existierten. Sie gehören niemandem und alle benutzen sie.

Wie man Urklangsequenzen einsetzt

Verschiedene Urklänge können zu Urklangfolgen zusammenfasst werden, die jeweils sowohl spezifisch als auch universell sind. Sie sind so etwas wie eine Tonleiter für unsere Aufmerksamkeit und für unseren Geist. Bei der Wiederholung aktiviert die jeweilige Urklangfolge unser Gehirn, sodass wir – abhängig vom Klangmuster – einen bestimmten Zustand erreichen. Bestimmte Reflexe verbinden die Zungenbewegungen mit den neuronalen Mustern im Gehirn. Allein auf der oberen Gaumenplatte befinden sich 84 Reflexpunkte, die am inneren Rand der Zahnreihe und in zwei Reihen entlang der oberen Gaumenspalte angeordnet sind. Wenn wir unsere Zunge beim Singen der Urklänge bewegen, wird die

Hirnanhangdrüse (an der Basis des Gehirns) aktiviert, sodass sich die Sinne öffnen und der Fluss unserer Impulse und Gedanken angeregt wird.

Dieser Mechanismus hat zur Folge, dass wir jedes Grundmuster von Urklängen wiederholen können und damit erreichen, dass unsere Aufmerksamkeit optimiert wird. Bestimmte Muster wurden Jahrhunderte lang getestet und angewendet und haben sich als besonders effektiv und stabil erwiesen, sie zeigen überall positive Auswirkungen.

Beim Breathwalk beginnen Sie zunächst mit der einfachen Folge SA-TA-NA-MA – vier Klänge, jeder ein Grundbaustein mit seinen spezifischen Merkmalen und seiner Wirkung auf unsere Gefühle, unser Gehirn und unseren inneren Dialog. Während eines Breathwalks beginnen Sie, die Klangfolge innerlich zu wiederholen, abgestimmt auf Ihren Atem und Ihr Gehtempo. Bemühen Sie sich nicht bewusst, die geschwätzigen inneren Stimmen abzustellen, konzentrieren Sie sich einfach auf die Wiederholung der Urklänge.

Urklänge sorgen für Augenblicke wirklicher Stille in Ihrem Inneren. Und Sie werden bald feststellen, dass die innere Geschwätzigkeit aufhört oder sich weit weg in den Hintergrund verschiebt. Ihr Körper, Ihr Geist und Ihre Seele finden wieder zusammen, gestärkt in ihrer Einheit und Präsenz.

⇛ Empfehlungen für den Einsatz von Urklängen:

1. Verwenden Sie nur Urklänge – zum Beispiel SA und TA.
2. Wählen Sie die zwei altbewährten Urklangfolgen: SA-TA-NA-MA und WHA-HAY-GU-ROO.

   Es gibt noch mehr Folgen, aber diese beiden sind von grundlegender Bedeutung und ergänzen einander in ihrer Wirkung.
3. Wählen Sie eine einfache, monotone oder eine Drei-Ton-Melodie.
4. Wiederholen Sie die Urklänge entweder still für sich oder flüsternd, so wie im jeweiligen Programm angegeben.
5. Koordinieren Sie die Urklänge während des Breathwalks mit Ihrem Atem und Ihren Schritten.

6. Konzentrieren Sie sich einfach auf die Klänge und versuchen Sie nicht krampfhaft, auftauchende Empfindungen oder Gedanken auszuschalten.

*

Für die laufende Wiederholung der Urklangfolgen gibt es zwei Melodien. Einmal die Drei-Ton-Melodie: Vom ersten Urklang geht es jeweils einen Ton tiefer zum zweiten und zum dritten, für den vierten Urklang dann wieder einen Ton nach oben.

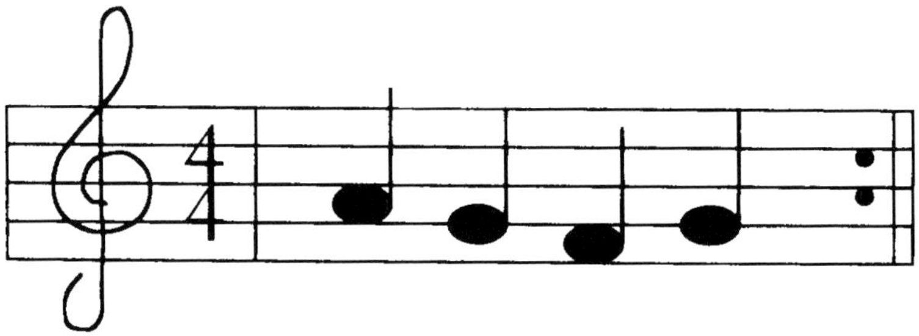

Der Aufschwung am Ende der Klangfolge – nach einer regelmäßigen Abwärtsbewegung – sorgt für eine überraschende Wende. Durch die Überraschung werden Gehirnareale stimuliert, die für Aufmerksamkeit und Aktivität, Gedächtnis und Verständnis zuständig sind. So werden Sie darauf vorbereitet, zu lernen und die Informationen, die Sie dank Ihrer Gefühle und Empfindungen erhalten, auch zu akzeptieren. Wenn Sie die Klangfolge wiederholen, tritt sie in Ihrem Geist in den Hintergrund und bleibt Ihnen auch dann erhalten, wenn Sie andere Dinge tun. Ihr Unbewusstes nimmt die Klänge und die Rhythmen auf.

Sie können die Urklänge auch monoton *aufsagen*. Damit dies besonders effektiv wird, achten Sie nicht nur auf die Klänge, sondern zusätzlich auf das Geräusch Ihres eigenen Atems, sodass Sie einen Takt vorgeben, den Sie mit Ihren Füßen verstärken können. Das wirkt meditativ und entspannend.

Die Urklänge und Ihre inneren Geschichten

Mit Hilfe der Urklänge können wir unseren inneren Zustand positiv verändern: Wir unterbrechen unsere unendlichen Selbstgespräche und bieten uns damit die Chance, eigene innere Geschichten an deren Stelle zu setzen. Inhalt der Selbstgespräche sind all die Sätze, die wir zu uns selbst sagen, sowie die Fragen, die wir uns bewusst und unbewusst stellen. Es sind die Sätze und Feststellungen, die wir zu einer schlüssigen Geschichte über uns und die Welt verweben.

Es sind an erster Stelle unsere Selbstgespräche und unsere Geschichten, mit deren Hilfe wir uns eine Vorstellung von der Welt und unserer Person schaffen. Wir stellen uns Fragen und machen Aussagen, auch wenn wir uns dessen nicht bewusst sind. „Möchte ich das wirklich? Ist es das, was ich mir wünsche? Wird mir das gefallen oder werde ich mich langweilen? Ist dieser Betrag angemessen? Werde ich mich danach besser fühlen? Bin ich das wirklich?“ Mit solchen Fragen stellen wir die Verbindung zu unseren Gefühlen, Motiven und Überzeugungen her. Hier zeigt es sich dann, ob wir über etwas lediglich nachdenken oder auch in der Lage sind, entsprechend zu handeln.

Um wirkliche und dauerhafte Veränderungen herbeizuführen, müssen wir einen Weg finden und Selbstgespräche, die unsere Ziele und unsere Aufmerksamkeit *nicht* fördern, zum Verstummen bringen. Stattdessen sollten wir nach Wörtern suchen, aus denen sich eine *neue* innere Geschichte erstellen lässt, die die gewünschten Veränderungen wirkungsvoll unterstützt.

Die einzelnen Schritte von Urklängen zu Wörtern, zur Sprache, zu Metaphern und weiter zu einer inneren Geschichte bilden so etwas wie eine Leiter von der ursprünglichen Lautäußerung bis zur allgemein üblichen Bewusstheit. Urklänge wirken von der Basis aufwärts, und wenn wir Sie verwenden, öffnet sich damit der Weg nach oben zu Veränderungen.

Wir erzählen unsere inneren Geschichten anderen Menschen und uns selbst. Damit versuchen wir, die Welt und unsere Gefühle zu verstehen. Ohne derartige Geschichten könnten wir die vielen sinnlosen Informationen nicht bewältigen und wir würden von Ängsten geplagt, die immer dann auftauchen, wenn wir Dinge nicht verstehen. Geschichten stellen für uns Modelle dar, wie Dinge miteinander in Bezug stehen, was die

Ursache wofür ist und was man tun muss, um ein gewünschtes Ergebnis zu erhalten. Sie vermitteln uns innere Bezugspunkte inmitten einer Flut von Gedanken, Gefühlen und Möglichkeiten.

Manchmal lassen Geschichten sich nicht leicht verändern, da das Gehirn keine Einheit bildet. Oft ist *ein* Bereich für unsere dominierende Geschichte und deren Rationalisierung verantwortlich, andere Bereiche sind weniger verbal und steuern Geschichten ohne Worte, dafür voll von Gefühlen bei. Und die Gefühle entgleiten uns. Wir müssen die Dinge beim *Namen* nennen, um die Gestaltungsmöglichkeiten, die in unserer Sprachstruktur liegen, nutzen zu können. Die Tatsache, dass das Gehirn sich aus vielen Einzelregionen zusammensetzt, erklärt das unendliche Selbstgespräch bei den meisten von uns. Vielleicht erklärt sich daraus auch, warum die Geschichten, die wir über uns erzählen, oft von unseren wahren Emotionen und unserem Potenzial abgespalten sind.

Deshalb ist es nicht erstaunlich, dass wir so häufig unter inneren Konflikten leiden und uns selbst daran hindern, engagiert und mit vereinten Kräften zu handeln. Wenn wir gegen diese widerstreitenden Kräfte in uns nichts unternehmen, entwickeln wir extreme Charaktermerkmale. Verblüffend ist dabei nur, dass wir nicht noch stärker gespalten sind, als wir es ohnehin sind. Innere Einheit, Integrität und Kongruenz zu erreichen ist eine wahre Leistung. Angesichts der äußeren Anforderungen, der Flut an Informationen und der rasanten Veränderungen müssen wir ganz bewusst etwas tun, um in unserer Mitte zu bleiben und unsere Bewusstheit zu erhalten. Und hier kommen die Urklänge ins Spiel.

Sobald unsere innere Geschichte vollständig ist, leben wir unser Leben immer aus dem Blickwinkel dieser Geschichte. Wenn wir uns jedoch ein anderes Leben wünschen, ein Leben, das reich und befriedigend ist, erfüllt von Liebe, das uns Herausforderungen bietet, geistige Tiefe und Erfolg – dann sollten wir wohl eher eine innere Geschichte wählen, die uns auch dazu verhelfen kann.

Lester Luborsky und seine Kollegen von der *University of Pennsylvania* befragten viele ihrer Klienten nach deren persönlicher Geschichte. Dr. Luborsky ließ jeden Klienten über einzelne Erlebnisse und bestimmte Lebensphasen erzählen. Anhand der Ergebnisse entdeckten die Forscher, dass Menschen eine zentrale Geschichte für ihr Leben konstruieren, in der die darin vorherrschenden Konflikte oder Sorgen enthalten sind. Zu den Sorgen zählen familiäre Beziehungen, der alltägliche Kampf ums Dasein oder auch intellektuelle Anstrengungen. Aber bei den Erlebnissen der einzelnen Patienten tauchte immer wieder *dieselbe* Geschichte mit den dazu gehörigen Metaphern auf – wie eine Art Grundstruktur. Sobald sich der Zustand der Patienten besserte, variierten ihre Geschichten stärker, sie waren nicht mehr so stereotyp und die Patienten hatten gelernt, ihre Geschichten auch anders zu erzählen.

Das Problem ist, dass unsere Geschichten nicht vollständig sind; ein Teil ist zwar in diesem Augenblick richtig, später jedoch nicht mehr, aber wir vergessen die Geschichte zu ändern. Wir fühlen uns mit einer Lieblingsgeschichte verbunden, auch wenn inzwischen schon das Gegenteil bewiesen ist. Manche Geschichten helfen heilen und sind nützlich, andere sind unvollständig, bruchstückhaft oder ausgesprochen gefährlich. Mit der Zeit sammeln sich in unseren Geschichten unsere einschränkenden Überzeugungen, überholte Informationen und Rationalisierungen an, die uns davon abhalten, so zu handeln, wie wir es uns wünschen. Vorwände und Manipulation ersetzen selbstständiges Handeln und die Kraft, die von der Arglosigkeit ausgeht. Wir erliegen der Selbsttäuschung und haben unsere Person (und was aus uns geworden ist) aus den Augen verloren. Es erfordert echte Anstrengung, auf unsere Worte zu achten und unsere innere Geschichte so zu gestalten, dass sie durchgängig unsere Werte und Ziele repräsentiert, so wie wir diese mit unseren Gedanken, unserem Gehirn und unseren Gefühlen unterstützen. Für uns Menschen ist es ein großer Vorteil, dass diese Geschichte, die wir selbst verfassen können, derart viel bewirkt. Wir müssen in der Lage sein, den Inhalt unserer Geschichte an neu zu Lernendes, an neue Umstände und an den Grad unserer Reife anzupassen.

Den meisten von uns sind zumindest einige der eigenen Geschichten bewusst. Und wir können sie uns bewusst machen und unsere eigene Geschichte gestalten. Wir können unsere inneren Geschichten „neu schreiben", damit es sich für uns zu leben lohnt und wir anderen helfen können. Wir benutzen die Urklänge, um unsere Vorstellungskraft zu stärken, um die Fesseln zu lösen, mit denen uns Worte und Sätze an die Vergangenheit und gewohnte Verhaltensweisen binden, und um unseren Geist aus jeder engen Schublade zu befreien, in der wir in der Falle sitzen. Es liegt nur an uns. Wir können unsere innere Geschichte mit Tugenden wie Mitgefühl, Mut, Unerschütterlichkeit oder Unschuld füllen, damit sie uns inspirieren und uns helfen, authentisch zu werden.

Wenn wir die Urklänge in Form von Mustern wiederholen, können wir unser Gehirn aktivieren und entwickeln, damit wir besser lernen, verstehen und wahrnehmen können. Mit den Urklängen und dem damit verbundenen emotionalen Gehalt können wir tatsächlich unterschiedliche Gehirnareale anregen.

Jeder Satz, den wir in unseren Selbstgesprächen wiederholen, wirkt wie ein Anker und hält uns im Einflussbereich bestimmter Gefühle und Überzeugungen fest. Häufig versuchen wir ein Selbstgespräch zu beenden, sobald wir darauf aufmerksam werden. Wir bestätigen oder widersprechen dann wiederholt und energisch. Damit können wir die Gedanken jedoch nur kurz unterbrechen. Das ist wie wenn Sie im Radio einen Song hören, der Ihnen nicht gefällt, und Sie versuchen laut dagegen anzusingen. Auch wenn Ihnen das gelingt, produzieren Sie viel Lärm und stören eventuell Anwesende. Es empfiehlt sich auf einen anderen Sender umzuschalten. Mit dem Umschalten auf einen anderen Kanal kommt andere Musik und damit verbunden auch andere Gedanken. Und auch wenn Sie dabei nicht überlaut singen, hören Sie Ihr neues Lied besser.

So funktionieren auch die Urklänge. Anstatt Ihre internen Sätze durch andere Aussagen zu unterdrücken, verändern Sie die Frequenz mit der Melodie der Urklangsequenz. Es sind keine vollständigen Wörter oder lange Sätze und so eignen sie sich nicht als Waffe gegen etwas. Die Urklänge verstärken Ihre Aufmerksamkeit und bringen die alten Sätze, die fortgesetzten Rationalisierungen und die inneren Tonbänder zum Verschwinden. Dann kommen in Ihrem Geist neue Gedanken auf, die unterstützen, worauf Sie sich konzentrieren wollen und was Sie fühlen wollen.

Urklänge verbinden die vielen unvereinbaren Teile unseres Geistes zu einem Arbeitsteam. Rhythmische Silben üben große Anziehungskraft auf die vielen gedanklichen und emotionalen Strömungen aus, die den unbewussten Bereichen unseres Geistes entspringen. Urklänge sind der Schlüssel, um unseren sprunghaften Geist zu bezwingen. Auch wenn wir manchmal in einem Gedicht oder einem Text eine Zeile finden, die unseren Geist vorübergehend zum Schweigen bringt – ein Teil dieser Wirkkraft ist dem Takt und dem Muster der Urklänge zuzuschreiben, aus denen die Wörter und Sätze bestehen. Wenn wir die Urklänge einsetzen, erreichen wir, dass unser Geist seine ganze Kraft auf den Bereich jenseits der miteinander konkurrierenden Gedankenströme konzentriert.

Die psychologische Schule der Erzähltherapie ist schon sehr weit fortgeschritten in ihrer Erkenntnis, dass wir die Macht haben, unsere inneren Geschichten zu verändern. Die Therapeuten sind zu der Erkenntnis gelangt, dass Sprechen gleichzeitig bedeutet, dass im Gehirn neuronale Verbindungen geformt oder umgeformt werden. Ein Sprachmuster, eine Urklangsequenz und die Struktur einer guten Parabel bieten die Chance, Gewohnheiten und Stimmungen zu verändern, die jahrelang oder sogar ein ganzes Leben lang Bestand hatten. Indische Yogis nennen diese Kunst *Nada Vidya* – Erkennen und Heilen durch sensible Aufmerksamkeit für Klänge und Geschichten. Indem wir Worte und Klänge bewusst wählen, können wir unser Gehirn trainieren, sodass es als ein Ganzes funktioniert und innere Konflikte verringert.

Das bedeutet, dass Urklänge die Gehirnnerven perfekt stimulieren und somit viele Gehirnareale aktivieren und miteinander verbinden. Damit haben wir die Chance, eine neue Geschichte und eine neue Vision zu schaffen. Die Arbeit mit Urklängen ist eine ergiebige Quelle für unsere Kreativität. Jeder einzelne Urklang löst eine einzigartige Reaktion aus dem komplexen Netzwerk im Gehirn aus. Eine einzige Urklangsequenz wirkt ähnlich auf das Gehirn, wie wenn Sie auf dem Klavier einen Akkord anschlagen: Es sind mehrere Saiten beteiligt und weitere schwingen mit.

Wenn wir also für einzelne Breathwalks die Urklangsequenzen zur synchronisierten Atmung hinzunehmen, kombinieren wir die emotionale und physische Energie, die wir beim Gehen produzieren, mit der Kraft der Klänge. So können wir unseren Geist frei machen, unsere veralteten inneren Geschichten überschreiben, unseren geistigen Horizont erweitern und unser Kreativität stärken.

Die wichtigsten Punkte im Überblick

- Urklänge oder Urlaute sind sprachliche Grundbausteine.
- Wir verwenden beim Breathwalk vorwiegend zwei Urklangsequenzen: SA-TA-NA-MA und WHA-HAY-GU-ROO.
- Die beiden Sequenzen ergänzen einander in Bezug auf Wirkung und energetische Qualität.
- Urklänge wirken wir Klangatome und lockern den Zwang unserer alten oder nicht mehr zutreffenden inneren Geschichten, vermindern Konflikte zwischen unseren vielen Teilen und löschen alte, in unserem Unbewussten gespeicherte Geschichten.

Kapitel 11

Der wissenschaftliche Hintergrund von Breathwalk®

Mit Hilfe von Breathwalk lassen sich die elementaren Rhythmen des Körpers auf der systemischen und der zellulären Ebene so verändern, dass man anschließend Merkmale für Wohlbefinden feststellen kann. Mit den Mitteln der modernen Forschung lassen sich einige der biologischen Abläufe nachvollziehen, die für die Wirkungen von Breathwalk verantwortlich sind. Wir haben in Zusammenarbeit mit anerkannten Wissenschaftlern solche Effekte in fünf Bereichen untersucht, die für unsere Gesundheit und unser Wohlbefinden außerordentlich wichtig sind: Herzrhythmus, visueller Fokus, Muskelbalance, Gehirnaktivitätsmuster und Stimmungen.

Zu unserer Freude haben die ersten Forschungsergebnisse zu Breathwalk gezeigt, dass hier noch ein weites Feld für zukünftige Untersuchungen vor uns liegt. Wir haben deutlich sichtbare Veränderungen festgestellt und begonnen, diese zu messen und nachvollziehbar zu machen. Und alle, die Breathwalk praktizieren, erleben am eigenen Leib, wie viel an Vitalität sie durch Breathwalk gewinnen; sie spüren, wie alles in ihnen wieder in Fluss kommt und wie sie neue Kraft gewinnen. Der Zuwachs an geistiger Klarheit und die Verbesserung der Sehkraft sind sofort zu spüren und auch auf der spirituellen Ebene werden (eher subtile) Veränderungen spürbar.

Nach diesen Untersuchungen über die Vorteile von Breathwalk sind wir einfach fasziniert, dass sich die Merkmale für Wohlbefinden eindeutig an Messinstrumenten ablesen lassen. Damit haben wir die Möglichkeit, die vielen Wirkungen der verschiedenen Breathwalk-Muster zu verstehen und zu klassifizieren und sie spezifischen Bedürfnissen zuzuordnen. So können Intuition und Wissenschaft einander ergänzen und

Wege zu einem gesünderen, glücklicheren und spirituell orientierten Leben aufzeigen.

Der Herzrhythmus

Breathwalks führen zu sofortigen deutlichen Veränderungen im Herz-Kreislauf-System und Praktizierende berichten von einer enormen Steigerung ihrer Vitalität und ihrer Immunabwehr. Um herauszufinden, welche Mechanismen für diese Ergebnisse verantwortlich sind, beteiligten wir uns an Studien am *Mind/Body Medical Institute*, in den Labors des *Beth Israel Deaconess Medical Center* und im *Massachusetts General Hospital* in Boston. Die Untersuchungsergebnisse bestätigen, dass sich während eines Breathwalks bestimmte Muster in unserem Geh- und Herzrhythmus herausbilden. Ein ähnliches Muster entsteht, wenn wir in den Aufweckübungen bestimmte Atemmuster anwenden und meditative Übungen durchführen. Diese spezifischen Muster scheinen aufzutreten, sobald wir ein bestimmtes Stadium an Wohlbefinden erreichen.

Die vorläufigen Ergebnisse widerlegen die unter Medizinern verbreitete Überzeugung, dass Meditation und Atemübungen lediglich physiologische Veränderungen hervorrufen – in Form einer reduzierten Variabilität und einer verringerten Komplexität (verstärkten Periodizität) des Herzrhythmus. Oder anders ausgedrückt: Es geht nicht nur darum, dass der Herzschlag nach einer ruhigen Entspannungsphase regelmäßiger wird – die Wirkung einer meditativen Übung wie bei Breathwalk zeigt sich an *mehreren* Faktoren.

Ein führender Forscher der Alternativmedizin, Dr. Ary Goldberger, beschreibt in dem Buch *Perspectives in Biology and Medicine* (1997) seine Vorstellungen folgendermaßen: „Es ist ein Grundprinzip, dass Prozesse in einem *kranken* Körper weniger komplex ablaufen als in einem gesunden Körper. Und in der Tat könnte diese verringerte Komplexität der Systeme im Krankheitsfall vielleicht ein Definitionsmerkmal für den Krankheitsbefund sein. … Bei gesunden Systemen ist zu beobachten, dass die Diagramme erstens eine Unveränderlichkeit der Messwerte und zweitens langfristig anhaltende Ordnung aufweisen.“ (Übersetzung: E. Lippmann) Für Laien übersetzt heißt das: Wenn wir gesund und vital sind, werden viele unserer inneren Rhythmen „komplexer", damit sich die Organe, die Hormone, die sensorischen Systeme und das Gehirn besser auf unvorhergesehene Ereignisse einstellen können. Sowohl sporadische als auch extrem regelmäßige physiologische Signale sind Anzeichen für ein System, das auf Stress pathologisch reagiert. Die Muster, die nach unseren Beobachtungen durch Breathwalk und die bewusste Atmung entstehen und verstärkt werden, sind genau die Merkmale, die für Vitalität und Wohlbefinden eines gesunden Menschen stehen.

Eines der Experimente verlief folgendermaßen: Freiwillige liefen zunächst eine bestimmte Strecke und wir zeichneten ihre Werte auf. Anschließend absolvierten sie einen Breathwalk (in *zügigem* Tempo) und ihre Werte wurden erneut gemessen. Durch den Breathwalk veränderten sich die Herzfrequenzmuster entscheidend. Deshalb vermuteten wir, dass dies ein entscheidendes Merkmal für Wohlbefinden sein könnte und dass wir damit ein Muster gefunden hätten, anhand dessen sich Vitalität und Wohlbefinden messen ließen. Einige dieser Herzfrequenzmuster entstanden auch während der aktiven meditativen Übungen in den Aufweckübungen. Zu den beobachteten Veränderungen zählte auch eine starke Annäherung der Frequenzen von Atmung und Gehrhythmus, hervorgerufen durch die bewusste Abstimmung des Atems. Auch der Herzrhythmus passte sich synchron an Atmung und Schritttempo an. Der Atem fungierte als Schaltzentrale, von der aus mehrere Systeme im Körper synchronisiert wurden.

Starke, regelmäßige Rhythmen in Verbindung mit komplexen und nichtlinearen Mustern lassen sowohl eine reibungslose Zusammenarbeit von Teilen als auch flexible Reaktionen zu. Nach einem durch Gefäßverschluss verursachten Herzanfall verändert sich die Herzfrequenzkurve, die Ausschläge sind entweder sehr unregelmäßig oder absolut regelmäßig. Ein Diagramm, das an Fraktale erinnert, zeigt weder gelegentliche Zacken noch periodisch wiederkehrende Wellen. Die Komplexität ist ein Zeichen von Gesundheit, sie beweist, dass Kommunikation und Feedback zwischen den einzelnen Körperteilen in Ordnung sind.

Was erleben wir und was geschieht in unserem Körper, wenn wir diesen Zustand erreichen? Bei einem Breathwalk verändert sich Ihr Herzschlag auf eine sehr spezifische Weise. Während ein Aerobic-Training zu einer deutlichen Erhöhung der Herzfrequenz führt, entsteht durch Breathwalk eine deutlich andere Herzfrequenzkurve. Bei Aerobic entsteht dieses Muster durch den Trainingseffekt, der den Körper in die Lage versetzt, vermehrt Sauerstoff aufzunehmen. Das Diagramm nach einem Breathwalk zeigt, dass der Herzschlag in kurzer Zeit in einem weiten Frequenzbereich variiert, was auf eine ausgeprägte biologische Flexibilität schließen lässt. Diese wiederum spielt eine entscheidende Rolle für das allgemeine Wohlbefinden, denn diese Flexibilität ist Ausdruck unserer Elastizität, das heißt unserer Spannkraft, mit der wir in belastenden Situationen gegensteuern können. Wenn Sie Breathwalk trainieren, damit Ihr Körper wieder zu seinem Rhythmus findet, kann sich die Wirkung sofort einstellen, wie auch das folgende Beispiel zeigen soll.

Zum Beispiel Eric

Eric, Kursteilnehmer von Anthony Robbins an dessen ***Life Mastery University*** *auf Hawaii, berichtete: „Ich litt an einer starken Infektion der Nebenhöhlen und musste oft husten. Ich fühlte mich schlapp und war ziemlich schlecht gelaunt. Dann habe ich einen Breathwalk gemacht und das hat mich beruhigt, und zwar nach etwa zehn Minuten. Ich fühlte mich wieder stark. Und jetzt trainiere ich täglich Breathwalks und es ist einfach unglaublich."*

Würde man das Ergebnis einer *Aerobic*-Übung mit der Kraft einer einzelnen Frequenz eines starken Radiosenders gleichsetzen, so entspräche das Resultat von *Breathwalk* einem Mix vieler Frequenzen, die ein komplex miteinander verwobenes Muster bilden. *Eine* Frequenz steht für den Klang, andere Frequenzen für Melodie, Akkorde und Harmonien. Es ist so, als würde man starken Lärm mit anspruchsvoller Musik vergleichen. Breathwalk stimuliert verschiedene Fähigkeiten, die zusammen genommen Bewusstheit ausmachen: Widerstandsfähigkeit, Anpassungsfähigkeit, geistige Aufgeschlossenheit, Streben nach Verbesserung und Flexibilität. Und Bewusstheit erweitert die Vitalität um eine weitere Dimension, die über Aerobic und den rein körperlichen Aspekt hinausreicht. Die gleichen Muster, die bei der Herzfrequenz das Wohlbefinden definieren, zeigen sich auch in unserem Gehirn, wenn wir lernen, ein Musikstück aufmerksamer anzuhören oder allgemein unsere Sinneswahrnehmungen zu steigern. Wenn wir Dinge tun, die diese Muster für Wohlbefinden auslösen, verbessern wir unseren körperlichen und gleichzeitig unseren geistigen Zustand.

Der visuelle Fokus

Viele von Ihnen haben sicher noch nie eine Aufzeichnung des eigenen Herzrhythmus gesehen und verfügen auch nicht über die notwendigen wissenschaftlichen Kenntnisse. Deshalb könnte es etwas schwierig sein, die eigenen praktischen Erfahrungen mit den zuletzt beschriebenen inneren Veränderungen in Beziehung zu setzen. Unsere praktischen Erfahrungen und unsere Untersuchungen haben aber eindeutig gezeigt, dass sich die Qualität des Sehens – wie deutlich wir etwas sehen – bei denjenigen, die Breathwalk praktizieren, drastisch gebessert hat. Neulinge beim Breathwalk berichten häufig, dass sie plötzlich überraschend klar sehen, dass alles viel lebendiger wirkt. Tiefenschärfe, Detailgenauigkeit und Sehschärfe verbessern sich. Manche berichten von beglückenden Erfahrungen, sie spüren ihren eigenen Körper sehr viel intensiver. Und auch Sie können diese Veränderungen an sich selbst erfahren, indem Sie einfach einen Breathwalk ausprobieren. Lesen Sie mal die Erfahrungen dieser Menschen:

Zwei Beispiele

„Die Welt sieht jetzt ganz anders aus – klar und deutlich, lebendig. Meine Augen sehen alles unheimlich klar; ich habe das Gefühl, ich schwebe ganz sanft durch den Raum. Sehe ich die Dinge wirklich anders?“ (Ein Teilnehmer nach seinem ersten Breathwalk)

„Hinter meinen Augen hatte ich ein neues Gefühl von Lebendigkeit. So als würde mein Kopf wach gemacht. Ich fühlte mich total verbunden mit allem, was unten und oben ist. Und dazu ein Gefühl von Ruhe und Energie! Ich empfehle das allen, die sich gut fühlen wollen.“ (Ellen Bradley)

Auswirkungen von Breathwalk auf das Sehen waren immer wieder zu beobachten, sodass wir uns überlegten, wie wir anhand von Messungen beschreiben könnten, auf welche Weise die Menschen die Dinge nachher anders sahen. Die von uns registrierten Veränderungen schienen – neben der Tatsache, dass sie sehr angenehm waren – von besonderem Nutzen zu sein, wenn eine Überfülle an Informationen zu bewältigen war. Unsere kognitive Flexibilität – also die Fähigkeit zu fokussieren, loszulassen und Dinge einmal anders zu betrachten – brauchen wir, wenn wir gute Entscheidungen treffen wollen, aber auch wenn wir uns mit Kunst befassen. So wandten wir uns an einen Kollegen vom MIT (*Massachusetts Institute of Technology*), einen Flugzeugingenieur mit einer Vorliebe für alle möglichen Experimente. Amrit hatte zu diesem Zeitpunkt die Möglichkeit, Untersuchungen mit einem Gerät durchzuführen, das mithilfe von Laserlicht Augenbewegungen registriert und die Pupillengröße misst. Während der Kandidat in einem Spezialstuhl sitzt und sich irgendein Objekt ansieht, richtet ein Gerät einen harmlosen Laserstrahl auf eines seiner Augen. Wenn das Auge sich dann bewegt, um das Objekt in allen Einzelheiten zu betrachten, wird der Laserstrahl reflektiert und diese Bewegungen werden vom Computer in einer grafischen Darstellung aufgezeichnet – so entsteht das Augenbewegungsmuster.

Wir ließen mehrere Freiwillige vor dem Gerät Platz nehmen und etwa 10 Sekunden lang ein Foto mit einer Unfallszene betrachten. (Vgl. Seite 181) Während sie die Bilder fokussierten, wurden ihre Augenbewegungen aufgezeichnet. Danach sollten sie jeweils eines von zwei verschiedenen Breathwalk-Mustern praktizieren. Das erste („Der „glückselige Adler“, genauere Beschreibung weiter hinten im Buch) soll für Energie und Stimulation sorgen sowie Entschiedenheit und Klarheit fördern. Dabei wird die geteilte Atmung im Verhältnis 4 : 4 angewendet. Das zweite Muster, die „Taube“ mit der geteilten Atmung im Verhältnis 8 : 8, fördert die Aufnahmefähigkeit und die emotionale Ausdruckskraft.

Anschließend kehrten die Teilnehmer an das Gerät zurück und die Augenbewegungsmuster wurden erneut aufgezeichnet. Nach dem Breathwalk „Der glückselige Adler“ wurde deutlich, dass die Kandidaten sehr viel besser in der Lage waren, das zentrale Objekt der Abbildung zu fokussieren; unnötige Augenbewegungen waren auf ein Minimum reduziert. Nach der „Taube“ zeigte sich, dass die Augen einen größeren Bereich abtasteten und die Teilnehmer so den vollen emotionalen Gehalt der abgebildeten Szene erfassen konnten – und das trotz sparsamer, gezielter Augenbewegungen.

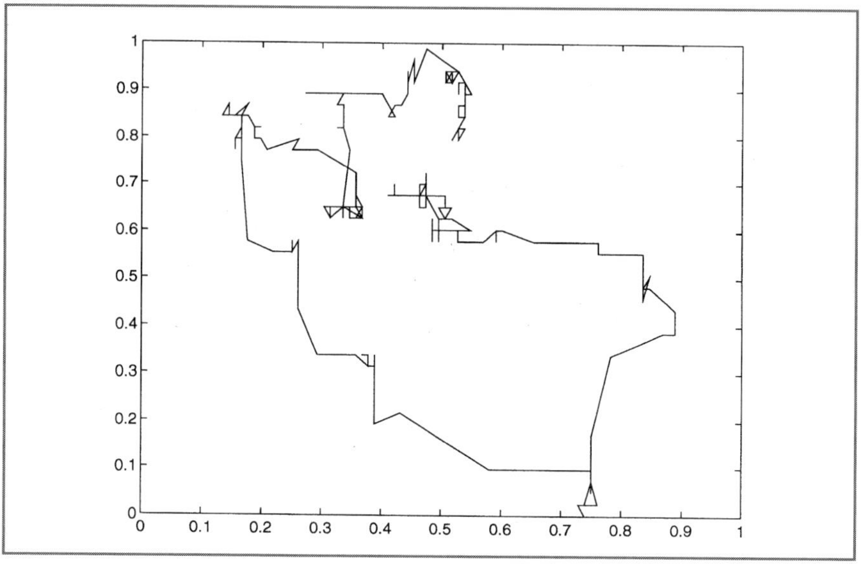

Augenbewegungen beim Betrachten des Unfallfotos *vor* Ausführung des Atem- und Schrittmusters „Die Taube“

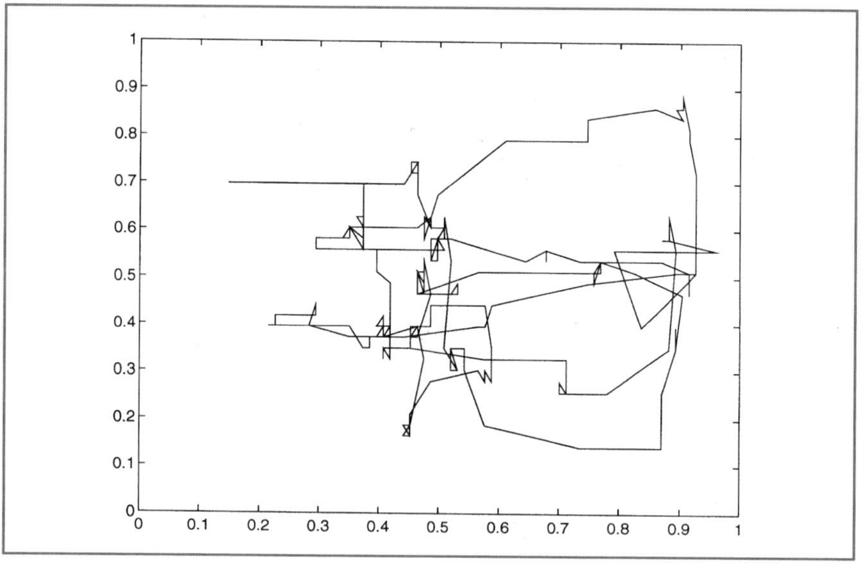

Augenbewegungen beim Betrachten des Unfallfotos *nach* Ausführung des Atem- und Schrittmusters „Die Taube“

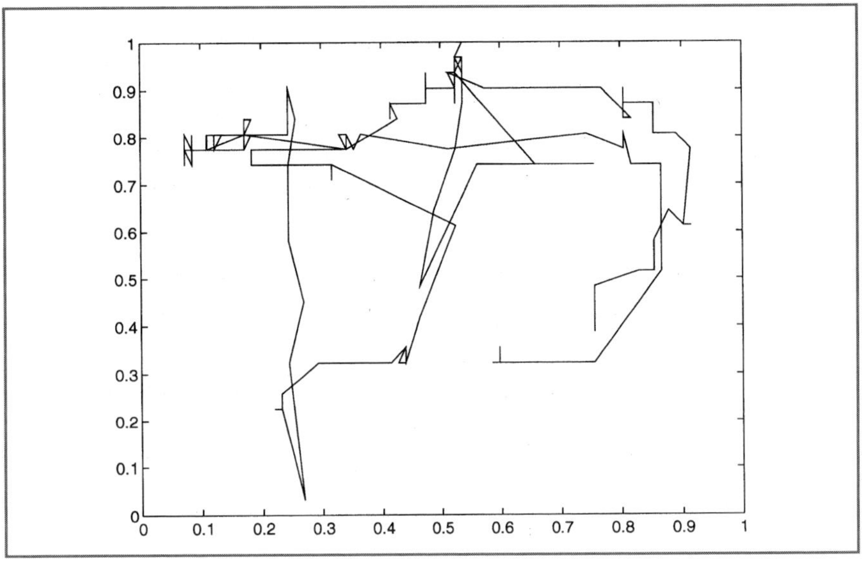

Augenbewegungen beim Betrachten des Unfallfotos *vor* Ausführung des Atem- und Schrittmusters „Der glückselige Adler“

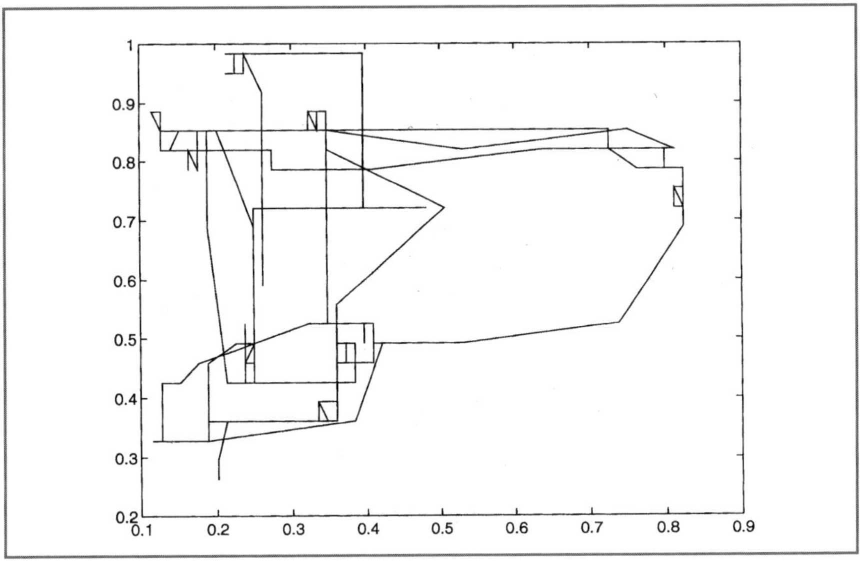

Augenbewegungen beim Betrachten des Unfallfotos *nach* Ausführung des Atem- und Schrittmusters „Der glückselige Adler“

Damit wird klar, dass Breathwalks unser Sehen positiv beeinflussen können. Im Allgemeinen nutzen wir unser Sehvermögen und damit die Fähigkeit, uns an der Welt zu erfreuen, nur zu einem kleinen Teil. Wir bewegen uns meist nur in Bereichen, in denen wir uns sicher fühlen, anstatt mit wachem Bewusstsein unsere Vitalität auszuschöpfen. Breathwalk hilft uns dieses Potenzial anzuzapfen, sodass wir Wahrnehmung als Vergnügen empfinden und wählen können, wie wir wahrnehmen. Sehen wird anregender, unser Blick wird geschärft und wir eröffnen uns neue ästhetische Dimensionen.

Sowohl die Tradition als auch die Wissenschaft verkünden, dass wir unsere Muster für Anspannung und Aufmerksamkeit – wie wir uns den Dingen um uns herum zuwenden – erlernt haben. Oft steuern wir unsere Aufmerksamkeit nur nach dem gewohnten Muster, anstatt uns spontan dem zuzuwenden, was wir gerade sehen. Das führt dann zu einer Spannung zwischen unserem gewohnten Muster und den Botschaften, die von unseren Sinneskanälen kommen. Diese innere Auseinandersetzung verlangsamt unsere Reaktionen, führt zu Fehleinschätzungen und engt unsere Sehfähigkeit weiter ein. Und vor allem wird bei dieser inneren Anspannung sehr viel Energie verbrannt. Wenn Sie zum Beispiel durch einen unbekannten Stadtteil fahren und dabei unter Spannung stehen – wegen Termindruck oder wegen beruflicher oder privater Probleme –, dann übersehen Sie meist deutlich sichtbare Hinweisschilder oder markante Wahrzeichen und Hinweise auf Parkplätze. Unter Anspannung funktioniert unser Sehvermögen wie der Lichtstrahl einer Taschenlampe in einem großen dunklen Raum: Wir sehen jeweils nur einen sehr kleinen Bereich.

Breathwalk kann uns aus den Mustern dieser inneren Spannung lösen und unser Sehvermögen frei machen. Die Wissenschaft bestätigt, was die Tradition der Yogis schon lange lehrt: Die Verbindung zwischen Augen und Gehirn funktioniert in beiden Richtungen. Unsere Augen reagieren bereitwillig auf Anregungen und auf bestimmte geordnete Muster. Die Anregung kann entweder von außen oder von innen kommen – aus der Umgebung oder aus dem Nervensystem. Das Gehirn hat Einfluss darauf, was Sie sehen, und das, was Sie sehen, beeinflusst umgekehrt das Gehirn. Wenn wir unser Gehirn beim Breathwalk stimulieren, können wir Einblick in unsere *innere* Welt und Erkenntnisse über die *äußere* Welt gewinnen.

Die Muskelbalance

Wenden wir uns jetzt der Art und Weise zu, wie wir uns gegenseitig betrachten. Was sehen wir wirklich, wenn wir jemanden anschauen? Wir sprechen immer wieder vom sogenannten ersten Eindruck. Dieser Eindruck, egal ob richtig oder falsch, bleibt erhalten und beeinflusst unsere weitere Wahrnehmung.

Der erste Eindruck entsteht gewöhnlich visuell. Das Sehen ist die schnellste Art der Wahrnehmung, es ist schneller als das Hören und erreicht annähernd Lichtgeschwindigkeit. Sehen ist schneller als jede Berührung und findet statt, ehe wir überhaupt eine Chance haben, uns zu unterhalten. Geringfügige Veränderungen in unserer Haltung oder unseren Bewegungen können unser Selbstgefühl und auch den Eindruck verändern, den andere von uns gewinnen. Unsere Bewegungen und unser Auftreten sind entscheidend für den visuellen Eindruck, den wir vermitteln. Bekleidung und Accessoires sind wichtig, aber zweitrangig.

Das Praktizieren von Breathwalk lässt uns besser aussehen. Es verändert unsere Haltung und damit die Wirkung, die wir beim ersten Eindruck hinterlassen. Eine Erklärung dafür liefert Dr. George Goodheart, der Begründer der *Applied Kinesiology*. Goodheart sagt, die Menschen sähen aus *verschiedenen* Gründen so aus, wie sie eben aussähen: Vererbung, berufliche Tätigkeit usw. Doch das dominierende Muster ihrer Körperhaltung resultiere aus der Balance oder Imbalance der Muskeln, die für die Haltung zuständig seien. „Depressive" oder „halsstarrige" Menschen könne man in diesem Sinne an ihrer Körperhaltung erkennen. Die Leute sähen eben so aus, weil ihre „normalen" Muskeln sich zusammenzögen und weil die energetisch „schwachen" Muskeln dies zuließen.

Wenn Muskeln schwächer werden und nicht mehr in der Balance sind oder wenn sie plötzlich unter Belastung nachgeben, ist das ein Anzeichen für ein körperliches Problem. Wir verfügen alle über einen „Ur-Instinkt", der uns auf Haltung und Bewegung schauen lässt, weil diese beiden Merkmale uns sofort einen gewissen Aufschluss über den Gesundheitszustand eines Menschen geben. Seltsame Bewegungen oder Hinken erscheinen uns sofort verdächtig, da wir instinktiv den Zusammenhang mit körperlichen oder emotionalen Störungen spüren. Wenn dieser Instinkt aufmerksam genutzt wird, kann er Signale geben, die frühzeitig vor Krankheiten warnen.

Es zeigt sich, dass die traditionelle Yogalehre von der Balance der zwei Seiten des Körpers grundlegende Wahrheiten enthält. Innere Anspannung und emotionaler Stress können unsere körperliche Balance genau so gefährden wie körperliche Verletzungen. Die Kommunikation zwischen den beiden Körperseiten wird unterbrochen, unser Körper gerät aus der Balance und das zeigt sich an unserer Haltung und in unseren Bewegungen. Dann ist unser Gang nicht mehr harmonisch. Breathwalks können das Grundmuster unserer Muskelbewegungen wiederherstellen und ihre Kraft wieder ausbalancieren.

Wissenschaftliche Tests im Rahmen der *Applied Kinesiology* erlauben ähnliche Schlussfolgerungen. Dort suchen Ärzte mithilfe der Muskeltests nach den Stellen im Körper, an denen die Balance gestört ist. Jeder Punkt mit gestörter Balance deutet auf mögliche Haltungsprobleme oder auch auf Beschwerden der inneren Organe hin.

Kinesiologieanwender haben in Bezug auf die Haltung vier Kriterien für einen guten Gesundheitszustand entwickelt:

- Flexibilität und weitgehende körperliche Beweglichkeit
- Jeweils gegenüberliegende Muskeln sind in etwa gleich stark.
- Gegenüberliegende Muskelpaare sorgen für Balance beim Gehen.
- Muskeln am Schädel und am unteren Ende der Wirbelsäule, die für die Atembewegung zuständig sind, funktionieren synchron.

Wenn diese vier Haltungskriterien zutreffen, befindet sich unser Körper in Balance. Unser Gang wirkt elegant und unsere Ausstrahlung zeugt von Anmut und Kraft. Auf den ersten Blick vermitteln wir anderen Menschen den Eindruck von Wohlbefinden, Attraktivität und Zufriedenheit.

Im Laufe der Jahre haben wir die Erfahrung gemacht, dass Menschen, die mit unserer Hilfe ihre Art zu Gehen korrigieren konnten, auch ihre Haltung und ihr Auftreten ändern. Danach beginnt sich ihre Ausstrahlung zu ändern, sie zeigen zunehmend innere Vitalität und Wohlbefinden. Folgen wir der Aussage von Dr. Goodheart, so bedeutet das, dass Breathwalk unsere Muskeln neu balancieren und ihre Kraft wiederherstellen kann. Wir haben diese Beobachtungen in einem Test überprüft und erhielten eindeutige Ergebnisse.

Nach einem einzigen Breathwalk haben wir fünfunddreißig Kandidaten entsprechend den präzisen Kriterien der *Applied Kinesiology* getestet.

Die Überprüfung der ersten beiden Haltungskriterien ergab entscheidende Verbesserungen: Die Flexibilität steigerte sich um 20 bis 50 Prozent. Und wenn vorher 28 Muskeln nicht balanciert waren, musste nach einem fünfzehnminütigen Breathwalk („Der glückselige Adler") nur noch ein einziger Muskel balanciert werden. *Einfaches* Gehen hatte die Anzahl nichtbalancierter Muskel bereits von 28 auf 20 reduziert, ein Breathwalk jedoch ließ diese Zahl fast auf Null zurückgehen.

In einer weiteren Testreihe überprüften wir die Balance der Muskeln, die Einfluss auf den Gang haben – das dritte Haltungskriterium. Zu Beginn zeigte sich, dass bei 22 Prozent der Teilnehmer leichte technische Probleme beim Gehen auftraten. Dabei handelte es sich um Schwierigkeiten, wie sie häufig aufgrund von Stress zu beobachten sind, und bereits ein einziger Breathwalk („Der Löwe") von 20 Minuten brachte die Probleme zum Verschwinden.

Für die Einschränkung der Bewegung zwischen Schädel und Kreuzbein – das vierte Haltungskriterium – gibt es mehrere Ursachen. Ein Schädeltrauma, ein Schleudertrauma, Spannungszustände, Probleme mit dem Kiefer oder beim Kauen oder auch Drogenmissbrauch sind nur einige davon. Besonders der Genuss von Marihuana führt oft zu langfristigen Störungen der Beweglichkeit an der Schädelbasis und in der Folge zu Gedächtnisproblemen und Motivationsschwäche. Wird die Bewegung zwischen Schädel und Kreuzbein balanciert, so können sich die Betreffenden von den negativen Nachwirkungen des Drogenmissbrauchs erholen. Wir haben festgestellt, dass sich dieses Problem mit Breathwalk beheben lässt, da in den meisten Fällen allmählich die volle Beweglichkeit wiederhergestellt wird. Vielleicht trägt die wiedergewonnene Beweglichkeit in diesem Bereich mit zu dem „Strahlen" bei, das bei manchen Teilnehmern nach einem guten Breathwalk zu beobachten ist.

Die Gehirnaktivität

Aus der Yogatradition wissen wir, dass unterschiedliche Atemmuster in Verbindung mit Urklängen unterschiedliche Gehirnbereiche anregen. Nach den Vorstellungen traditioneller Heiler und Yogis verfügt das Gehirn über verschiedene Funktionsbereiche und Netzwerke – die zwei

Hemisphären und innerhalb derselben viele kleinere Bereiche. Damit verschiedene mentale Aktivitäten ausgeführt werden können, müssen einzelne Teile in unterschiedlichen Kombinationen zusammenarbeiten. Die Yogis haben erforscht und beschrieben, auf welche Weise das geschieht und wie sich die Gehirnfunktionen durch Übungen, Atem und Konzentration verbessern lassen. Im Westen nehmen wir seit einiger Zeit Computeraufnahmen des Gehirns zu Hilfe, um direkt zu beobachten und zu verstehen, wie das Gehirn bei alltäglichen Aufgaben und im Krankheitsfall arbeitet.

Geschieht während eines Breathwalks wirklich etwas Entscheidendes in Ihrem Gehirn? Wir dachten, dass dies angesichts der offensichtlichen Resultate der Fall sein müsse. Deshalb ließen wir vor einigen Jahren am *Medical Center* der *University of Arizona* einige Tests durchführen. Ein Freiwilliger erklärte sich zu Gehirnaufnahmen während eines normalen Laufs und dann während eines Breathwalks bereit. Es wurden PET-Aufnahmen (Positronenemissionstomografie) gemacht, für die den Untersuchten radioaktive Isotope injiziert werden. Diese konzentrieren sich im Blut und zeigen an, wohin das Blut verstärkt fließt. So zeigen sich im Bild die Gehirnareale, die bei einer bestimmten Tätigkeit aktiv werden.

Nachdem unser Kandidat 45 Minuten lang normal gelaufen war, wurde eine PET-Aufnahme gemacht. Am nächsten Tag absolvierte er zur gleichen Uhrzeit einen Breathwalk – ebenfalls 45 Minuten lang, und wieder wurde anschließend eine Aufnahme gemacht. Die PET-Aufnahme nach dem Breathwalk zeigte eine Zunahme der Gehirnaktivität in den Scheitel- und Schläfenlappen rechts um 70 bis 80 Prozent, außerdem eine Zunahme in den Bereichen, die für entschiedenes Handeln zuständig sind, sowie in den Stirnlappen auf beiden Seiten. Außerdem zeigten die Aufnahmen verstärkte Metakognition (Gedächtnisleistungen) – mehr Aktivität im Bereich der Insel (Teil der Großhirnrinde in der Spalte zwischen Scheitel- und Schläfenlappen) sowie eine bessere Integration der beiden Gehirnhälften, je nachdem, wie viele Bereiche jeweils beteiligt waren.

Das Experiment vermittelte nur einen ersten Eindruck. Aber es zeigte, dass eine geringfügige Variation im Atemmuster Veränderungen in vielen Bereichen bewirkte: in Bereichen, die für kognitive Funktionen, Urteilsvermögen und Gefühle zuständig sind, und zusätzlich in den Arealen, die

Bewegungen und die großen Muskeln steuern. Wenn wir uns die Bereiche ansehen, die am stärksten aktiviert waren, wird klar, dass wir nach einem Breathwalk unsere Aufmerksamkeit effektiver steuern können und Denken auf mehreren Ebenen möglich wird. Wir wissen besser Bescheid über unsere inneren Prozesse. Und wir können Gedanken und Gefühle besser verarbeiten, da wir jetzt ein besseres Gespür für deren Kontext haben.

Unsere und weitere Untersuchungen haben einige der Veränderungen aufgedeckt, die bereits die Yogis erspürt hatten. Wir werden zusätzliche Untersuchungen brauchen, um aufzeigen zu können, welche Art von Hirntätigkeit jeweils durch die verschiedenen Breathwalk-Muster ausgelöst wird. Deshalb arbeiten wir mit Forschern am *Mind/Body Medical Institute* und mit Dr. Herbert Benson gemeinsam an Untersuchungen mithilfe der funktionellen Kernspintomografie. Bei dieser Diagnostik wird mittels eines starken Magnetfeldes aufgezeichnet, welche Bereiche im Gehirn und in anderen Geweben verstärkt mit sauerstoffhaltigem Blut versorgt werden. Aus den Darstellungen lässt sich ablesen, in welchen Gehirnarealen sich der Grad der Aktivität ändert, wenn verschiedene Atemmuster und Meditationsübungen praktiziert werden. Wir hoffen Hinweise zu finden, warum bereits geringfügige Veränderungen im Atemmuster oder bei den Urklängen zu unterschiedlichen Qualitäten der Aufmerksamkeit führen und warum viele Menschen nach einem Breathwalk betonen, wie erstaunlich klar ihr Geist geworden ist. Erste Ergebnisse sind ermutigend und weisen auf ein ganzes Bündel an Veränderungen hin.

Das wissenschaftliche Hintergrundwissen ist nicht Voraussetzung für Sie, um in den Genuss der wohltuenden Wirkung der Breathwalks zu kommen. Machen Sie einfach einen Breathwalk! Die Erfahrung und der Nutzen sind auf Ihrer Seite, auch wenn das Rad der Wissenschaft sich nur langsam weiterdreht und Stück für Stück und Schritt für Schritt die zugrunde liegenden Mechanismen entdeckt.

Stimmungsveränderungen

Psychologen haben die Bedeutung von Stimmungen für unsere Lebensqualität wieder neu entdeckt. Jahrzehnte lang lag der Fokus auf Verhaltensweisen und Wahrnehmungsprozessen. Stimmungen und Emotionen galten als nebensächlich und schwer zu definieren und es ließ sich anscheinend keine (naturwissenschaftlich orientierte) Wissenschaft darauf gründen. Aber seit Beginn der Achtzigerjahre des letzten Jahrhunderts sind Stimmungen und Emotionen wieder stärker in den Mittelpunkt gerückt. Wir beginnen zu verstehen, wie Stimmungen unsere Gefühle, unser Denken, unser Gedächtnis und unsere Gesundheit beeinflussen. Im Folgenden erörtern wir einige Erkenntnisse über die Auswirkung von Stimmungen auf unser Leben. Einiges wird Sie überraschen, anderes ist Ihnen längst bekannt. Anschließend stellen wir dann dar, was wir über den Einfluss von Breathwalking auf unsere Stimmungslage herausgefunden haben.

Unsere Erinnerung an Gefühle und Dinge funktioniert am besten, wenn wir wieder in etwa der gleichen Stimmung sind wie zu dem Zeitpunkt, als wir damit in Berührung kamen. Das zeigt sich zum Beispiel bei der Prüfungsangst: Was wir in entspanntem Zustand gelernt haben, können wir, wenn wir bei der Prüfung Angst haben, kaum mehr abrufen. Bekannt ist auch, dass uns überwiegend negative Dinge auffallen, wenn wir niedergeschlagen sind, in gehobener Stimmung jedoch mehr Positives. Und entsprechend verändert sich auch unser Selbstwertgefühl mit der Stimmungslage.

Eine positive Stimmung fördert die Kreativität. Und auch Ihre Selbstwahrnehmung hängt von Ihrer Stimmung ab. Eine gute Stimmung stützt positive Erwartungen und eine optimistische Sicht der Zukunft. Und entsprechend bestärkt eine schlechte Stimmung Versagensängste und mangelndes Selbstvertrauen und führt zu kurzsichtigem Handeln. Eine gehobene Stimmung und größere Bewusstheit vermitteln das Gefühl, die Kontrolle zu haben und wählen zu können, insbesondere wenn es um den Drang nach Essen, Drogen und Sex geht. Lernen und die Entwicklung von Fertigkeiten funktionieren am besten in positiver Stimmung, wenn die Aufmerksamkeit durchschnittlich bis sehr gut ist. In zwischenmenschlichen Beziehungen hängt der Erfolg entscheidend von der Fähigkeit der Partner ab, auf die Stimmung des anderen einzugehen. Sorgen die Partner in einer guten Stimmung für „Rapport", so fördert das die Beziehung. Und die Beziehung wird gestärkt, wenn beide lernen, die Stimmungen des anderen – sowohl positive wie negative – zu erkennen.

Mit bildgebenden Verfahren lässt sich der Zusammenhang dokumentieren, der zwischen unseren Stimmungen und bestimmten Gehirnregionen besteht, die jeweilige Stimmung stützen. Die wichtigste Verbindung jedoch, die wir schaffen können, ist die Verbindung zwischen unserer Aufmerksamkeit, unserem Atem und unseren Stimmungen. Der Atem kann das Gehirn steuern und das Gehirn bestimmt unsere Stimmungen. Damit haben wir einen Weg gefunden, Stimmungen direkt zu steuern. Und eben auf diese Weise beeinflusst Breathwalk unsere Stimmungen.

Angst und Depression

Angst und Depression sind sozusagen zu alltäglichen, epidemisch auftretenden, weit verbreiteten „Erkältungskrankheiten" der Seele geworden. Es sind die Beschwerden, die Psychologen und Psychiater am häufigsten behandeln müssen. Die Forschung der letzten Jahre zeigt einen enormen Anstieg der Fälle von Angstzuständen und Depressionen und sie weist darauf hin, dass diese in zunehmendem Maß die emotionale Verfassung der Betreffenden und ihre wirtschaftliche Situation gefährden.

Angststörungen sind das am weitesten verbreitete Problem. Sie äußern sich in Form von exzessivem Grübeln, ständigen Sorgen und Zweifeln, die im Alltag zu einem ständigen Hin und Her zwischen Ängsten und Vorsichtsmaßnahmen führen. Die Gedanken drehen sich unaufhörlich um die Dinge, die passieren könnten, und sammeln sich dann in einer Endlosschleife von sich steigernden Ängsten. Die Opfer finden aus diesem verhängnisvollen Kreislauf nicht mehr heraus und werden vielfach depressiv angesichts der Hoffnungslosigkeit. Etwa 4 Prozent der amerikanischen Bevölkerung sind betroffen (wenn wir soziale Ängste hinzunehmen: 8 Prozent) – das heißt, 23 Millionen Amerikaner erkranken jedes Jahr daran. Im Jahr 1990 beliefen sich die durch Angststörungen verursachten direkten und indirekten Kosten auf 46,6 Milliarden Dollar, etwa ein Drittel des gesamten Gesundheitsetats von 148 Milliarden. Und die Summe steigt jedes Jahr beträchtlich.

Die Kennzeichen einer Depression sind ein allgemeines Gefühl der Lethargie, Passivität, Hoffnungslosigkeit, Verzweiflung sowie geringe

Selbstachtung und Selbstentfremdung. Das *National Institute of Mental Health* schätzt, dass etwa 20 Millionen Amerikaner irgendwann die Auswirkungen einer Depression zu spüren bekommen. 25 Prozent werden mindestens einmal in ihrem Leben an einer Depression leiden. Und 25 Prozent der Bevölkerung klagen im Herbst und Winter über wetterbedingte depressive Beschwerden, 5 Prozent davon sind ernsthaft krank.

Mehrere breit angelegte Untersuchungen kommen zu dem Schluss, dass Depressionen in den Vereinigten Staaten am Ende des 20. Jahrhunderts zehn bis zwanzig Mal häufiger auftraten als zu Beginn des Jahrhunderts! Nach dem Zweiten Weltkrieg Geborene haben ein zehn Mal höheres Risiko, an einer Depression zu erkranken, als Menschen, die 50 Jahre zuvor geboren sind. Für Menschen, die nach 1950 geboren sind, ist die Wahrscheinlichkeit einer Depression zwanzig Mal höher als für die vor 1910 Geborenen. Eine Übersicht über mehrere Generationen hinweg hat ergeben, dass die Rate der depressiven Erkrankungen mit jeder Generation steigt. Kürzlich veröffentlichte die Weltgesundheitsorganisation eine globale Übersicht, in der die praktischen Auswirkungen körperlicher und mentaler Faktoren für die Lebensqualität aufgelistet werden. Dabei stellte sich heraus, dass es einen überraschenden, aber stabilen Trend gibt, nämlich die massive Zunahme an beeinträchtigenden Depressionen (für die das Auftreten mehrerer Episoden innerhalb von 2 Monaten kennzeichnend ist). Depressionen nehmen jetzt Platz 2 in der Liste besonders belastender Krankheiten ein.

Was ist die Ursache für diese seuchenartige Zunahme an Angststörungen und Depressionen? Experten, die sich mit den heutigen Formen der Depression beschäftigen, benennen eine komplexe Mischung verschiedener Faktoren. Dazu gehören schlechte Strategien zur Steuerung der eigenen Stimmungen, weniger sportliche Betätigung, mehr passiver Zeitvertreib wie Fernsehen, zunehmender Konsum von Drogen (von Alkohol bis LSD), ein Überangebot an Informationen und: Nahrungsmittel mit zu viel Fett und zu vielen Kalorien. Wir selbst sind der Meinung, dass der Verlust des Kontakts mit unserem spirituellen Selbst ebenfalls eine Rolle spielt.

Was kann man tun, um solchen zerstörerischen Stimmungen vorzubeugen? Regelmäßiges Training (wie zum Beispiel Breathwalking) kann unsere Stimmungen wirksam verändern und uns wieder mit den Quellen unserer Motivation verbinden. Dr. Robert E. Thayer berichtet in seinem

Buch *The Origin of Everyday Moods: Managing Energy, Tension, and Stress* (1997) von einer einfachen Studie. Er befragte Menschen nach ihrer Stimmungslage *vor* und *nach* einem viertelstündigen Lauf und nachdem sie einen Apfel gegessen hatten. Dabei erwies sich Gehen als wirksamer. Bei einer Studie mit überzeugten Rauchern und Esssüchtigen verbesserte ein kurzer Lauf die Stimmung und reduzierte den Drang nach Zigaretten oder Essen um mehr als 50 Prozent. Außerdem zeigen die Untersuchungen, dass eine Veränderung der Stimmung, die durch das Laufen erzielt wurde, länger anhält als eine Veränderung durch Nahrungszufuhr, Hypnose oder sonstige Maßnahmen.

Unserer Erfahrung nach können die üblichen Formen von Angststörungen und milde Depressionen mit dem passenden Breathwalk-Programm überwunden werden. Wenn Sie auf diesem Weg eine Veränderung erreichen, macht Sie das stärker, selbstständiger und widerstandsfähiger.

Messungen zur Wirkung von Breathwalk® auf Stimmungen

Um unsere subjektiven Beobachtungen zu überprüfen, wollten wir messen, inwieweit wir Stimmungen mit Breathwalk verändern können. Zunächst bereiteten wir das erforderliche Instrumentarium für die Tests vor: In einer Tabelle wurden dreißig Gefühle aufgelistet, die im Zusammenhang mit bestimmten Stimmungen auftreten. In dieser Tabelle konnten die Testteilnehmer anhand einer Skala von 1 bis 10 ankreuzen, wie stark sie ein bestimmtes Gefühl empfanden. Dazu gab es einen Stimmungskompass, in dem die Ergebnisse der Tabelle zusammengefasst wurden, und zwar je nachdem ob es sich um negative, positive oder sehr positive Stimmungskomponenten handelte.

Wir arbeiteten mit zwei Gruppen – einmal mit Teilnehmern aus Cambridge (Massachusetts) und zum anderen mit Seminarteilnehmern von Anthony Robbins an seiner *Life Mastery University* auf Hawaii. Die Gruppe aus Cambridge repräsentierte ziemlich genau einen Querschnitt amerikanischer Erwachsener, während die Gruppenmitglieder von Anthony Robbins als sehr leistungsstark einzustufen waren. Wir wollten herausfinden, wie sich Breathwalk auf die Stimmung der einzelnen Mitglieder der beiden unterschiedlichen Gruppen auswirkte. Dazu wurden die Ergebnisse der beiden Gruppen im Stimmungskompass erfasst – vor und nach einem Breathwalk.

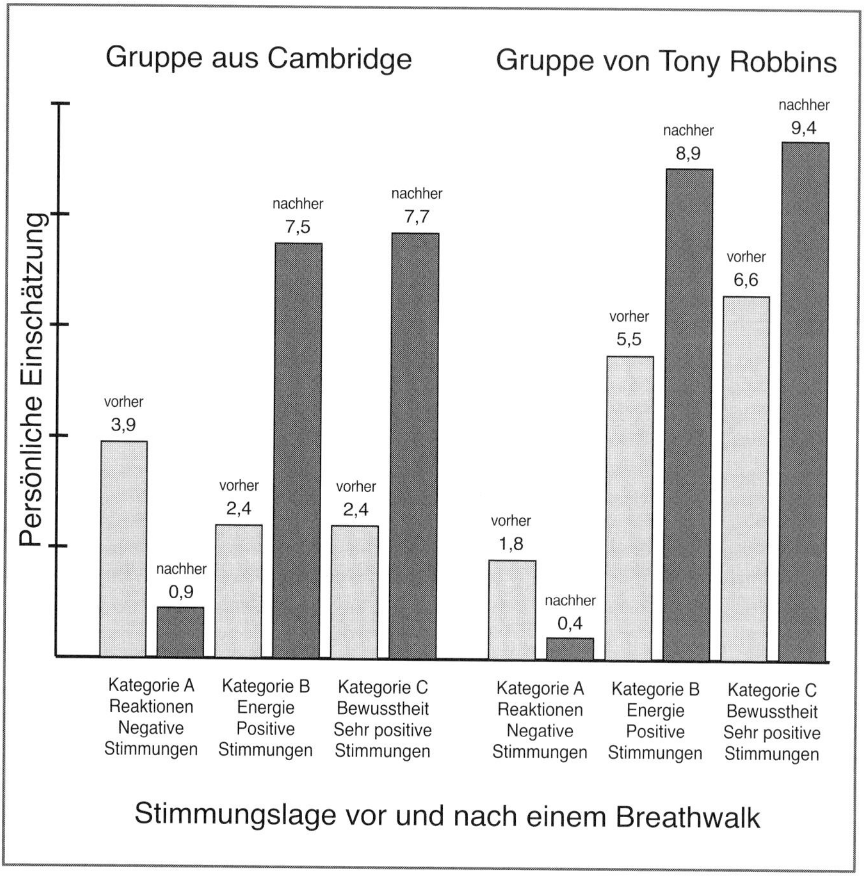

Vor dem Breathwalk herrschten in der Gruppe aus Cambridge leicht negative Gefühle vor (linke Säule namens „vorher“ im Schaubild). Negative Stimmungen waren etwas häufiger als positive (mittlere Säule „vorher“) und sehr positive Gefühle (rechte Säule „vorher“). Die Teilnehmer zeigten geringe Bereitschaft zu Aktivitäten – sie hatten Probleme sich auf das Leben einzulassen, sie waren niedergeschlagen oder verärgert.

Nach einem Breathwalk wurden die Teilnehmer wieder nach ihren Gefühlen befragt. Sehen Sie sich die Veränderungen an den drei Säulen „nachher" an! Ein einziger Breathwalk verringerte negative Stimmungen um etwa 80 Prozent und steigerte positive und sehr positive Stimmungen um bis zu 70 Prozent. Negative und depressive Tendenzen in den Stimmungen verschwanden und es wurde deutlich, dass das Energieniveau der Teilnehmer höher und ihre Bereitschaft aktiv zu werden gewachsen war.

Bei den Teilnehmern aus Anthony Robbins' Kurs sahen die Ergebnisse von „vorher" und „nachher" ganz anders aus, obwohl der Trend zu einer Verbesserung der Stimmungen auch hier deutlich wurde. Dabei ist natürlich zu bedenken, dass diese Teilnehmer sich teilweise schon vorher durch hohe Leistungsbereitschaft auszeichneten oder durch das Seminar bei Tony Robbins entsprechend motiviert waren. Wir wollten herausfinden, ob sich ihre sehr positive Stimmung noch weiter steigern ließ.

Die Gruppenmitglieder starteten überwiegend im Bereich positiver und sehr positiver Stimmungen. Sie zeigten sich dem Leben gegenüber offen, besaßen sehr viel Energie und zeigten kaum Angst oder Mangel an Konzentration. Ein Breathwalk ließ die wenigen negativen Gefühle fast völlig verschwinden. Die Teilnehmer bestätigten, dass ihre positiven Gefühle sich um ungefähr 40 Prozent, ihre *sehr* positiven Gefühle um etwa 30 Prozent gesteigert hatten.

Was lässt sich aus diesen Untersuchungen schließen? Breathwalk vermindert deutlich die negativen Stimmungen, verstärkt die positiven und unterstützt die Weiterentwicklung zu sehr positiven Einstellungen. Die physiologischen Veränderungen, die wir mit Breathwalk erreichen, schaffen mit der Zeit eine leicht zugängliche und stabile Basis für positive Stimmungen. Auf dieser Grundlage können wir unsere Gefühle wahrnehmen, prüfen und von ihnen lernen – Glück und Traurigkeit, Großzügigkeit und Geiz, Eifersucht und Zufriedenheit. Und was ist das Endergebnis?

Das verbindende Element

Sie fragen sich vielleicht, ob es etwas gibt, was alle diese hier von uns dokumentierten Wirkungen verbindet. Viele dieser Wirkungen kommen deshalb zustande, weil durch Breathwalk die grundlegenden Funktionen des autonomen Nervensystems ausgeglichen werden. Durch das Praktizieren von Breathwalk werden bereits lange bestehende Spannungen gelockert und Rhythmus und Funktion von Atem, Herz, Kreislauf und anderen wichtigen Prozessen im Körper aufeinander abgestimmt. Die verschiedenen Breathwalks vermitteln jeweils den Code, wie Atem und Klang eingesetzt werden müssen, um diese speziellen Wirkungen zu erreichen. Viele der Veränderungen beginnen mit dem Loslassen der Spannung.

Aus der Yogalehre wissen wir, dass Spannungen im Körper Quellen für so manche gesundheitliche Beschwerden und für eine schwache Kondition sind. Wenn wir an Verspannungen leiden, verbrauchen wir viel Energie, nur um diese Anspannung aufrechtzuerhalten – wir strampeln uns unaufhörlich ab und kommen doch nicht voran. Den Yogis war das schon lange bewusst, obwohl sie die menschliche Physiologie anders verstanden als wir heute. Sie verließen sich einfach auf ihre verfeinerte Wahrnehmung. Ihre Beobachtungen sind so etwas wie eine Richtschnur geworden, nach der wir neue Instrumente anwenden und wissenschaftlich analysieren.

Spannung wird in den Muskeln gespeichert. Das wissen Sie aus eigener Erfahrung. Denken Sie nur einmal an eine Zeit zurück, als Sie so verspannt waren, dass verschiedene Muskeln wehtaten. Es ist bereits lange bekannt, dass wir über zwei Arten von Muskelgewebe verfügen – quer gestreifte und glatte Muskulatur. Die *quer gestreiften Muskeln*, wie zum Beispiel der Bizeps, bewegen die einzelnen Glieder. Sie können viel Kraft aufbringen, ermüden aber auch schnell. Sie müssen anschließend entspannen und sich ausruhen. Die *glatten Muskeln*, wie sie sich zum Beispiel in unseren Blutgefäßen befinden, sind so beschaffen, dass sie unendlich lange durchhalten – buchstäblich bis an unser Lebensende. Diese Muskeln können *lernen*. Haben sie einmal „gelernt", sich in einer bestimmten Weise anzuspannen, so bleiben sie in diesem Zustand, bis sie das wieder verlernen. Es ist wie bei einem geflochtenen Seil: Wenn die einzelnen Fasern oder Stränge einmal „gelernt" haben, wie sie miteinander verflochten sein müssen und Anspannung aushalten können, so behalten sie diese Verflechtung weiterhin bei.

Wegen dieser Eigenschaft können die glatten Muskeln Spannungen speichern. Wenn emotionale Spannungen sich in ihnen festsetzen, gewöhnen sich die Muskeln an diesen Zustand und behalten ihn über Jahre bei. Unser Verhalten kann dann programmiert und rigide erscheinen, Robotern ähnlich. Aber dafür sind diese Muskeln nicht gedacht. Für die Aufrechterhaltung dieser Spannung wird nicht nur unsere Energie verschwendet, wir leiden auch darunter. Irgendwie müssen wir lernen, die in unseren Muskeln gespeicherte Spannung aufzulösen.

Und woher kommt diese ganze Spannung? Der Grund ist Angst. Natürlich kann es hilfreich sein, die *Ursachen* für unsere Ängste durch psychologische Beratung aufzudecken. Mit Breathwalk jedoch lassen sich die *Auswirkungen* der Angst in unserem Körper sehr schnell auflösen. Wenn wir die Spannungen in uns loslassen, können wir unsere Energie produktiver nutzen.

Vielleicht entdeckt die Wissenschaft eines Tages, wie wir das autonome Nervensystem und das Gehirn beeinflussen und schädliche Spannungen auflösen können. Und schließlich wird man die Mechanismen aufdecken, die uns entspannt, zentriert und glücklich werden lassen – damit wir als Menschen Erfüllung finden und Schritt für Schritt unserer Bestimmung entgegengehen.

Die wichtigsten Punkte im Überblick

- Das Wohlbefinden, das durch Breathwalk erreicht wird, lässt sich anhand der folgenden Kriterien beschreiben: Herzfrequenz und Körperrhythmen zeigen erhöhte Komplexität und bilden in der Aufzeichnung ein Muster, das an Fraktale erinnert. Die Augen können schnell von Nahsicht auf Weitsicht umstellen. Die Balance der Muskeln ist messbar verbessert. Das Gehirn funktioniert besser.
- Die Auflösung der Spannungen in den glatten Muskeln ist möglicherweise das verbindende Element für viele Nutzeffekte von Breathwalk.
- Zwar werden Stimmungsschwankungen und damit verbundene psychische Störungen immer häufiger, doch können wir unsere Stimmungen durch regelmäßiges Training und speziell durch das Praktizieren von Breathwalk in den Griff bekommen.

Kapitel 12

Der größere Zusammenhang

Ein bekannter Trainer motivierte sein Team mit dem Satz: „Trainiert mit Haltung!" Wir sagen zu unseren Schülern: „Trainiert mit der richtigen Haltung und der richtigen Einstellung." Mit Haltung ist gemeint, dass Sie Breathwalk entspannt und mit Freude praktizieren und wirklich präsent sind. Die Einstellung ist die der Achtsamkeit gegenüber der eigenen Person, Sie respektieren sich für Ihre Schönheit, Ihren Geist und Ihre Seele sowie Ihr eigenes Potenzial. Sollten Sie an sich selbst zweifeln oder vergessen, wie viele Ressourcen Sie besitzen, so bekämpfen Sie Ihre eigene Vitalität.

Wir erinnern gerne an drei Punkte als Voraussetzung für die richtige Haltung und die richtige Einstellung:

1. **Wir haben immer die Wahl.** Dies ist eines der großen Geschenke, das wir als Menschen mitbekommen haben: Wir können unseren eigenen Zustand verändern. Wir können traurig oder glücklich sein. Wir können uns gute oder schlechte Gewohnheiten aneignen. Wir können mehr oder weniger bewusst sein. Wir können an den gegenwärtigen Augenblick denken oder an viele Jahrhunderte. Und wir können sogar Gewohnheiten ausbilden, durch die wir bewusster werden und selbst wählen, wie wir uns verhalten.
2. **Wir besitzen die notwendigen Voraussetzungen, um eine Wahl zu treffen.** Es mangelt uns an nichts und wir sind vollständig. Wir können auf innere und äußere Ressourcen zurückgreifen, um unsere Ziele zu erreichen. In uns haben wir alles, was wir für ein erfülltes und glückliches Leben brauchen. In uns stecken Millionen Jahre der Evolution, wir sind reich versehen mit Fertigkeiten, Talenten und schlummernden Kräften. Wir sind Teil des Universums und wie das übrige Universum sind wir als Energie und Licht entstanden. Wir entwickeln uns weiter zu Rhythmus und Bewegung und schließlich zu Bewusstsein.

Die Struktur unseres Geistes und unseres Körpers, ausgeklügelt bis ins Detail, ist aus der Begegnung mit dem Göttlichen entstanden, damit wir alle diese Ressourcen nutzen können. Manchmal vergessen wir das.

Wir bekommen oft zu hören, dass die Antworten auf unsere Probleme außerhalb zu finden seien: Nehmen Sie eine Tablette ..., kaufen Sie dies oder das ..., oder: suchen Sie nach einem Wunderheiler ... Es ist sicher wahr, dass wir heute bessere Medizin haben, mehr Dinge kaufen können und über mehr Experten verfügen als in der Vergangenheit. Aber wir alle besitzen die Fähigkeit, mithilfe unserer eigenen heilenden Energie und unserer Einsicht, durch unser Engagement und unser Handeln für Glück und bleibenden Erfolg zu sorgen. Immer wenn wir Zugang zu unseren inneren Ressourcen finden und diese nutzen, um unser Leben aus dem Herzen heraus zu meistern, steigert das unsere Vitalität. Wir öffnen die Tür zu unserem Innersten und schützen uns vor körperlichen und emotionalen Verletzungen.

3. **Wir sind spirituelle Wesen und haben die Aufgabe, Erfahrungen als Menschen zu sammeln.** Wir sind weder Tiere noch Engel. Wir bringen durch unser Handeln den Himmel zur Erde und wir verwandeln die Erde durch unsere Gebete und unser Mitgefühl in einen Himmel. Wir leben in einem komplizierten Netz, in dem Himmel und Erde durch unsere Sinne und unser Bewusstsein verwoben sind. Wenn unser Körper und unser Geist sich in Balance befinden, spüren wir sofort, wer wir sind, und dann wissen wir auch, was wir wollen.

Wir sind von Natur aus so geschaffen, dass Körper und Geist sich nach präzisen Mustern gegenseitig beeinflussen. Bewegen Sie sich auf eine bestimmte Art, so werden auch Ihre Gefühle bewegt. Atmen Sie auf eine bestimmte Art, erweitern Sie Ihr Selbst um Ihr spirituelles Selbst. Bestimmte Gedanken lassen Wolken in Ihren Geist einziehen, andere machen ihn klar, und dementsprechend nehmen Sie die Welt wahr. Das Schöne an diesem komplizierten Netzwerk von Körper, Geist und Seele ist, dass wir unser Selbst durch den Atem umfassend stärken können.

Unser „Lichtkörper"

Bei der Arbeit an und mit dem vorliegenden Buch wurde und wird die spirituelle Dimension von Breathwalk und anderen Formen meditativen Gehens bewusst mit einbezogen. Viele Teilnehmer haben uns bereits gefragt, warum sie sich nach einem guten Breathwalk so „erweitert" und in Frieden mit sich selbst fühlen. Manche haben den Eindruck, sie seien von einer starken Energie oder einem starken Licht umgeben. Einige wenige berichten sogar, dass sie einen Lichtschimmer sehen. Für diese Erfahrungen gibt es eine Grundlage, die in jeder spirituellen Tradition und Weisheitslehre anzutreffen ist. Wir wollen hier darauf eingehen, damit Sie eine Vorstellung davon bekommen, wie Sie durch Breathwalk zu Ihrem spirituellen Selbst vorstoßen können.

Wenn Menschen mit der spirituellen Dimension in Berührung kommen, geschieht etwas Wunderbares – ein Strahlen geht von ihnen aus. Die Merkmale und Mechanismen dieser subtilen Ausstrahlung sorgen für die Verbindung zwischen Körper, Geist und Seele. Besonders religiöse („heilige") Menschen und Heiler projizieren eine Aura, die tatsächlich sichtbar ist. Das ist der Lichtkörper. Jeder von uns kann seinen Lichtkörper spüren oder erahnen – als ein von uns ausgehendes Leuchten, das zum Teil unsere Präsenz ausmacht. Die Aura zeigt sich in verschiedenen Formen, Farben und mehr oder weniger beweglich, je nach von unserer gesundheitlichen, geistigen und spirituellen Verfassung. Mit Gehen und insbesondere mit Breathwalk lässt sich der Lichtkörper verändern. Dadurch stellen wir uns mit unserer mentalen und emotionalen Sensibilität auf die spirituelle Dimension ein.

Manche Menschen können den Lichtkörper in seiner ganzen Größe sehen. Er umgibt den menschlichen Körper vollständig, meist in Form eines Ovals, und er zeigt sich als ein Wirbel von vielen Farben. Wie weit die Aura reicht, das sagt viel über den Zustand des Betreffenden aus. Reicht die Aura nach allen Seiten zwischen 45 und 90 Zentimeter gleichmäßig über den Körper hinaus, deutet das daraufhin, dass die Balance intakt ist, der Betreffende aber nicht besonders sensibel ist. Mit einem Lichtkörper dieser Größe werden wir sehr empfänglich auch für leichte Gefühlswallungen anderer Menschen. Dann wird es schwierig, das eigene Ziel und die eigene Richtung beizubehalten. Wenn wir stärker werden, erweitert sich die Aura rundum – in seltenen, ungewöhnlichen Fällen bis auf etwa 2,75 Meter. Bei diesem Ausmaß kann selbst der durchschnittliche Betrachter die Aura sehen oder zumindest fühlen.

Ein Lichtkörper kann symmetrisch oder ungleichmäßig (uneben) sein. Nicht so stark strahlende Bereiche erscheinen als kleine Einbuchtungen, die auf unsere körperlichen oder emotionalen Schwachstellen hinweisen. Die mit diesen Bereichen assoziierten Gefühle können, wenn sie nicht beachtet werden, krank machen oder die Entscheidungsfindung beeinträchtigen.

Die speziellen Atem- und die Aufweckübungen bei Breathwalk sorgen für eine Ausdehnung der Aura und lassen Makel oder Schwachstellen verschwinden. Wir können buchstäblich mehr Licht verbreiten. Dieses zusätzliche Leuchten verstärkt das Gefühl der Präsenz, durch das sich andere von uns angezogen fühlen. Es bewahrt uns davor, auf unerwünschte Gedanken und Emotionen zu reagieren. Es ist wie ein Lichtstrahl, der mehr über unseren spirituellen Fortschritt aussagt als Hunderte von Büchern. Für das innere Auge eines anderen Menschen und für dessen sensibles Unterbewusstsein werden wir zu einem hell strahlenden Licht.

Die Energie fließt auf vielen Wegen durch den Lichtkörper. Der Hauptanteil fließt wie ein großer Strom vom Scheitel über sieben kleine, runde „Pools", die sogenannten Chakren, nach unten. Chakra bedeutet Kreis und an diesen Punkten bewegt sich die Energie kreisförmig in Wirbeln, wie in einem Whirlpool. Diese Bewegung wird durch die Atemfrequenz und über unser Bewusstsein beeinflusst. Außerdem wechselt regelmäßig die Richtung – im Uhrzeigersinn und gegen den Uhrzeigersinn, wodurch die Aktivität unserer Drüsen und Nerven beeinflusst wird.

Die Chakren befinden sich auf der senkrechten Mittellinie des Körpers:

- nahe beim Steißbein,
- beim Geschlechtsorgan,
- im Nabelbereich,
- am Herz,
- am Hals,
- auf der Stirn („drittes Auge") und
- am Scheitelpunkt.

Außerdem umgeben sie den Körper wie eine Schale. Wenn unsere inneren Rhythmen harmonisch sind, passen diese Zentren ihre Bewegungen den Anforderungen an: Durch jede unserer Tätigkeiten werden gezielt bestimmte Chakren und einzelne Körperbereiche aktiviert und so können wir gute Leistungen erbringen.

Caroline Myss schreibt in ihrem bekannten Buch *Anatomy of The Spirit: The Seven Stages of Power and Healing* (1996) über die Chakren. Sie stellt eine Verbindung zwischen dem Zustand der Chakren und des Lichtkörpers und vielen Krankheitsbeschwerden her und zeigt, wie emotionale Probleme damit zusammenhängen. Sie schreibt aufgrund ihrer eigenen Beobachtungen, der physische Körper sei von einem Energiefeld umgeben. Es sei sowohl Informationszentrum als auch ein sehr sensibles Wahrnehmungssystem. Dadurch sei beständig die Kommunikation mit allem um uns herum möglich. Jedes Organ und jedes System im Körper sei so kalibriert, dass es spezielle emotionale und psychologische Energien aufnehmen und verarbeiten könne. Das heißt, dass jeder Bereich des Körpers die Energie mit einer bestimmten Frequenz übermittle, und wenn wir gesund seien, funktioniere die Abstimmung. Ein Körperbereich, der nicht die normale Frequenz einhalte, zeige damit an, wo das Problem liege.

Die Chakren und der Zustand des Lichtkörpers sind Hinweis darauf, was in uns vor sich geht – wie gesund wir sind, wie stark die widerstreitenden Kräfte in uns sind und wie dauerhaft unsere Verbindung zum geistig-seelischen Bereich ist.

Was passiert, wenn wir mit Breathwalk die spirituelle Dimension stärken und unseren Lichtkörpers heller leuchten lassen wollen? Mit Breathwalk bringen wir die Energie in den Chakren zum Fließen. Körper und Geist werden auf die spirituelle Dimension eingestimmt. Unser Bewusstsein wird durch die Auflösung von Energieblockaden gestärkt. Die Urklangsequenzen lösen Verfestigungen in den Chakren auf, während die spezifischen Atemübungen die Aura erweitern und die Energie entlang der Meridiane frei fließen lassen. Die Urklänge in ihren vielfältigen Kombinationen legen das im Lichtkörper und in der Psyche vorhandene Potenzial offen.

Der Prozess verläuft allmählich und stetig. Mit jedem Schritt wird etwas mehr Energie freigesetzt, bewegt sich die Energie in den Chakren freier und die Chakren leuchten etwas stärker. Mit jedem Schritt hören Sie deutlicher, was Ihre Seele zum Ausdruck bringen möchte, um Sie Ihrer wahren Bestimmung entgegenzuführen.

Gehen mit der Kraft der Spiritualität

Wir sind nicht die Ersten, die *gehen*, um Gesundheit und Wohlbefinden zu fördern und sich inspirieren zu lassen. Wir setzen nur fort, was Millionen Menschen seit Beginn der Überlieferung und wahrscheinlich schon früher getan haben. Wir möchten Sie inspirieren, indem wir Ihnen von den erstaunlichen Anstrengungen anderer Menschen aus vielen Jahrhunderten berichten, die durch das Gehen ihr Herz geöffnet, ihr Potenzial ausgeschöpft und die spirituelle Dimension erreicht haben.

Gehen und spirituelle Dimension gehören zusammen. Jede Art von Gehen war immer eine Aktivität für Geist und Seele. Es reinigt den Geist, löst emotionale Stürme auf, hebt unsere Stimmung und verbindet uns wieder mit der Natur.

Gehen bringt uns wieder in Berührung mit der menschlichen Vorstellung von der Zeit. Es eröffnet unserem Denken eine Perspektive. Gehen schafft den Raum, in dem wir Körper und Geist sammeln, bis wir wirklich bewusst und achtsam sind. Erst dann können wir die positiven geistigen Kräfte nutzen und uns mit den dringenden und manchmal unverständlichen Botschaften auseinander setzen, die uns auffordern, uns zu ändern.

Über Tausende von Jahren haben spirituelle Führer und Heilige, die in der Welt lebten, das Gehen auf erstaunliche Weise eingesetzt. Diese spirituellen Meister und ihre Schüler haben den Weg für uns geebnet, damit auch wir unser Leben um die spirituelle Dimension erweitern. Die Praxis dieser Meister ist Inspiration für uns heute. Es ist jedoch nicht nötig, dass wir ihre vielleicht entmutigende Disziplin und Strenge übernehmen. Wir können fast die gleiche Wirkung erzielen und ihre besten Eigenschaften erwerben, wenn wir Breathwalk praktizieren. Breathwalks können dazu dienen, Mut, Disziplin, heilende Kräfte und spirituelles Bewusstsein zu entwickeln.

Das „Feuerlaufen"

In vielen Kulturen haben einige Menschen – gewöhnlich Priester, Heiler oder Krieger – die Praxis des Feuerlaufens entwickelt. Für gewöhnlich bereiteten sie sich vor, indem sie ihren inneren Zustand durch Gebet, Reinigung oder Gruppenübungen veränderten. Und dann liefen sie etwa drei bis fünf Meter weit über glühende Kohlen, ohne sich zu verletzen. Der Sinn der Übung stand in keinem Zusammenhang mit dem Feuer oder den heißen Kohlen, es ging nur um die Angst. Es ging um Glaubenssätze. Es ging um unsere Fähigkeit, die Hindernisse im Leben zu überwinden, die wir durch die Angst in unserem Geist aufbauen.

Stellen Sie sich nur vor, was Ihr Geist alles vorbringen würde, wenn Sie selbst vor einer Schicht mit glühenden Kohlen stünden. Sie riechen den Geruch des brennenden Holzes. Sie fühlen die heiße Luft um Ihre Beine und in Ihrem Gesicht. Sie beobachten, wie ein fallendes Blatt zwischen den knisternden Kohlen umgehend in Asche verwandelt wird. Und Sie werden dann darübergehen? Zweifel, Ängste und die Selbsterforschung, wie Sie bloß an diesen Punkt gelangen konnten, sind da ganz natürlich.

Stellen Sie sich dagegen vor, dass Sie tief nach innen gehen und Ruhe, Freude und Besonnenheit aufbieten. Sie sind bereit für alles, was kommen mag. Und wenn Sie das hier schaffen, gelingt Ihnen das auch bei anderen Dingen. Sie begeben sich jenseits der Angst und haben neue Wahlmöglichkeiten. Die Fähigkeit, Entscheidungen zu fällen, ohne automatisch mit Angst zu reagieren, ist Voraussetzung für Führungspositionen und ein außergewöhnliches Leben. Haben Sie dann Aufgaben vor sich, an denen Sie sich die Finger verbrennen könnten, dann sind Sie in der Lage zu handeln – unterstützt von dem Gefühl, dass Sie vorwärtsgehen müssen. Wenn wir es schaffen, unsere Ängste zu überwinden, beseitigen wir damit Einschränkungen, wir öffnen uns und nähern uns an unser spirituelles Bewusstsein an.

Die buddhistischen „Marathon-Mönche" des Berges Hiei

Ende des 9. Jahrhunderts entwickelten Anhänger des Tendai-Buddhismus in Japan eine Praxis, die mörderisch und zugleich faszinierend ist. Die Mönche liefen einen Marathon, um sich zu reinigen. Die Strecken waren zwischen 30 und 80 Kilometer lang und wurden ohne Pausen und mit nur wenig Nahrung zurückgelegt. Die Mönche lernten, an mehr als

255 geheiligten Orten jeweils für etwa eine Minute anzuhalten, bestimmte Meditationen auszuführen und für die Ahnen zu beten – zur Reinigung und zum Wohl aller Menschen. Bei einem solchen Marathon trugen die Schüler Gebete vor, überwanden viele tausend Stufen, erklommen steile Berghänge, litten bei verschiedenen Wetterlagen in ihrer traditionell spärlichen Bekleidung und bewahrten bei jedem Schritt ihre meditative Haltung.

Die Teilnahme an diesem Marathon war eine große Ehre. Die Schüler mussten sich körperlich, mental und spirituell qualifizieren. Die Aufgabe selbst wurde zu einer Erfahrung der Transformation, die Läufer ließen alle Bindungen hinter sich und mussten sich ganz einfach der Realität anpassen.

Nachdem die Mönche sich genügend vorbereitet hatten, machten sie 100 Tage lang täglich den gleichen Marathon. Nach ihren Aussagen war es nicht so schwierig, wenig zu essen oder sich körperlich anzustrengen; am schwierigsten war es, immer die richtige Haltung einzunehmen: den Kopf in Balance und aufrecht, den Blick leicht nach vorne gerichtet. Sie mussten unabhängig von den Wegverhältnissen und bei jedem Wetter ihre Aufmerksamkeit, Achtsamkeit und Balance beibehalten. Bestanden sie die Prüfungen, begann ein hartes Training von sieben Jahren, zu dem dann ein Marathon von 1000 Tagen gehörte.

Um den Marathon zu bewältigen, mussten sie sich die Geheimnisse von Atem und Rhythmus aneignen – so wie *Sie* die Geheimnisse des Breathwalking erlernen werden, allerdings mit leichteren, angenehmen Übungen.

Was gewannen diese Mönche (bzw. Anwärter) durch ihr strenges Training? Alle Berichte sprechen von einer unglaublichen geistigen Klarheit, von Sensibilität und Leuchtkraft. Ihre Augen leuchteten so hell, dass man den Mönchen nachsagte, sie könnten andere Menschen nur durch einen Blick heilen. Sie wurden mitfühlend, demütig und aktiv, sie lebten die Freude am Leben. Sie unterwarfen sich der Tortur der Transformation, um zu beweisen, dass sie im Jetzt ein spirituelles Leben führen konnten und in der Lage waren, kleinliche Ängste und Bindungen hinter sich zu lassen. Und sie stärkten mit diesem Training ihr Vertrauen in ihre eigene innere Stärke. Nicht die Schwierigkeit der Aufgabe ist entscheidend für die Transformation. Es ist vielmehr die für die Aufgabe nötige intensive Aufmerksamkeit, die eine derart tiefgreifende Transformation bewirkt.

Die tibetischen „Windläufer"

Im alten Tibet, zu einer Zeit, als dieses Gebiet noch sozusagen als die „spirituelle Universität" auf dem Dach der Welt galt, mussten die Menschen sich über sehr weite Entfernungen und zerklüftete Gebiete hinweg verständigen. Viele der ersten Forscher berichteten über die berühmten *lung-gom-pa*-Läufer. Sie flogen wie vom Wind getragen über die Erde. Sie legten in zwei oder drei Tagen ohne Pausen über 300 Kilometer zurück. Sie kamen schneller voran als Pferde und schienen fast schwerelos über den Boden zu gleiten. Für die Ausbildung in dieser Tradition mussten sich zukünftige Windläufer erst qualifizieren: Sie mussten in der Lage sein, still zu sitzen und zu visualisieren, ihren Atem zu steuern und sich zu konzentrieren.

Danach erhielten die Anwärter ein Training in *traatik*, einer besonderen Form der Meditation, bei der sie die Augen starr auf ein Objekt gerichtet hielten (etwa auf die Nasenspitze, eine geometrische Figur oder einen Stern). Sie blendeten alle sonstigen Ablenkungen aus und überließen sich dem Rhythmus ihrer Atmung. Außerdem verwendeten die Windläufer geheime Mantras. Alle diese Techniken gehörten zu ihrem Lauftraining.

Ihr Ziel war jedoch das gleiche wir bei anderen Mönchen: Sie wollten bescheiden leben und alle Lasten freudig tragen. Und das erreichten sie, indem sie die Geheimnisse des Atems und des leeren Geistes durch die Meditation kultivierten – so wie Sie das durch die Innerwalks lernen können.

Die Reisen des verehrten Guru Nanak

Guru Nanak (1469–1539) war der Begründer der Gemeinschaft der Sikhs, der auch wir, die Autoren dieses Buches, angehören. Er lehrte Bescheidenheit, Dienen und Meditation über Gott und die *Naam*, die heiligen Namen Gottes – und er lebte das auch selbst vor. Er unternahm mehrere lange Reisen durch ganz Indien, nach China und Burma und schließlich bis nach Mekka. Er war mit dem treuen Sänger Mardana unterwegs und verbreitete seine Lehre durch Gedichte, Lieder, Meditation und Heilungen. Auch bei anderen Glaubensrichtungen fand er Anerkennung für seine Leuchtkraft und seine Präsenz.

Während er die vielen tausend Kilometer lief, meditierte er mit den Namen für Gott und mit den Urklängen. Er nannte diese Praxis *charan jappa* – meditative Wiederholung eines Mantras mit den Füßen. Jedermann war willkommen, sich ihm anzuschließen. Wenn er heilte und seine Gedanken verbreitete, forderte er andere Menschen dazu auf, sich zu vervollkommnen – das Göttliche in jedem Menschen zu sehen, egal welcher Gesellschaftsschicht oder Religion er angehörte. Er war ein Meister in der Anwendung der Urklänge und der Atemrhythmen. Jedes seiner Worte besaß heilende Wirkung.

Besonders gerne praktizierte er das, was wir als Breathwalk mit Namen „Die Taube" bezeichnen: Einatmen und Ausatmen mit jeweils acht Schritten; dazu sprach er den Urklang SAT-KARTAR. (Das bedeutet so viel wie: „Der einzig Wahre, der der wahre Schöpfer von allem ist.") Bei *einem* Schritt rezitierte er SAT, beim nächsten KATAR. Diese Art zu Gehen entspannt, macht offen und demütig und macht dem Menschen bewusst, dass er in der Hand Gottes ist.

In der Tradition der Sikhs folgten auf Nanak neun weitere Lehrer oder Gurus. Der letzte war Guru Gobind Singh, ein Dichter, Sprachkundiger, Krieger, Heiler und berühmter Führer. Er musste Soldaten trainieren, damit sie seine Anhänger und andere Gruppen, die ohne Schutz waren, vor der Verfolgung durch die Moguln (orientalische Herrscher) beschützten. Mit Hilfe des Yoga, körperlichen Trainings und anderer Techniken wie Breathwalk formte er aus einfachen Menschen eine Truppe, die erstaunliche Ausdauer besaß.

Sie liefen kilometerweit unermüdlich neben ihren Pferden her. Sie konnten zwölf Stunden mit ihren Schwertern kämpfen, die bis zu acht Kilogramm wogen – ohne zu ermüden. Alle liefen täglich nicht unter acht Kilometer, um ihre Ausdauer zu trainieren, und alle lernten, auf ihre spirituellen Kräfte zu bauen, um unbesiegbare Vitalität zu erlangen.

Gehen als spirituelle Suche nach dem Sinn

Der Drang nach geistig-seelischer Verwirklichung war in jeder Kultur der Ausgangspunkt für die Tradition des spirituell ausgerichteten Gehens. Die Ureinwohner Amerikas hatten eine Praktik, die als *vision walk* bezeichnet wurde – sie suchten die Verbindung zu ihren inneren spirituellen Führern. Ein Tag (oder auch viele Tage) wurde mit Reinigungsritualen und Meditation verbracht, häufig in der Einsamkeit. Gehen in geweihten Bereichen draußen in der Natur ist Teil der Transformation. In vielen Traditionen ist meditatives Gehen Teil der Ausbildung zum Schamanen. Ein Mensch, der sich im entsprechenden geistigen Zustand und in der richtigen Stimmung befindet, nimmt aus der Umgebung Hinweise auf, die für die Kunst des Heilens nötig sind. Pilger folgen über Hunderte von Kilometern den Wegen, die ein Heiliger vor ihnen zurückgelegt hat. Zum Beispiel sind bereits Millionen von Pilgern auf dem Jakobsweg die 800 Kilometer von der französischen Grenze nach Nordspanien zum Grab des Hl. Jakobus gepilgert.

Viele Jahrhunderte lang waren derartige Techniken streng gehütete Geheimnisse. Sie waren zu revolutionär, um unter den autokratischen Systemen öffentlich verbreitet zu werden. Nur herausragende Yogis, Heiler und spirituell Suchende in verschiedenen Traditionen wussten davon, der Durchschnittsbürger war unwissend. Menschen, die in der Vergangenheit etwas Derartiges über Spiritualität erfahren wollten, mussten unendliche Opfer und Mühen auf sich nehmen.

Wir sind jetzt an der Schwelle eines Zeitalters der Globalität, für das Bewusstheit und Spiritualität außerordentlich wichtig sind. Die neue Zeit bringt in schneller Folge Veränderungen mit sich, direkte Kommunikation zwischen den Menschen, viele verschiedene Überzeugungen und Herausforderungen. Um dazwischen bestehen zu können, müssen wir Wege finden, um immer wieder ohne viel Aufwand zu unserem Zentrum zurückzufinden: bei einem kurzen Lauf oder auch während des normalen Tagesablaufs mit Arbeit, Hausarbeit und Freizeit. Breathwalk und viele andere wirkungsvolle Techniken sind inzwischen allgemein verbreitet. Diese Techniken sind unser Erbe. Sie sind wichtige Werkzeuge, um gute Leistungen erbringen zu können und dieses kommende Zeitalter der Menschlichkeit zu genießen.

Heute beteiligen sich viele Menschen an Marathonläufen, um auf *Probleme* aufmerksam zu machen: gegen den Hunger auf der Welt, gegen AIDS, für Krebskranke, für den Frieden und viele andere Ziele. Einzelne Menschen haben Tausende von Kilometern zurückgelegt, um Geld zu sammeln oder auf ihr Anliegen aufmerksam zu machen. Wir laufen auch, um uns selbst oder andere zu inspirieren. Gehen und Laufen sind allgegenwärtig – nicht nur in weit entfernten Ländern oder in der Vergangenheit. Auch wenn Sie es noch nie ausprobiert haben: Fangen Sie jetzt an, andere und sich selbst zu begeistern. Gehen Sie mit anderen zusammen und teilen Sie den Atem des Lebens mit ihnen.

Fangen Sie langsam an. Praktizieren Sie Breathwalk alleine, mit Ihrem Partner oder in einer Gruppe. Es ist Zeit für die Erkenntnis, dass Sie nur durch eigenes Erleben lernen. Es ist an der Zeit, dass Sie spüren, wie die Motivation und die Energie durch jede Faser Ihres Körpers in jede einzelne Zelle gelangen. Diese Erfahrung wird Sie aufrichten und stützen und sie wird Ihnen helfen, sich gut zu fühlen.

Wenn Sie die Sprache der Energie, wie sie dem Breathwalk eingeprägt ist, üben und praktizieren, werden Sie vor Vitalität strahlen. Und dieses Strahlen wird auf andere anziehend wirken. Ein Strahlen, das im Universum als Präsenz wahrgenommen wird. Ein Strahlen, das Sie zu Ihrem spirituellen Selbst, seinen Erkenntnissen und seiner Vitalität finden lässt, mit deren Hilfe Sie den Weg zu Erfüllung, Freude und Gesundheit finden.

Die wichtigsten Punkte im Überblick

- Die drei Haltungen: Wir haben immer die Wahl. Wir besitzen alles, was wir brauchen, um wählen zu können. Wir sind spirituelle Wesen und haben die Aufgabe, als Menschen Erfahrungen zu sammeln.
- Die geistig-seelische Dimension ist genauso real wie der Körper und verfügt energetisch über die gleichen Eigenschaften wie die Elektrizität – wenn wir nur ihr freies Fließen zulassen. Die Aura, die wir projizieren (beziehungsweise unser Lichtkörper), ist ein sichtbares Zeichen für den Zustand von Seele und Geist.
- Die Chakren sind Energiezentren im Körper, die über die Meridiane miteinander verbunden sind. Wenn die Chakren frei beweglich sind und sich selbst regulieren können, vergrößert sich nicht nur unser Lichtkörper, sondern auch unser Energieniveau und unsere mentale Vitalität werden gesteigert.
- Die Breathwalks beseitigen Blockaden, öffnen die Chakren für den Energiestrom und erschließen damit das unerschlossene Potenzial von Körper und Psyche.
- Das Gehen haben die Menschen seit Urzeiten genutzt, um auf natürliche Weise die Verbindung zu Geist und Seele zu finden. Unsere Vorfahren haben große Leistungen vollbracht und sind mit ihren inspirierenden Geschichten in unserer Erinnerung lebendig.

Kapitel 13

Die 16 Breathwalk®-Programme

Nachfolgend werden für jedes unserer *16 Breathwalk-Programme* zunächst die *5 Schritte*, aus denen sie bestehen, übersichtlich aufgeführt, sodass Sie diese leicht überblicken und ausführen können. Die genauere Darstellung der *12 Aufweckübungen* folgt in Kapitel 14, danach die detaillierte Anleitung zu den *11 Atem- und Schrittmustern* (Kapitel 15). Wie die Breathwalk-Programme insgesamt sind auch die Aufweckübungen und die Atem- und Schrittmuster durchnummeriert – damit Sie sie leichter finden und wiedererkennen. Für die vollständige Beschreibung der *Innerwalks* blättern Sie bitte zurück zu Kapitel 9. Viel Spaß!

Wichtiger Hinweis

Unsere nachfolgenden Anleitungen und Empfehlungen sind kein Ersatz für einen Besuch beim Arzt oder Psychologen – sie dienen der Gesundheits*vorsorge*. Wenn Sie ernste Symptome nicht beachten oder sich nicht regelmäßig untersuchen lassen, können Sie damit Ihrer Gesundheit schaden.

Bevor Sie irgendeine Art von Training beginnen, sollten Sie grundsätzlich Ihren Arzt befragen. Treten nach den Atemübungen oder nach sonstigen Übungen unangenehme Symptome auf, sollten Sie ebenfalls Ihren Arzt aufsuchen. Machen Sie nicht einfach weiter, sondern holen Sie sich bei etwaigen Beschwerden fachkundigen Rat. Unsere Anleitungen sind kein Ersatz für die Untersuchung und Diagnose durch einen professionellen Therapeuten, der Sie persönlich kennt.

Programm 1

Schneller Energieschub

Wenn Sie einen Tag voller anstrengender Termine haben und zwischendurch müde und „abwesend“ sind, wirkt diese Übung wie ein Zauberstab. Sie haben nur wenig Zeit und noch viel zu erledigen? Wählen Sie dieses Breathwalk-Programm, wenn Sie Körper und Geist, die wegen Energiemangel müde geworden sind, wach rütteln wollen. Sie wollen sich wieder konzentrieren und neue Dinge in Angriff nehmen? Die hier vorgeschlagenen Aufweckübungen verleihen Ihnen Stärke und aktivieren Ihren Leistungsinstinkt. Außerdem werden Ihre Nerven gestärkt und die sexuelle Energie gesteigert. Der Breathwalk „Der Falke“ macht Sie fit für mentale oder körperliche Aktivitäten und stärkt Selbstvertrauen, Optimismus und Motivation. Viele Geschäftsleute und Künstler bereiten sich mit diesem Breathwalk auf eine Präsentation vor.

☞

1. Aufwecken 3: Potenz und Hingabe
2. Ausrichten: Überprüfen Sie Ihre Schrittgeschwindigkeit und Ihre Körperhaltung.
3. Atemmuster 3: Der Falke (unterteilte Atmung 8 : 4)

Dynamische Intervalle

Erstes Intervall	Der Falke	3 Minuten
	Normale Atmung	2 Minuten
Zweites Intervall	Der Falke	5 Minuten
	Normale Atmung	2 Minuten
Drittes Intervall	Der Falke	7 Minuten
	Normale Atmung	2 Minuten

4. Balancieren: Verlangsamen Sie Ihre Schritte und verändern Sie dabei für 2 Minuten Ihren Fokus. Schließen Sie eine Dreifachdehnung an.
5. Innerwalk: Die Sinne ausdehnen

Programm 2

Energiereserven regenerieren

Häufig stehen wir vor Anforderungen, die unsere Aufmerksamkeit und Energie für einen längeren Zeitraum beanspruchen. Wenn wir genügend Energie zur Verfügung haben, bleiben wir auf Kurs, behalten die Übersicht und steuern entschlossen auf unser Ziel zu. Aber viele Eltern beispielsweise haben das Gefühl, dass sie ständig überall gleichzeitig sind und irgendwelche Brandherde löschen, dass sie dabei aber vergessen, was sie eigentlich tun wollten, und am Ende gereizt sind. Dieses Programm baut Energiereserven auf und macht den Geist ausgeglichen. Es nimmt den Druck von Ihren Schultern und lässt die Wirbelsäule flexibler werden.

Wenn Sie mehr dynamische Intervalle praktizieren und deren Dauer zusätzlich verlängern, weichen die Gefühle von Gereiztheit, Pessimismus und Zerstreutheit und an ihre Stelle treten Ruhe, Offenheit und Klarheit.

1. Aufwecken 1: Vorbereitung auf das Gehen
2. Ausrichten: Überprüfen Sie Ihre Schrittgeschwindigkeit und Ihre Körperhaltung.
3. Atemmuster 1: Der Adler (unterteilte Atmung 4 : 4)

Dynamische Intervalle

Erstes Intervall	Der Adler	3 Minuten
	Normale Atmung	5 Minuten
Zweites und drittes Intervall	Wiederholung des ersten Intervalls	

4. a) Balancieren: Verlangsamen Sie Ihre Schritte und verändern Sie dabei für 2 Minuten Ihren Fokus. Schließen Sie eine Dreifachdehnung an.
   b) Aufwecken 2: Ausgleich für Hüfte und Wirbelsäule
5. Innerwalk: Die Sinne ausdehnen

Programm 3

Zerstreute Energien sammeln

Wir verfügen manchmal über ausreichend Energie, die sich jedoch so verteilt, dass wir sie nicht nutzen können. Wir halten sie etwa in Verspannungen blockiert, wenn zum Beispiel einer unserer Teile gegen einen anderen kämpft. Wir streben dann vielleicht in eine bestimmte Richtung und *zugleich* in die Gegenrichtung. Wir sind vom Gefühl her bereit, jemandem zu vertrauen, und wollen gleichzeitig weglaufen. Stellen Sie sich also vor, wie Sie beim Gehen jeden dieser Energiepools freigeben, die dann in Hunderten von kleinen Bächlein zu einer großen, gleichmäßigen Welle zusammenfließen, die Sie trägt und unterstützt. Das Programm befreit blockierte Energien und Gefühle. Es ersetzt Traurigkeit durch innere Stärke, Zuversicht und Befriedigung. Sie spüren, wie der Kreislauf auch jene Bereiche versorgt, die vorher angespannt waren: Sie fühlen eine neue Intensität und Kraft. Im Unterschied zu Programm 1, das Ihre Energie schnell und gezielt aufbaut, steigt der Energiepegel hier langsam an, bis Sie in der Lage sind, die Energie gleichmäßig zu nutzen.

1. **Aufwecken 11: Loslassen**
2. **Ausrichten: Überprüfen Sie Ihre Schrittgeschwindigkeit und Ihre Körperhaltung.**
3. **Atemmuster 6: Der Gepard (vollständige Atmung 8 : 4)**

Dynamische Intervalle

Erstes Intervall	Gepard	5 Minuten
	Normale Atmung	3 Minuten
Zweites Intervall	Gepard	10 Minuten
	Normale Atmung	3 Minuten

4. **Balancieren: Verlangsamen Sie Ihre Schritte und verändern Sie dabei für 2 Minuten Ihren Fokus. Schließen Sie eine Dreifachdehnung an.**
5. **Innerwalk: Die Sinne ausdehnen**

Programm 4

Von Angst zu innerer Gelassenheit

Angst ist ein weit verbreitetes Gefühl. Sie kommt beinahe unbemerkt, auf leisen Pfoten. Und gelegentlich wächst sie sich zu einer großen Welle aus und fesselt unsere Aufmerksamkeit wie das Gebrüll eines Löwen – in einer ausgewachsenen Panikattacke. In den meisten Fällen befinden wir uns jedoch irgendwo zwischen diesen beiden Extremen, wir verspüren immer wieder einmal Angst, aber sie lähmt uns nicht. Solche Ängste verursachen innerlich Unruhe und „Lärm“ und beeinträchtigen unsere Konzentration.

Das ist so, wie wenn wir einen Vortrag halten sollen und ein Freund nimmt als kritischer Zuhörer in der hinteren Reihe Platz. Unter Umständen werden wir so nervös, dass wir den Faden verlieren.

Wir können inmitten der Angst unsere innere Ruhe finden. Wir mögen zwar etwas nervös sein, aber die Angst bringt uns nicht aus dem Konzept. Und wir finden zu unserer natürlichen Ausdruckskraft, die sich immer dann einstellt, wenn wir das Gefühl haben, eine Situation zu meistern.

☞ 1. **Aufwecken 4: Entspannen und zentrieren**
2. **Ausrichten: Überprüfen Sie Ihre Schrittgeschwindigkeit und Ihre Körperhaltung.**
3. **Atemmuster 1: Der Adler (unterteilte Atmung 4 : 4)**

Dynamische Intervalle

Erstes Intervall	Der Adler	3 Minuten
	Normale Atmung	5 Minuten
Zweites Intervall	Der Adler	5 Minuten
	Normale Atmung	3 Minuten
Drittes Intervall	Der Adler	10 Minuten
	Normale Atmung	1 Minute

4. **Balancieren: Verlangsamen Sie Ihre Schritte und verändern Sie dabei für 2 Minuten Ihren Fokus. Schließen Sie eine Dreifachdehnung an.**
5. **Innerwalk: Die Sinne ausdehnen**

Programm 5

Von Depression zu Klarheit und Verbundenheit

Auch wenn wir normalerweise ausgeglichen sind, können wir vorübergehend an einer Depression leiden. Depressionen kommen und gehen, und manchmal erfahren wir durch sie wichtige Dinge über uns selbst. Dauern sie jedoch sehr lange; ohne dass wir die Ursache erkennen, so sinkt unser Energievorrat drastisch und wir fühlen uns von allem abgeschnitten, was uns wichtig ist. Als Erstes leiden meist unsere Beziehungen. Wir fühlen uns isoliert und einsam, unabhängig davon, wie viele Menschen um uns sind, die wir lieben und die sich um uns sorgen.

Wir verlieren jegliche Motivation und sehen keine Zukunft mehr. Stattdessen werten wir uns in unseren inneren Dialogen ab und üben Kritik an allem, was wir tun. Wir brauchen eine starke Verbindung zu unserer Zukunft, unseren Träumen und unserer Bestimmung. Es ist wichtig, dass wir es schaffen, aus dieser Stimmung herauszufinden. Eine länger anhaltende Depression schadet unserer Gesundheit und kann unser geistig-seelisches Potenzial blockieren.

Dieses Breathwalk-Programm 5 hat bereits Tausenden geholfen, ihre Depressionen zu lindern, das Notwendige daraus zu lernen und sich für *die* Gefühle zu entscheiden, die die notwendigen Ressourcen bieten.

1. **Aufwecken 7: Bessere Stimmung**
2. **Ausrichten: Überprüfen Sie Ihre Schrittgeschwindigkeit und Ihre Körperhaltung.**
3. **Atemmuster 8: Der glückselige Adler (unterteilte Atmung 4 : 4, gehauchtes Flüstern. Ausführliche Erklärung dazu: S. 267)**

Dynamische Intervalle

Erstes Intervall	Der glückselige Adler	5 Minuten
	Normale Atmung	3 Minuten
Zweites Intervall	Der glückselige Adler	10 Minuten
	Normale Atmung	3 Minuten

Drittes Intervall	Der glückselige Adler	5 Minuten
	Normale Atmung	1 Minute

4. a) Balancieren: Verlangsamen Sie Ihre Schritte und verändern Sie dabei für 2 Minuten Ihren Fokus.
   b) Feueratem durch das rechte Nasenloch, 3 Minuten (siehe Kapitel 3, S. 82)
5. Innerwalk: Den Atem führen, 2 bis 3 Minuten

Programm 6

Von zerstreut, geschäftig und hyperaktiv zu aufnahmefähig, zugänglich und zugewandt

Faxe, Telefonanrufe, E-Mails, Werbung, Briefe, Kurzbesucher, Listen mit unzähligen Aufträgen und was sonst noch anfällt –, all das kann uns das Gefühl geben, als wären wir ringsum von nervtötendem Ungeziefer umgeben. Da kann unser Lauf noch so schön sein, trotzdem fällt es uns schwer, unsere gute Stimmung zu behalten und zufrieden zu sein mit dem, was wir tun.

Wirkliches Vergnügen lässt sich erst erreichen, wenn wir entspannt und präsent sind und uns nicht ablenken lassen. Eine Zusammenkunft ist dann erfolgreich, wenn wir aufnahmefähig werden und das Gefühl beiseiteschieben, wir müssten eigentlich an vielen Orten gleichzeitig sein. Wenn wir schnell und einfach aus diesem Zustand herausfinden, können wir besser kommunizieren, besser den Kontakt zu anderen aufnehmen und besser im Team arbeiten.

☞

1. **Aufwecken 10: Präsent sein**
2. **Ausrichten: Überprüfen Sie Ihre Schrittgeschwindigkeit und Ihre Körperhaltung.**
3. **Atemmuster 1: Der Adler (unterteilte Atmung 4 : 4)**
   und
   Atemmuster 2: Die Taube (unterteilte Atmung 8 : 8)

Dynamische Intervalle

Erstes Intervall	Der Adler	5 Minuten
	Normale Atmung	3 Minuten
Zweites Intervall	Die Taube	5 Minuten
	Normale Atmung	2 Minuten
Drittes Intervall	Die Taube	10 Minuten
	Normale Atmung	3 Minuten

4. **Balancieren: Verlangsamen Sie Ihre Schritte und verändern Sie dabei für 2 Minuten Ihren Fokus. Schließen Sie eine Dreifachdehnung an.**
5. **Innerwalk: Spiel's noch einmal**

Programm 7

Von zweifelnd und lethargisch zu motiviert und bereit

Das Leben ist so atemberaubend und abwechslungsreich, dass es kaum glaublich erscheint, wie sich manche Menschen durch ihre Lethargie und Langeweile lähmen lassen oder sich von einer Flut von Zweifeln davon abhalten lassen, irgendetwas zu unternehmen. Und dennoch ist das der Fall. Wenn wir dem Zweifel erliegen und zögern, weil wir auf etwas von „da draußen" warten, was uns rettet und für unsere Unterhaltung sorgt, dann sind wir selbst die Quelle für die Zweifel und die Lethargie und die damit einhergehenden Probleme.

Wir müssen uns motivieren, uns konzentrieren und einen Satz nach vorne machen. In solchen Momenten können wir auf unsere inneren Ressourcen zurückgreifen und für innere und äußere Veränderungen sorgen. Wir verfügen in unserem Inneren über einen Vorrat an Freude. Wir sollten die Trägheit abschütteln und diese Freude hervorholen. Programm 7 stößt zu diesem Vorrat durch und gibt Ihnen die Kraft und Zuversicht, vorwärtszugehen.

1. **Aufwecken 8: Reine Freude**
2. **Ausrichten: Überprüfen Sie Ihre Schrittgeschwindigkeit und Ihre Körperhaltung.**
3. **Atemmuster 3: Der Falke (unterteilte Atmung 8 : 4)**

Dynamische Intervalle

Erstes Intervall	Der Falke	3 Minuten
	Normale Atmung	2 Minuten
Zweites Intervall	Der Falke	5 Minuten
	Normale Atmung	2 Minuten
Drittes Intervall	Der Falke	7 Minuten
	Normale Atmung	1 Minute

4. **Balancieren: Verlangsamen Sie Ihre Schritte und verändern Sie dabei für 2 Minuten Ihren Fokus. Schließen Sie eine Dreifachdehnung an.**
5. **Innerwalk: Die Sinne sammeln**

Programm 8

Geistige Klarheit

Die geistige Klarheit, die Sie mit diesem Programm erreichen können, setzt sich zusammen aus Wachheit, tiefer innerer Ruhe, lebendiger Achtsamkeit und Präsenz. Wir weiten die Lunge und regen den Kreislauf an. Der „Adler" bringt dann waches Bewusstsein und eine positive Stimmung. Wir machen mit dem „Tiger" weiter, der uns stärkt und beruhigt und uns hilft, Angst oder Ablenkungen beiseitezulassen.

Programm 8 praktizieren Sie dann, wenn Sie eine Situation durchschauen wollen, wenn Sie Offenheit, Weitblick und eine besondere Sensibilität brauchen.

1. **Aufwecken 10: Präsent sein**
2. **Ausrichten: Überprüfen Sie Ihre Schrittgeschwindigkeit und Ihre Körperhaltung.**
3. **Atemmuster 1: Der Adler (unterteilte Atmung 4 : 4)**

   und

   Atemmuster 5: Der Tiger (vollständige Atmung 8 : 8)

Dynamische Intervalle

Erstes Intervall	Der Adler	3 Minuten
	Normale Atmung	2 Minuten
Zweites Intervall	Der Adler	5 Minuten
	Normale Atmung	3 Minuten
Drittes Intervall	Der Tiger	5 Minuten
	Normale Atmung	3 Minuten

4. **Balancieren: Verlangsamen Sie Ihre Schritte und verändern Sie dabei für 2 Minuten Ihren Fokus. Schließen Sie eine Dreifachdehnung an.**
5. **Innerwalk: Spiel's noch einmal**

Programm 9

Intuition

Wir alle haben Bedarf für Intuition. Durch sie erfahren wir Dinge, die außerhalb des Bereichs unserer normalen Aufmerksamkeit liegen, die wir aber dennoch „wissen". Dank unserer Intuition können wir unser Wissen und langjährige Erfahrungen auf neue Situationen übertragen. Wir spüren aufgrund vager Hinweise, dass Gefahr droht, und können für unsere Sicherheit sorgen. Häufig betrachten wir viele Dinge nur klischeehaft, weil wir sie in unserem Denken in Kategorien eingeordnet haben und nicht mehr genau hinschauen. Intuition hilft uns, die Dinge so zu sehen, wie sie wirklich sind – in ihrer Einzigartigkeit.

1. Aufwecken 9: Intuitiv richtig
2. Ausrichten: Überprüfen Sie Ihre Schrittgeschwindigkeit und Ihre Körperhaltung.
3. Atemmuster 3: Der Tiger (vollständige Atmung 8 : 8)

   und

   Atemmuster 8: Der glückselige Adler (unterteilte Atmung 4 : 4 / gehauchtes Flüstern)

Dynamische Intervalle

Erstes Intervall	Der Tiger	3 Minuten
	Normale Atmung	2 Minuten
Zweites Intervall	Der Tiger	5 Minuten
	Normale Atmung	3 Minuten
Drittes Intervall	Der glückselige Adler	10 Minuten
	Normale Atmung	3 Minuten

4. Balancieren: Verlangsamen Sie Ihre Schritte und verändern Sie dabei für 2 Minuten Ihren Fokus. Schließen Sie eine Dreifachdehnung an.
5. Innerwalk: Die Sinne ausdehnen

Programm 10

Fokus

Unser Geist lässt uns in die Falle von Angst, Traurigkeit und Sorge geraten, weil er unseren Blick zu nahe an einer Sache oder in weiter Entfernung davon konzentriert. Wenn wir beim Breathwalk unseren Fokus nach den dynamischen Intervallen verändern, trainieren wir unsere Fähigkeit des Fokussierens und lassen gedankliche Szenarien los, die uns gefangen halten. Mit einer Veränderung des Fokus leiten wir eine neue Offenheit ein. Wie oft hatten Sie schon ein Problem, das Ihnen wie ein unüberwindlicher Berg erschien? Und dann war nur eine einzige Information oder ein Gedanke nötig und das Problem war nur noch ein kleines. Mit diesem Programm liegt der Fokus wieder bei Ihnen und nicht bei Ihren Problemen.

1. Aufwecken 5: Neue Lunge
2. Ausrichten: Überprüfen Sie Ihre Schrittgeschwindigkeit und Ihre Körperhaltung.
3. Atemmuster 3: Der Falke (unterteilte Atmung 8 : 4)
   und
   Atemmuster 2: Die Taube (unterteilte Atmung 8 : 8)

Dynamische Intervalle

Erstes Intervall	Der Falke	3 Minuten
	Normale Atmung	2 Minuten
Zweites Intervall	Wiederholen des ersten Intervalls	
Drittes Intervall	Die Taube	5 Minuten
	Normale Atmung	2 Minuten
Viertes Intervall	Der Falke	5 Minuten
	Normale Atmung	3 Minuten

4. Balancieren: Verlangsamen Sie Ihre Schritte und verändern Sie dabei für 2 Minuten Ihren Fokus. Schließen Sie eine Dreifachdehnung an.
5. Innerwalk: Spiel's noch einmal

Programm 11

Lernen und kreativ sein

Der Manager einer Computerfirma äußerte uns gegenüber: „Alles was ich vor fünf Jahren gelernt habe, ist entweder veraltet oder hat sich seitdem durch die vielen Neuerungen komplett verändert. Um in meinem Job an der Spitze zu *bleiben*, habe ich das Gefühl, dass ich täglich zur Schule gehen und zu Hause auch noch Hausaufgaben erledigen muss."

In der heutigen Zeit heißt es, ständig neu zu lernen. Das gilt für Sekretärinnen und Ingenieure, für Therapeuten und Minister, für Geschäftsleute und Politiker. Um voranzukommen, müssen wir kreativ sein und lernen. Glücklicherweise wissen wir heute, dass das Gehirn lebenslang lernt und kreativ ist, sofern wir es ständig gebrauchen und stimulieren. Die Breathwalk-Übungen bringen es in Bestform.

☞ 1. Aufwecken 7: Bessere Stimmung
2. Ausrichten: Überprüfen Sie Ihre Schrittgeschwindigkeit und Ihre Körperhaltung.
3. Atemmuster 10: Der strahlende Falke (unterteilte Atmung 8 : 4 / gehauchtes Flüstern)
   und
   Atemmuster 1: Der Adler (unterteilte Atmung 4 : 4)

Dynamische Intervalle

Erstes Intervall	Der strahlende Falke	3 Minuten
	Normale Atmung	3 Minuten
Zweites Intervall	Der strahlende Falke	5 Minuten
	Normale Atmung	2 Minuten
Drittes Intervall	Der Adler	5 Minuten
	Normale Atmung	3 Minuten

4. Balancieren: Verlangsamen Sie Ihre Schritte und verändern Sie dabei für 2 Minuten Ihren Fokus. Schließen Sie eine Dreifachdehnung an.
5. Innerwalk: Die Sinne ausdehnen

Programm 12

Harmonische Verbundenheit (Rapport)

Zwei Verliebte saßen auf einer Parkbank, als ein Mann vorbeikam, der Eiscreme und Luftballons verkaufte. Es war faszinierend zu beobachten, wie sie *gemeinsam* zwei Eissorten und mehrere Ballons – unter anderem einen in Vogelform aussuchten – ohne ein einziges Wort. Ein Nicken hier, ein Zwinkern dort, dann ein Schulterzucken, eine Berührung und ein Kuss. Das war Rapport. Manche Passanten lächelten beim Anblick des Paares und drückten wie zur Bestätigung die Hand ihrer Partner. Rapport ist unmittelbare Kommunikation, Vertrauen und gefühlsmäßige Bindung, und dafür sind Worte zu langsam.

Wenn wir mit anderen Menschen derart verbunden sind, erscheint uns die Welt sehr nahe und ein behaglicher Ort. Wir fühlen uns verstanden. Diesen Rapport unterbrechen wir jedoch durch inneren Widerspruch, Misstrauen und Ängste. Wenn wir in uns Rapport schaffen, können wir uns leicht öffnen und den Rapport auch auf andere Menschen ausdehnen. Rapport ist die Voraussetzung, damit wir uns wieder verbunden fühlen, und dieses Gefühl ist für unsere Heilung sehr wichtig.

☞

1. **Aufwecken 11: Loslassen**
2. **Ausrichten: Überprüfen Sie Ihre Schrittgeschwindigkeit und Ihre Körperhaltung.**
3. **a) Atemmuster 8: Der glückselige Adler (unterteilte Atmung 4 : 4 / gehauchtes Flüstern)**

Dynamische Intervalle

Erstes Intervall	Der glückselige Adler	5 Minuten
	Normale Atmung	5 Minuten
Zweites Intervall	Der glückselige Adler	5 Minuten

3. **b) Aufwecken 1: Vorbereitung auf das Gehen**
3. **c) Atemmuster 5: Der Tiger (vollständige Atmung 4 : 4)**

Dynamische Intervalle

Erstes Intervall	Der Tiger	3 Minuten
	Normale Atmung	5 Minuten
Zweites Intervall	Der Tiger	5 Minuten

4. Balancieren: Verlangsamen Sie Ihre Schritte und verändern Sie dabei für 2 Minuten Ihren Fokus. Schließen Sie eine Dreifachdehnung an.
5. Innerwalk: Die Sinne ausdehnen

(Anmerkung: Vielleicht wollen Sie diese abschließende Übung gemeinsam mit Ihrem Partner machen. Dann behalten Sie die Augen weit geöffnet, fassen sich an den Händen und sehen sich an. Dann erst schließen Sie die Augen und dehnen die Sinne aus.)

Programm 13

Kongruenz

Dieses Programm bietet Ihnen die Chance, emotionale und spirituelle Kontinuität zwischen diesem und dem nächsten Augenblick und zwischen all Ihren inneren Anteilen zu erfahren. Es ist ganz normal, wenn wir uns selbst in verschiedene Teile aufspalten, entsprechend verschiedenen Funktionen. Es ist jedoch nicht normal, dass diese miteinander im Konflikt sind und dass unser Verhalten widersprüchlich und unüberlegt wird. Breathwalk-Programm 13 sorgt durch die verschiedenen dynamischen Intervalle für eine Konsolidierung: Wenn unsere verschiedenen Teile wieder übereinstimmen, wenn wir wieder kongruent sind, fällt es uns leicht, ehrlich zu sein, und wir schaffen damit das Vertrauen, das Beziehungen zusammenhält.

☞ 1. Aufwecken 6: Elastische Wirbelsäule
2. Ausrichten: Überprüfen Sie Ihre Schrittgeschwindigkeit und Ihre Körperhaltung.
3. a) Atemmuster 7: Der Löwe (vollständige Atmung 4 : 4 : 4)

Dynamische Intervalle

Erstes Intervall	Der Löwe	3 Minuten
	Normale Atmung	3 Minuten
Zweites und drittes Intervall	Wiederholungen des ersten Intervalls	

3. b) Aufwecken 4: Entspannen und zentrieren
4. Balancieren: Verlangsamen Sie Ihre Schritte und verändern Sie dabei für 2 Minuten Ihren Fokus. Schließen Sie eine Dreifachdehnung an.
5. Innerwalk: Die Sinne sammeln

Programm 14

Integrität

Integrität setzt voraus, dass wir unseren Mut einsetzen und erkennen, was für uns wichtig ist. Integrität erwächst aus unserem Charakter und unseren Wertvorstellungen. Wenn wir anerkennen, was wirklich wichtig ist, können wir mit allen Vorstellungen, die in uns aufsteigen oder von außen an uns herangetragen werden, angemessen umgehen. Mithilfe unserer Integrität schmieden wir unsere Identität.

Wenn wir so denken und handeln, wie es unserer eigenen Identität entspricht, erkennen wir auch die Identität und die Werte anderer Menschen. Und es erschließen sich uns einige der einfachen Wahrheiten und Geheimnisse der Natur.

Programm 14 hilft Ihnen, besser auf Ihre Integrität zu achten, und es unterstützt Sie in Ihrem Bestreben, das zu tun, was wirklich wichtig ist.

1. Aufwecken: Reine Freude
2. Ausrichten: Überprüfen Sie Ihre Schrittgeschwindigkeit und Ihre Körperhaltung.
3. Atemmuster 9: Die intuitive Taube (unterteilte Atmung 8 : 8 / gehauchtes Flüstern)

Dynamische Intervalle

Erstes Intervall	Die intuitive Taube	3 Minuten
	Normale Atmung	3 Minuten
Zweites Intervall	Die intuitive Taube	5 Minuten
	Normale Atmung	3 Minuten
Drittes Intervall	Die intuitive Taube	5 Minuten
	Normale Atmung	3 Minuten

4. Balancieren: Verlangsamen Sie Ihre Schritte und verändern Sie dabei für 2 Minuten Ihren Fokus. Schließen Sie eine Dreifachdehnung an.
5. Innerwalk: Den Atem führen

Programm 15

Emotionale Präsenz

Dieses Programm öffnet Ihr Herz und lässt Sie eine unnötige Abwehrhaltung aufgeben. Es beruhigt Sie und trägt sogar zur Entgiftung Ihres Körpers bei, sodass Sie sich entspannen und präsent werden können.

Wir waren auf einer alljährlich stattfindenden Galaveranstaltung. Eine Frau stand am Fenster, wippte mit dem Fuß und griff mit ihren Händen immer wieder nervös an ein Geländer. Als ich sie fragte: „Wo sind Sie gerade?“, erschrak sie kurz und antwortete: „Ich war überall. Zuerst war ich auf der Party vom letzten Jahr, als mein Mann noch lebte. Dann bei dem Marathon, der in einigen Wochen stattfindet und an dem ich teilnehmen werde. Ich war vollständig in Gedanken.“ Wir lachten beide amüsiert. Und sie war wieder präsent und ging mit uns weg vom Fenster, um das Fest zu genießen.

Das ist das Geheimnis. Wir bleiben emotional abwesend, indem wir die Vergangenheit in die Gegenwart holen oder aus der Gegenwart in die Zukunft oder in unsere Fantasien flüchten. Deshalb ist es in vielen traditionellen spirituellen Lehren eine der wichtigsten Übungen, im Hier und Jetzt präsent zu sein.

Wenn wir in der Gegenwart präsent sind, bringen wir zum Ausdruck, wer wir sind, und wir fühlen uns auf befriedigende Weise mit unserem eigenen Leben verbunden. Die wichtigste Voraussetzung für unsere Präsenz ist Loslassen. Programm 15 hilft Geist und Körper zu entgiften und kranke Gedanken und Gefühle verschwinden zu lassen, sodass Sie sich mit Ihren Emotionen der Gegenwart öffnen können.

☞ 1. Aufwecken 12: Liebevolle Gefühle
2. Ausrichten: Überprüfen Sie Ihre Schrittgeschwindigkeit und Ihre Körperhaltung.
3. Atemmuster 4: Die Eule (unterteilte Atmung 4 : 8)

Dynamische Intervalle

Erstes Intervall	Die Eule	3 Minuten
	Normale Atmung	3 Minuten
Zweites Intervall	Die Eule	5 Minuten
	Normale Atmung	3 Minuten

4. Balancieren: Verlangsamen Sie Ihre Schritte und verändern Sie dabei für 2 Minuten Ihren Fokus. Schließen Sie eine Dreifachdehnung an.
5. Innerwalk: Das 360-Grad-Mentalkino

Programm 16

Spiritueller Reichtum

Wenn wir geistig und seelisch freier werden, stellt sich als Erstes das Gefühl ein, reich zu sein. *Ohne* eine Verbindung zu unserem Geist und unserer Seele geraten wir leicht in Nöte. Unser Geist füllt sich mit Ängsten und verbaut uns jegliche Chance.

Eines Tages ging ich mit einer wohlhabenden Yogaschülerin, die eigentlich über einwandfreie Umgangsformen verfügte, zum Essen in die Cafeteria. Ich hatte kein Geld bei mir und sie wusste das. Sie versuchte mir zu beweisen, dass ich *ohne ihr Geld* Probleme bekommen würde. Sie sagte: „Das Essen geht auf Sie“, und ich war einverstanden. Wir bedienten uns beide reichlich an der Theke, und als wir an die Kasse kamen, sagte der Kassierer, dass bereits alles bezahlt sei. Die Dame reagierte überrascht und der Kassierer erklärte: „Der Herr dort drüben sagte, er habe an Ihrem Unterricht teilgenommen und jetzt wolle er Sie und Ihre Gäste einladen.“ Ich lächelte und sagte zu der Dame: „Es tut mir leid, dass es Ihnen heute nicht vergönnt war, etwas zu geben. Heute hat offensichtlich der Mann dort drüben dieses Glück.“ Die Frau hatte verstanden, dass ihr nicht ganz lauteres Vorhaben vereitelt worden war.

Reichtum heißt hier, dass man Unterstützung oder positives Feedback aus unbekannter Quelle bekommt. Das geschieht dann, wenn Sie aus dem Herzen heraus und in ehrlicher Absicht handeln. Das ist der geistige Weg, auf dem Sie unbegrenzt Ressourcen finden. Und diese kommen in gleichem Maße von innen wie von außerhalb. Das Programm Nr. 16 führt Sie an diese innere Realität heran. Es setzt ein Atem- und Schrittmuster für Fortgeschrittene ein, beachten Sie deshalb bitte die Anleitung ganz genau. Bauen Sie nach den einfacheren Breathwalks schrittweise auf. Wenn Sie es nach und nach beherrschen, kann sich Ihr Leben ganz erstaunlich verändern.

☞ 1. Aufwecken 1: Vorbereitung auf das Gehen

2. Ausrichten: Überprüfen Sie Ihre Schrittgeschwindigkeit und Ihre Körperhaltung.

3. a) Atemmuster 11: Der fabelhafte Löwe (einminütige Atmung: 20 Sekunden einatmen – 20 Sekunden Atem halten – 20 Sekunden ausatmen)

Dynamische Intervalle

Erstes Intervall	Der fabelhafte Löwe	3 Minuten
	Normale Atmung	2 Minuten
Zweites Intervall	Der fabelhafte Löwe	5 Minuten
	Normale Atmung	3 Minuten
Drittes Intervall	Der fabelhafte Löwe	11 Minuten
	Normale Atmung	5 Minuten

3. b) Aufwecken 10: Präsent sein

4. Balancieren: Verlangsamen Sie Ihre Schritte und verändern Sie dabei für 2 Minuten Ihren Fokus. Schließen Sie eine Dreifachdehnung an.

5. Innerwalk: Wählen Sie selbst einen Innerwalk oder gehen Sie eine Weile langsam in meditativer Haltung und/oder beten Sie.

Kapitel 14

Die 12 Aufweckübungen

Aufwecken 1:

Vorbereitung auf das Gehen

1. Führen Sie für 1 bis 3 Minuten vorbereitende Atemübungen aus.
2. Stehen Sie aufrecht, die Füße hüftbreit auseinander. Strecken Sie beide Arme aus, die Handflächen einander zugewandt, und verschränken Sie die Finger ineinander. Führen Sie nun mit durchgestreckten Ellbogen eine auf- und abwärts führende Pumpbewegung durch, wobei die Arme die Horizontale in einem Winkel von 60° unter- bzw. überschreiten. Atmen Sie durch die Nase. Lassen Sie den Atem tief und gleichmäßig fließen. Synchronisieren Sie den Atem mit den Bewegungen der Arme; atmen Sie ein, während Sie die Arme nach oben bewegen, und atmen Sie während der Abwärtsbewegung aus. *Eine* Pumpbewegung pro Sekunde ist eine gute Geschwindigkeit. Fahren Sie 2 bis 3 Minuten lang fort. Atmen Sie zum Abschluss mit erhobenen Armen ein und halten Sie den Atem 5 bis 10 Sekunden lang an. Atmen Sie aus und lassen Sie die Arme herunter.
3. Stehen Sie wieder aufrecht, mit den Beinen so weit auseinander, dass sie stabil stehen. Heben Sie die Ellbogen auf die Höhe der Schultern und legen Sie die Hände auf die Schultern; die Daumen zeigen nach hinten, die Finger nach vorne. Drehen Sie den Kopf und den Oberkörper nach links und rechts. Der Atem und die Bewegung sind miteinander koordiniert: Atmen Sie beim Drehen nach links ein, nach rechts aus. Bewegen Sie den Oberkörper, die Arme und den Kopf zusammen, ohne mit den Ellbogen nach unten oder vorne zu „flattern". Fahren Sie mit einer stetigen, gleichmäßigen Geschwindigkeit für 1 bis 3 Minuten fort. Beenden Sie diese Übung, indem Sie tief einatmen, sich zentrieren und den Atem für 5 bis 10 Sekunden anhalten.

4. Bringen Sie Ihre Füße zusammen und beginnen Sie die Schultern rhythmisch auf und ab zu bewegen. Atmen Sie bei der Aufwärtsbewegung ein und atmen Sie aus, wenn Sie die Schultern sinken lassen. Bleiben Sie dabei entspannt. Achten Sie darauf, dass Sie die Schultern gerade auf und ab bewegen. Finden Sie einen Rhythmus von 5 bis 8 Bewegungen in 5 Sekunden und fahren Sie damit 1 bis 3 Minuten lang fort. Atmen Sie zum Abschluss ein, halten Sie für 5 Sekunden den Atem an und die Schultern oben. Entspannen Sie dann die Arme, schütteln Sie sie aus und öffnen und schließen Sie die Hände.

Aufwecken 2:

Ausgleich für Hüfte und Wirbelsäule

1. Stehen Sie aufrecht. Bringen Sie die Hände auf Schulterhöhe, die Ellbogen sind entspannt neben dem Körper. Die Fingerspitzen der Zeigefinger berühren die Spitzen der Daumen. Beginnen Sie, auf der Stelle zu gehen. Atmen Sie ein, bringen Sie dabei ein Knie auf Hüfthöhe und strecken Sie beide Arme gerade hoch zum Himmel. Atmen Sie bei der Abwärtsbewegung aus. Wiederholen Sie die Bewegung mit dem anderen Bein. Koordinieren Sie Atem, Arme und Beine in einem gleichmäßigen Schreiten, das sich sanft und ausgeglichen anfühlt. Ein kompletter Zyklus dauert nur etwa 2 Sekunden. Lächeln Sie innerlich und halten Sie die Augen auf den Horizont fixiert. Fahren Sie für 1 bis 3 Minuten damit fort. Zum Abschluss atmen Sie tief ein, strecken Sie die Arme nach oben und halten Sie den Atem für 5 Sekunden an. Entspannen Sie die Arme mit dem Ausatmen.
2. Stehen Sie aufrecht und stellen Sie Ihre Füße 75 bis 90 cm weit auseinander. Strecken Sie die Arme zu den Seiten aus, parallel zum Boden und mit den Handflächen nach unten. Atmen Sie tief ein. Beugen Sie sich nun beim Ausatmen vorwärts und drehen Sie den Oberkörper nach einer Seite, sodass Sie mit *einer* Hand die Zehen des gegenüberliegenden Fußes berühren. Kommen Sie dann mit dem Einatmen wieder in die ursprüngliche Haltung zurück. Atmen Sie aus und berühren Sie mit der *anderen* Hand die gegenüberliegenden Zehen. Führen Sie dabei eine gleichmäßige Bewegung aus. Beugen Sie sich aus der Hüfte heraus und werfen Sie Kopf und Arme nicht nach vorn. Lassen Sie Ihren Atem die Bewegung führen. Erreichen Sie eine Geschwindigkeit von etwa 3 bis 4 Zyklen in 10 Sekunden (das heißt: jeden Fuß ein Mal berühren). Fahren Sie damit 1 bis 3 Minuten fort. Kommen Sie zum Abschluss in die ursprüngliche Haltung zurück, atmen Sie ein und halten Sie den Atem 5 bis 10 Sekunden lang an, während Sie sanft Ihren Nabel einziehen. Atmen Sie nun aus und entspannen Sie die Arme.

Aufwecken 3:

Potenz und Hingabe

1. Führen Sie 1 bis 3 Minuten lang vorbereitende Atemübungen aus. Feueratem wird empfohlen. Hierbei können Sie sitzen oder auch stehen.

2. Stehen Sie aufrecht, die Beine 75 bis 90 cm auseinander. Strecken Sie die Arme zu den Seiten aus, parallel zum Boden und mit den Handflächen nach unten. Atmen Sie tief ein. Beugen Sie sich nun beim Ausatmen vorwärts und drehen Sie den Oberkörper nach einer Seite, sodass Sie mit *einer* Hand die Zehen des gegenüberliegenden Fußes berühren. Kommen Sie dann mit dem Einatmen wieder in die ursprüngliche Haltung zurück. Atmen Sie aus und berühren Sie mit der *anderen* Hand die gegenüberliegenden Zehen. Führen Sie dabei eine gleitende Bewegung aus. Beugen Sie sich aus der Hüfte heraus und werfen Sie Kopf und Arme nicht nach vorn. Lassen Sie Ihren Atem die Bewegung führen. Erreichen Sie eine Geschwindigkeit von etwa 3 bis 4 Zyklen in 10 Sekunden (das heißt: jeden Fuß ein Mal berühren). Fahren Sie damit 1 bis 3 Minuten fort. Kommen Sie zum Abschluss in die ursprüngliche Haltung, atmen Sie ein und halten Sie den Atem 5 bis 10 Sekunden lang an, während Sie sanft Ihren Nabel einziehen. Atmen Sie nun aus und entspannen Sie die Arme.

3. Heben Sie, immer noch stehend, die Arme über den Kopf zum Himmel. Spreizen Sie die Finger, die Handflächen zeigen nach oben. Springen Sie, so hoch Sie können, 10 bis 15 Mal in schneller Abfolge. Atmen Sie beim Hochspringen kurz ein und beim „Landen" kurz aus. Halten Sie die Arme beim Springen nach oben gestreckt! Gehen Sie sofort zur nächsten Übung über.

4. Die Froschposition: Gehen Sie in die Hocke, wobei Sie die Fersen zusammen und die Knie auseinander bringen. Strecken Sie Ihre Fingerspitzen zwischen Ihren Knien auf den Boden. Der Kopf bleibt oben (das heißt: er wird gerade gehalten), die Augen sind auf den Horizont gerichtet und die Fersen berühren den Boden nicht. Atmen Sie ein und strecken Sie die Beine, sodass der Po nach oben kommt und der Kopf sich zu den Knien hin bewegt. Halten Sie die Arme durchgedrückt und die Finger auf dem Boden. Gehen Sie beim Ausatmen in die Hocke

zurück, sodass der Kopf wieder nach oben kommt. Wiederholen Sie diese Bewegung 10 bis 15 Mal mit starkem Atem und gleichmäßiger Geschwindigkeit. (Fortgeschrittene können bis zu 108 Wiederholungen machen.) Wenn Sie damit fertig sind, atmen Sie ein, heben Sie den Po nach oben und kommen Sie beim Ausatmen in den Stand.

Anmerkung: Wenn Sie Knieprobleme haben und nicht in die Hocke gehen können, versuchen Sie folgende Alternative: Stehen Sie gerade, mit nach vorn ausgestreckten und parallel zum Boden gehaltenen Armen. Atmen Sie aus und gehen Sie nur zu einem Drittel oder zur Hälfte in die Hocke. Atmen Sie ein und kommen Sie wieder in den Stand. Wiederholen Sie diese Bewegung mit kräftigem Atem 10 bis 15 Mal.

5. Die Bogenschützenposition: Drehen Sie sich im Stand leicht zur Seite und stellen Sie die Beine 50 bis 70 cm auseinander. Beugen Sie das vordere Knie bis über die Zehen, wobei das andere Bein zurückgestreckt und der hintere Fuß um ungefähr 45° eingedreht wird. Bringen Sie den Arm auf der Seite des *vorderen* Beins nach vorne und machen Sie eine Faust, als wollten Sie einen Bogen ergreifen. Greifen Sie nun mit der anderen, *hinteren* Hand die imaginäre Bogensehne und ziehen Sie diese ganz nach hinten. Die Augen sind über die vordere Hand hinaus auf den Horizont gerichtet. Fixieren Sie den Blick, ohne zu zwinkern. Führen Sie für 1 bis 3 Minuten einen gleichmäßigen und kräftigen Feueratem aus. Atmen Sie dann ein, bringen Sie das vordere Knie noch ein Stück weiter nach vorne und halten Sie den Atem für 5 bis 10 Sekunden an. Atmen Sie aus, und kommen Sie aus dieser Position heraus in den normalen Stand. Wechseln Sie die Seiten und wiederholen Sie die Übung. Schütteln Sie anschließend Arme und Beine 10 bis 15 Sekunden lang aus.

Aufwecken 4:

Entspannen und zentrieren

1. Führen Sie für 1 bis 3 Minuten vorbereitende Atemübungen aus. Langer, tiefer Atem wird empfohlen. Richten Sie Ihre Aufmerksamkeit auf den Punkt zwischen den Augenbrauen, wenn Sie nach innen gehen, sich zentrieren und Dinge loslassen möchten. Richten Sie den Fokus auf die Nasenspitze, wenn Sie entspannen, sich sanft energetisieren und später aktiv werden möchten.
2. Die Sternhaltung: Stehen Sie aufrecht und grätschen Sie die Beine weit auseinander. Strecken Sie die Arme zu den Seiten aus, parallel zum Boden und mit den Handflächen nach oben. Die Augen können entweder auf die Nasenspitze oder (in geschlossenem Zustand) auf den Punkt zwischen den Augenbrauen gerichtet werden. Führen Sie einen langen, tiefen Atemzug aus. Atmen Sie tief ein – atmen Sie aus und denken Sie daran, den Nabel einzuziehen, um vollständig auszuatmen. Konzentrieren Sie sich mental auf das Gefühl, das Ihr Atem in der Mitte Ihrer Handflächen auslöst. Spüren Sie die Verbindung zwischen Ihrem Atem und dem gesamten Spektrum des Lebens. Fahren Sie 1 bis 3 Minuten lang damit fort, atmen Sie dann ein, machen Sie die „Wurzelschleuse" und halten Sie den Atem 5 bis 10 Sekunden lang an. Entspannen Sie dann die Arme und atmen Sie normal. (Die „Wurzelschleuse": Kontraktion von Muskeln im Unterleib – Übung aus dem Kundalini-Yoga)
3. Stehen Sie aufrecht und halten Sie dabei Ihre Füße geschlossen. Strecken Sie die Arme über den Kopf und legen Sie die Handflächen aneinander. Drücken Sie die Ellbogen durch und die Arme gegen die Ohren. Nehmen Sie eine ausgeglichene und stabile Haltung ein. Die Augen sind geschlossen und nach oben gerollt und richten sich auf den höchsten Punkt des Schädels und dort hindurch. Atmen Sie wieder lang und tief. Spüren Sie den Atemstrom. Visualisieren Sie beim Einatmen, wie sich Licht aus Ihrem Körper in das Universum erstreckt. Stellen Sie sich beim Ausatmen vor, wie sich das Universum als Resonanz auf das von Ihnen ausgehende helle Strahlen leicht zusammenzieht. Fahren Sie für 1 bis 3 Minuten damit fort. Atmen Sie zum Abschluss ein und halten Sie den Atem 5 bis 10 Sekunden lang an.

Atmen Sie vollständig aus, machen Sie die „Wurzelschleuse" (s.o.) und halten Sie den Atem nochmals für 5 bis 10 Sekunden an. Atmen Sie ein und entspannen Sie.

4. Stehen oder sitzen Sie, mit gerader Wirbelsäule. Legen Sie Ihre Handflächen vor Ihrer Brustmitte zusammen, wobei die Finger nach oben zeigen. Strecken Sie dann beim Einatmen die Arme zu den Seiten aus, parallel zum Boden. Halten Sie dabei die Hände in einem Winkel von 90° nach oben, als ob sie die Hände gegen zwei Wände drücken würden. Atmen Sie vollständig aus und bringen Sie Ihre Hände sanft zur Brustmitte zurück. Ein Zyklus dauert ungefähr 2 bis 3 Sekunden. Fahren Sie damit für 1 bis 3 Minuten fort. Atmen Sie am Ende mit ausgestreckten Armen ein, machen Sie die „Wurzelschleuse" und halten Sie den Atem 5 bis 10 Sekunden lang an. Atmen Sie aus und entspannen Sie.

5. Stehen oder sitzen Sie, mit gerader Wirbelsäule. Entspannen Sie die Schultern und heben Sie den Brustkorb leicht an. Überkreuzen Sie die Hände, die rechte über die linke, und legen Sie die Handflächen auf die Mitte des Brustkorbs. Atmen Sie lang und tief. Drehen Sie den Kopf beim Einatmen nach links, beim Ausatmen nach rechts. Machen Sie die Drehungen sanft und ohne Anstrengung, vor allem an den Extrempunkten der Drehung. Entspannen Sie vielmehr die Hals- und Schultermuskeln. Ein Zyklus dauert 2 bis 3 Sekunden. Fahren Sie damit für 1 bis 3 Minuten fort. Bringen Sie zum Abschluss den Kopf in die Mitte, atmen Sie ein und halten Sie den Atem für 5 bis 10 Sekunden an. Atmen Sie dann vollständig aus, atmen Sie ein, atmen Sie noch ein Mal vollständig aus und setzen Sie den Atem für 5 bis 10 Sekunden aus, während Sie die „Wurzelschleuse" machen. Entspannen Sie Ihren Atem und nehmen Sie sich einen Moment Zeit, um Ihre Wahrnehmung von Frieden und Zentriertsein zu spüren.

Aufwecken 5:

Neue Lunge

1. Führen Sie für 1 bis 3 Minuten vorbereitende Atemübungen aus.
2. a) Stehen Sie aufrecht. Halten Sie die Beine dabei zusammen. Das Gewicht ist zu gleichen Teilen auf beide Füße verteilt. Strecken Sie die Arme nach vorne aus, parallel zum Boden, mit nach unten zeigenden Handflächen. Berühren Sie mit den Fingerspitzen der Daumen die Spitzen der kleinen Finger, während die anderen Finger gerade und entspannt nach vorn zeigen. Drehen Sie nun mit den Armen große Kreise. Die Arme bewegen sich nach oben und hinter den Kopf, dann auf der Hinterseite nach unten, nach vorn und wieder aufwärts. Atmen Sie ein, wenn Sie die Arme nach oben und hinten bewegen, und atmen Sie aus, wenn Sie die Arme nach unten und wieder nach vorne führen. Beschreiben Sie mit den Armen große Kreise, entspannt, automatisch und kraftvoll, ohne dabei die Arme zu beugen. Fahren Sie damit 2 bis 3 Minuten lang fort. Atmen Sie dann ein, strecken Sie die Arme gerade nach oben und halten Sie den Atem für 5 bis 10 Sekunden an. Gehen Sie sofort zu Übung 2 b) über.

   b) Ballen Sie die Hände zu Fäusten und bringen Sie die Arme nach vorn, parallel zum Boden. Drehen Sie Kreise wie in Übung 2 a), wobei Sie die Drehrichtung wechseln. Bringen Sie die Arme nach vorn und unten, dann nach hinten und oben und wieder über den Kopf nach vorne. Halten Sie die Arme durchgedrückt und führen Sie die Bewegung kraftvoll aus. Fahren Sie damit 1 Minute lang fort. Atmen Sie zum Abschluss mit ausgestreckten Armen ein, ballen Sie die Fäuste kräftig und halten Sie den Atem für 5 bis 10 Sekunden an. Atmen Sie aus und entspannen Sie.
3. Stehen oder sitzen Sie, mit gerader Wirbelsäule. Bringen Sie die Hände auf Brusthöhe. Formen Sie mit den Händen ein Zeltdach, indem Sie die Fingerspitzen aneinander legen, die Finger leicht spreizen und die Handflächen auseinander halten. Fangen Sie an, vor Ihrem Brustkorb große Kreise mit einem Durchmesser von 30 bis 60 cm zu beschreiben. Atmen Sie tief ein und drehen Sie dabei die Hände nach oben und vorne; atmen Sie aus und bewegen Sie die Hände dabei

nach unten und innen. Die Schultern unterstützen die Bewegung der Hände, indem sie ebenfalls ruckfrei kleine Kreise beschreiben. Fahren Sie damit für 1 bis 3 Minuten fort. Bringen Sie die Hände zum Schluss vor das Herzzentrum, atmen Sie und drücken Sie die Fingerspitzen aneinander. Halten Sie den Atem 5 bis 10 Sekunden lang an, atmen Sie aus und entspannen Sie.

4. Stehen oder sitzen Sie, mit gerader Wirbelsäule. Legen Sie die Hände auf die Schultern, die Handflächen zeigen nach unten, die Ellbogen sind zu beiden Seiten auf Höhe der Schultern. Atmen Sie ein und strecken Sie die Arme mit den Handflächen nach oben zu den Seiten. Atmen Sie aus und bringen Sie die Hände zurück zu den Schultern. Atmen Sie dann ein und bringen Sie die Arme gerade nach oben, wobei die Handflächen einander zugewandt sind. Bringen Sie beim Ausatmen die Hände wieder zu den Schultern. Führen Sie die Bewegung in einem gleichmäßigen, schnellen Rhythmus aus und benutzen Sie einen kraftvollen Atem. Fahren Sie damit für 1 bis 3 Minuten fort. Atmen Sie zum Abschluss ein, strecken sie die Arme nach oben und halten Sie den Atem für 5 bis 10 Sekunden an. Atmen Sie aus und entspannen Sie.

5. Sitzen Sie mit gerader Wirbelsäule. Strecken Sie die Arme zu den Seiten aus, parallel zum Boden. Beugen Sie die Ellbogen um 90°, sodass die Unterarme gerade nach oben und die Handflächen nach vorn zeigen. Knicken Sie dann die Handgelenke ab, sodass die Finger nach hinten und die Handflächen nach oben zeigen. Behalten Sie diese Haltung während der gesamten Übung bei. Beginnen Sie den folgenden Atemzyklus:
   Einatmen – ausatmen – einatmen – ausatmen – tief einatmen. Machen Sie nun die „Wurzelschleuse" und halten Sie den Atem so lange an, wie es angenehm ist (etwa 15 bis 30 Sekunden). Atmen Sie dann aus – atmen Sie ein – atmen Sie vollständig aus, ziehen Sie den Nabel in Richtung Wirbelsäule, machen Sie wieder die „Wurzelschleuse", heben Sie das Zwerchfell an und halten Sie nun den Atem so lange, wie es Ihnen angenehm ist (15 bis 30 Sekunden). Fahren Sie mit diesem gesamten Zyklus 3 Minuten lang fort.

Aufwecken 6

Elastische Wirbelsäule

1. Führen Sie für 1 bis 3 Minuten vorbereitende Atemübungen aus. Wenn Sie an der Flexibilität der Wirbelsäule arbeiten, wird langer, tiefer Atem empfohlen.
2. Sitzen Sie im Schneidersitz, mit gerader Wirbelsäule. Umfassen Sie mit beiden Händen die Fußgelenke oder Schienbeine. Schließen Sie die Augen und konzentrieren Sie sich auf den Punkt zwischen den Augenbrauen. Heben Sie nun bei der Einatmung den Brustkorb an, beugen Sie die Wirbelsäule nach vorne durch und ziehen Sie die Schultern sanft zurück. Entspannen Sie bei der Ausatmung die Schultern, biegen Sie die Wirbelsäule nach hinten durch und lassen Sie das Becken natürlich nach hinten kippen. Fahren Sie mit dieser Vor- und Rückwärtsbewegung 1 bis 2 Minuten lang sanft und regelmäßig fort und halten Sie den Kopf dabei auf einer Höhe. Atmen Sie zum Abschluss ein, halten Sie die Wirbelsäule gerade und den Atem für 5 bis 10 Sekunden an. Atmen Sie aus und entspannen Sie.
3. Umfassen Sie, immer noch im Sitzen, beide Ellbogen mit den Händen und entspannen Sie die Arme auf dem Brustkorb. Drehen Sie ihren Oberkörper in einer schnellen Bewegung nach links und rechts. Atmen Sie aus, wenn Sie sich zu einer Seite drehen, und ein, wenn Sie sich zur Mitte hin bewegen. Wenn Sie die Übung korrekt ausführen, wird sich ein natürlicher Feueratem entwickeln. Fahren Sie damit 1 bis 2 Minuten fort, atmen Sie dann in der Mitte tief ein und halten Sie den Atem 5 bis 10 Sekunden an. Atmen Sie aus und entspannen Sie.
4. Stehen oder sitzen Sie, mit gerader Wirbelsäule. Heben Sie die Hände auf Schulterhöhe, mit nach vorn zeigenden Handflächen und den Ellbogen entspannt neben dem Körper. Berühren Sie mit den Spitzen beider Daumen die Fingerspitzen der Zeigefinger. Atmen Sie tief ein und bringen Sie dabei beide Arme gerade nach oben. Atmen Sie aus und kehren Sie in die Ausgangsposition zurück. Führen Sie diese Bewegung schnell aus (8 bis 15 Zyklen in 10 Sekunden) und machen Sie damit für 1 bis 2 Minuten weiter. Atmen Sie zum Abschluss ein, strecken Sie die Arme gerade nach oben und halten Sie den Atem für 5 Sekunden an. Atmen Sie aus und entspannen Sie.

5. Stehen Sie aufrecht und halten Sie dabei die Füße zusammen. Stemmen Sie die Hände in die Hüften, die Ellbogen sind zu den Seiten und nach hinten gestreckt. Drehen Sie den Oberkörper in großen Kreisen um die Körperachse. Synchronisieren Sie die Bewegung von Oberkörper und Taille. Führen Sie die Bewegung in einer entspannten Geschwindigkeit aus, sodass Sie vollständige Kreise machen können, ohne dass Ihnen schwindelig wird. Fahren Sie damit für 2 Minuten fort. Atmen Sie zum Abschluss ein, während Sie in die Mitte kommen, und entspannen Sie den Atem.
6. Sitzen Sie mit weit gegrätschten Beinen und umgreifen Sie die großen Zehen oder die am weitesten unten gelegenen Stellen an den Beinen, die Sie bequem erreichen können. Halten Sie die Zehen fest und beugen Sie sich beim Ausatmen aus der Hüfte heraus über ein Bein. Atmen Sie ein, kehren Sie zur Mitte zurück und beugen Sie sich dann beim Ausatmen über das andere Bein. Fahren Sie mit dieser abwechselnden Bewegung für 1 bis 2 Minuten fort. Atmen Sie zum Abschluss in der Mitte ein und halten Sie die genannten Stellen, während Sie die Wirbelsäule hoch strecken und das Kinn leicht nach innen ziehen. Halten Sie den Atem für 5 bis 10 Sekunden und konzentrieren Sie sich auf den Punkt zwischen den Augenbrauen. Atmen Sie aus und entspannen Sie. Stehen Sie dann auf und schütteln Sie Arme und Beine aus.

Aufwecken 7:

Bessere Stimmung

1. Führen Sie 1 bis 3 Minuten lang vorbereitende Atemübungen aus. Langer, tiefer Atem wird zum Ausgleich und als Vorbereitung auf die folgenden Übungen empfohlen.
2. Sitzen Sie mit gerader Wirbelsäule. Halten Sie mit dem Daumen der linken Hand das linke Nasenloch zu. Die Finger der linken Hand zeigen nach oben, die Handfläche nach rechts. Führen Sie 1 bis 3 Minuten lang einen kraftvollen Feueratem durch das rechte Nasenloch aus. Atmen Sie zum Abschluss ein, halten Sie den Atem und machen Sie die „Wurzelschleuse". Lassen Sie sich für 5 bis 15 Sekunden in Stille sinken. Atmen Sie aus und entspannen Sie.
3. Sitzen oder stehen Sie nun aufrecht. Schauen Sie auf den Horizont und ballen Sie beide Hände zu Fäusten. Führen Sie dann mit den geballten Fäusten Stoßbewegungen aus, wobei ein Arm nach vorn geht, während der andere nach hinten gezogen wird. Die Hände verdrehen sich bei dieser Bewegung nicht. Atmen Sie mit jeder nach vorn führenden Stoßbewegung aus und bewegen Sie die Hände mit hoher Geschwindigkeit, sodass der Atem wie Feueratem wird. Die Übung dauert 1 bis 3 Minuten. Atmen Sie zum Schluss ein, ziehen Sie die Ellbogen zurück, spannen Sie die Fäuste, machen Sie die „Wurzelschleuse" und halten Sie den Atem für 5 Sekunden an. Atmen Sie aus und entspannen Sie.
4. a) Sitzen oder stehen Sie aufrecht. Strecken Sie die Arme gerade nach vorne aus, parallel zum Boden. Die Handflächen zeigen nach unten. Beginnen Sie die Arme übereinander zu kreuzen, wobei jeder Arm abwechselnd oben und unten ist. Die Bewegung ist schnell und geht mit dem Feueratem synchron. Atmen Sie bei der Einwärtsbewegung der Arme aus. Atmen Sie ein, wenn die Arme in die parallele Position zurückkehren. Fahren Sie 1 bis 2 Minuten lang fort und gehen Sie direkt zu Übung 4 b) über.

   b) Fahren Sie mit der Überkreuzbewegung aus 4 a) fort, bringen Sie die Arme jetzt jedoch in einen Winkel von 60°, von der parallelen Position aus gesehen. Fahren Sie auch hier 1 bis 2 Minuten lang fort. Zum Abschluss atmen Sie tief ein, strecken Sie die Arme gerade und im Winkel von 60° aus, machen Sie die „Wurzelschleuse“ und halten Sie den Atem für 5 bis 10 Sekunden an. Atmen Sie aus und entspannen Sie.

5. Die Feuerkreise: Stehen Sie gerade und halten Sie die Beine zusammen. Strecken Sie die Arme zu den Seiten aus, parallel zum Boden, mit den Handflächen nach vorn. Spreizen Sie die Finger sehr weit, sodass die „Schwimmhäute“ zwischen den Fingern deutlich gestreckt sind. Führen Sie einen kraftvollen Feueratem aus und drehen Sie mit den Armen schnelle Kreise: Die Kreise sollen 30 bis 60 cm Durchmesser haben. Koordinieren Sie die Bewegung und den Atem und fahren Sie 1 Minute lang fort. Atmen Sie ein, schließen Sie die Fingerspitzen wie eine geschlossene Blume zusammen. Legen Sie die Fingerspitzen auf die Schultern, wobei die Ellbogen auf Höhe der Schultern bleiben. Halten Sie den Atem für 5 Sekunden an. Atmen Sie vollständig aus, machen Sie die „Wurzelschleuse“ und setzen Sie den Atem 5 bis 10 Sekunden lang aus.
   Atmen Sie tief ein, bringen Sie die Arme wieder in die ursprüngliche Haltung und wiederholen Sie die Übung noch ein oder zwei Mal.

Aufwecken 8:

Reine Freude

1. Führen Sie für 1 bis 3 Minuten vorbereitende Atemübungen aus.

2. Sitzen oder stehen Sie mit gerader Wirbelsäule und fixieren Sie die Augen auf die Nasenspitze. Halten Sie die Ellbogen neben und leicht vor dem Körper. Heben Sie die Unterarme hoch, wobei die Handflächen nach vorne und die Finger nach oben zeigen. Strecken Sie die Daumen zur Seite, von den Händen weg, sodass sie zueinander zeigen. Halten Sie die Daumen während der gesamten Übung in dieser Position. Drehen Sie nun in *einer* Bewegung die Hände einwärts, sodass die Handflächen zu den Schultern zeigen, und rollen Sie die Finger in die Handflächen ein. Dabei werden die Hände zu Fäusten und die Daumen zeigen nach außen. Drehen Sie die Hände sofort in die Ausgangsposition zurück und strecken Sie die Finger dabei wieder nach oben. Fahren Sie so in einem schnellen, gleichmäßigen Rhythmus fort.
   Führen Sie einen kraftvollen Kanonenatem durch den Mund aus und koordinieren Sie den Atem mit der Bewegung: Atmen Sie aus, wenn Sie die Hände zu Fäusten ballen, und atmen Sie ein, wenn Sie die Finger wieder ausstrecken. Fahren Sie so 3 Minuten lang fort. Atmen Sie dann mit nach vorne zeigenden Handflächen ein und halten Sie den Atem für 10 bis 30 Sekunden an. Atmen Sie aus und entspannen Sie 1 Minute lang.

3. Sitzen Sie aufrecht und heben Sie den Brustkorb leicht an. Halten Sie die Augen geöffnet und fixieren Sie einen Punkt am Horizont. Bringen Sie Ihre Arme nun abwechselnd in einer schnellen Bewegung nach vorn, als ob Sie jemanden wegdrücken wollten. Bringen Sie Hand nach vorn und ziehen Sie die *andere* gleichzeitig nach hinten neben den Körper. Die Handflächen zeigen nach vorn, die Finger sind entspannt. Führen Sie die Bewegung schnell aus und synchronisieren Sie sie mit einem kraftvollen Kanonenatem durch den Mund. Fahren Sie damit 3 Minuten lang fort. Atmen Sie zum Abschluss ein, drücken Sie eine Hand mit ausgestrecktem Arm nach vorne, die andere nach hinten, halten Sie den Atem an, und ziehen Sie alle Muskeln Ihres Körpers für 10 bis 30 Sekunden zusammen. Atmen Sie aus, wieder ein, und

wechseln Sie die Arme. Spannen Sie noch ein Mal alle Muskeln Ihres Körpers für 10 bis 30 Sekunden an. Atmen Sie aus und entspannen Sie 1 Minute lang.

4. Lassen Sie, immer noch im Sitzen, die Arme entspannt am Körper herunterhängen und strecken Sie dann die Unterarme zur Seite. Heben Sie die Ellbogen leicht vom Körper weg und halten Sie die Unterarme so, dass die Hände sich etwa auf der Höhe des Nabelpunktes befinden. Die Handflächen zeigen nach vorne und die Finger sind offen und entspannt. Bewegen Sie nun Hände und Unterarme in schnellen Kreisen, als ob Sie rückwärtspaddeln wollten. Führen Sie die Bewegung 1 bis 3 Minuten lang mit einem kraftvollen Kanonenatem durch den Mund aus. Atmen Sie zum Abschluss ein und halten Sie den Atem für 10 bis 30 Sekunden an. Atmen Sie aus und entspannen Sie.

Aufwecken 9:

Intuitiv richtig

1. Führen Sie für 1 bis 3 Minuten vorbereitende Atemübungen aus.
2. Sitzen Sie aufrecht oder stehen Sie gerade, mit den Füßen so weit auseinander, dass Sie fest stehen können. Diese Übung wird rhythmisch in acht Abschnitten ausgeführt. Einige dieser Schritte erfordern eine veränderte Haltung, andere beinhalten einen vollständigen Bewegungsablauf und führen in die Ausgangsposition zurück. In jedem Fall zählt ein Abschnitt als ein „Taktschlag". Gehen Sie jeden einzelnen Schritt präzise, gleichmäßig und ruhig.
   Ausgangshaltung: Halten Sie beide Arme (gebeugt) ein paar Zentimeter vor Ihrem Brustkorb, wobei die Handflächen einander zugewandt sind, mit einem Abstand von etwa 15 cm. Die Fingerspitzen zeigen nach oben, die Handgelenke werden in einem Winkel von 90° gehalten. Die Finger sollten gerade sein, nicht entspannt. Nehmen Sie die Ellbogen leicht hoch, als ob Sie die Hände gegeneinander drücken wollten.
   a) Strecken Sie den rechten Arm sanft zur Seite aus, parallel zum Boden, mit der Handfläche nach vorne und mit geradem Handgelenk. Kommen Sie zügig zur Ausgangsposition zurück.
   b) Führen Sie die gleiche Bewegung mit dem linken Arm aus und kommen Sie zügig zur Ausgangshaltung zurück.
   c) Strecken Sie beide Arme gerade nach oben, die Handflächen sind einander zugewandt, die Finger zeigen nach oben.
   d) Kehren Sie in die Ausgangsposition zurück.
   e) Wiederholen Sie Schritt A.
   f) Wiederholen Sie Schritt B.
   g) Strecken Sie nun beide Arme zu den Seiten aus, halten Sie dabei die Ellbogen durchgedrückt und die Handflächen nach vorne.
   h) Kommen Sie in die Ausgangshaltung zurück und wiederholen Sie die gesamte Schrittfolge.
   Atmen Sie zum Schluss ein und halten Sie die Hände in der Ausgangsposition für 10 bis 15 Sekunden fixiert. Atmen Sie aus und

atmen Sie tief ein, wobei Sie die Hände nach oben strecken und den Atem für 10 Sekunden anhalten. Atmen Sie aus und entspannen Sie. Anfänger sollten diese Schrittfolge 3 Minuten lang praktizieren, Geübte können 5 Minuten machen und Fortgeschrittene können die Zeit allmählich auf bis zu 11 Minuten ausdehnen.

3. Stehen Sie aufrecht und halten Sie dabei die Füße zusammen. Stemmen Sie die Hände in die Hüften, die Ellbogen sind zu den Seiten und nach hinten gestreckt. Drehen Sie den Oberkörper in großen Kreisen um die Körperachse. Synchronisieren Sie die Bewegung von Oberkörper und Taille. Führen Sie die Bewegung in einer entspannten Geschwindigkeit aus, sodass Sie vollständige Kreise machen können, ohne dass Ihnen schwindelig wird. Fahren Sie damit 2 Minuten lang fort. Atmen Sie ein, kommen Sie zur Mitte und entspannen Sie.

4. Bleiben Sie mit den Händen in den Hüften stehen. Heben Sie sich nun auf die Fußballen und bringen Sie abwechselnd einen Fuß nach vorne und oben, so als ob Sie kleine (!) Tritte („Kicks") ausführen wollten. Führen Sie in einer schnellen Bewegung zwei Tritte pro Sekunde aus. Fahren Sie 2 Minuten lang damit fort, wenn Sie „Anfänger" sind, und 3 Minuten lang, wenn Sie schon Übung haben.
   Um die Wirkung auf Ihre Intuition zu vergrößern und diese Kraft in Ihre Kommunikation integrieren zu können, fügen Sie der Bewegung die folgenden Urklänge (in einem Achterrhythmus) hinzu:
   HAM-DHAM-HAR-HAR-HAR-HAR-HAM-DHAM . . .
   Die Sequenz dieser Töne spielt mit Ihren Nerven wie auf einem Instrument. Ihre Lippen, das Zwerchfell und der Nabelpunkt werden stimuliert und die Nerven erwachen und tanzen.

Aufwecken 10:

Präsent sein

1. Stehen Sie aufrecht. Strecken Sie die Arme zu den Seiten aus und nach oben, sodass sie mit dem Horizont einen Winkel von 60° bilden. Die Handgelenke sind gerade, die Handflächen zeigen nach oben, die Finger sind ausgestreckt. Ziehen Sie das Kinn leicht ein, sodass der Nacken gerade ist. Führen Sie für 1 bis 3 Minuten einen regelmäßigen, kraftvollen Feueratem aus. Atmen Sie zum Abschluss ein und halten Sie den Atem für 10 Sekunden an. Atmen Sie aus und entspannen Sie die Arme.
2. Halten Sie, immer noch stehend, die Arme neben dem Körper parallel zum Boden. Beugen Sie die Ellbogen so nach oben, dass die Unterarme einen Winkel von 90° zu den Oberarmen bilden. Dabei zeigen die Finger nach oben und die Handflächen nach vorne. Die Spitzen der Daumen und Zeigefinger jeder Hand berühren sich. Halten Sie die Arme in dieser Position und drehen Sie den Oberkörper nach links und rechts. Oberkörper und Arme bewegen sich als eine Einheit. Synchronisieren Sie Ihren Atem mit dieser Bewegung – atmen Sie ein, wenn Sie sich nach links drehen, und aus, wenn Sie sich nach rechts drehen. Fahren Sie für 2 Minuten so fort. Atmen Sie zum Abschluss in der mittleren Position tief ein, halten Sie den Atem für 10 Sekunden an, atmen Sie aus und entspannen Sie die Arme.
3. Wiederholen Sie die folgenden Schritte in einem fließenden, gleichmäßigen Rhythmus. Ein kompletter Zyklus dauert etwa 4 Sekunden. Machen Sie die gesamte Abfolge 3 Minuten lang. Anfangsposition: Stehen Sie aufrecht und legen Sie Ihre Handflächen mit nach oben zeigenden Fingern vor dem Brustkorb zusammen.
   a) Atmen Sie tief ein und strecken Sie die Arme parallel zum Boden zu den Seiten aus. Die Handflächen zeigen nach oben.
   b) Atmen Sie aus, strecken Sie die Arme über den Kopf, bis sich die Handflächen berühren. Die Finger zeigen zum Himmel und die Ellbogen sind durchgedrückt.
   c) Atmen Sie ein und strecken Sie die Arme wieder zu den Seiten aus, parallel zum Boden, mit nach oben zeigenden Handflächen.
   d) Atmen Sie aus und kehren Sie zur Ausgangsposition zurück.

4. Stehen oder sitzen Sie aufrecht. Ertasten Sie Ihren Puls, indem Sie die Fingerspitzen der rechten Hand etwa 5 cm vom linken Daumen entfernt unter das linke Handgelenk legen. Drücken Sie gerade so fest, dass Sie Ihren eigenen Puls wahrnehmen können. Schließen Sie die Augen und konzentrieren Sie sich auf den Puls. Ihr Atem wird dabei sehr langsam und meditativ. Dehnen Sie die Wahrnehmung des Pulses aus, bis Sie ihn in Ihren Fingern, Händen, dem Oberkörper und schließlich im ganzen Körper spüren. Fokussieren Sie sich vollständig auf den gegenwärtigen Moment und den Pulsrhythmus. Lassen Sie den Atem langsamer werden, während Sie Ihren Pulsschlag im ganzen Körper spüren. Fahren Sie 3 bis 5 Minuten lang damit fort.
   Öffnen Sie nun die Augen und schauen Sie sich um, aber lassen Sie den Atem nicht schneller werden. Lassen Sie alle Empfindungen zu. Hören, sehen und spüren Sie alles. Tun Sie dies 2 Minuten lang und entspannen Sie.

Aufwecken 11:

Loslassen

1. Führen Sie für 1 bis 3 Minuten vorbereitende Atemübungen aus.
2. Stehen Sie aufrecht, die Füße hüftbreit auseinander. Strecken Sie beide Arme nach vorn aus, die Handflächen einander zugewandt, und verschränken Sie die Finger beider Hände ineinander. Führen Sie nun mit durchgestreckten Ellbogen eine auf- und abwärts führende Pumpbewegung aus, wobei die Arme die Horizontale bis zu einem Winkel von 60° unter- bzw. überschreiten. Atmen Sie durch die Nase. Atmen Sie tief und fließend. Synchronisieren Sie den Atem mit den Bewegungen der Arme: Atmen Sie ein, während Sie die Arme nach oben bewegen, und atmen Sie während der Abwärtsbewegung aus. *Eine* Pumpbewegung pro Sekunde ist eine gute Geschwindigkeit. Fahren Sie für 2 bis 3 Minuten so fort. Atmen Sie zum Abschluss mit erhobenen Armen ein und halten Sie den Atem für 5 bis 10 Sekunden. Atmen Sie aus und lassen Sie die Arme sinken.
3. Strecken Sie, weiterhin im Stehen, die Arme auf der Höhe des Herzzentrums nach vorne aus. Die Ellbogen sind durchgedrückt. Die Handflächen zeigen nach unten, wobei die rechte Handfläche auf dem Rücken der linken liegt. Die Finger sind leicht ineinander verschränkt, jedoch nicht gebogen, sondern gerade. Schwingen Sie Oberkörper und Arme mit einer Drehbewegung abwechselnd nach links und rechts. Atem und Bewegung sind synchronisiert: Atmen Sie bei der Linksbewegung ein, bei der Rechtsbewegung aus. Finden Sie eine gleichmäßige Geschwindigkeit und fahren Sie für 2 bis 3 Minuten so fort. Kommen Sie zum Schluss zur Mitte, atmen Sie ein und lassen Sie die Arme dabei ausgestreckt. Halten Sie den Atem für 10 Sekunden an. Atmen Sie dann aus und entspannen Sie.
4. Legen Sie Ihre Handflächen mit ineinander verschränkten Fingern auf den Nabelpunkt. Fokussieren Sie die Augen auf einen Punkt auf der gedachten „Verlängerung" der Nasenspitze. Führen Sie so den Kanonenatem aus. Atmen Sie gleichmäßig und kraftvoll durch den gerundeten Mund, sodass Ein- und Ausatmung genau gleich und fließend sind, ohne Brüche. Der Rhythmus ist ähnlich wie beim Feueratem. Der

Atemstrom kommt aus dem Mund, nicht von Ihren Lippen. Fahren Sie 1 Minute so fort. Atmen Sie dann ein und entspannen Sie.

5. Sitzen Sie im Schneidersitz, mit gerader Wirbelsäule. Beginnen Sie mit den Händen eine Kreisbewegung: Zuerst liegen die Hände auf den Knien, die Handflächen zeigen nach oben. Bringen Sie die Hände dann nach innen zur Körpermitte und nach oben. Bewegen Sie die Hände in einem Kreis nach außen, wenn die Hände über dem Kopf sind, wobei sich die Handflächen nun gegenüberliegen. Fahren Sie mit der Kreisbewegung nach unten fort, bis die Hände wieder über die Knie gelangen. Die Aufwärtsbewegung der Hände wird schnell und kraftvoll ausgeführt und von einer fast automatischen Einatmung begleitet. Lassen Sie den Atem ausströmen, wenn die Arme herunterkommen. Fahren Sie damit für 3 bis 5 Minuten fort. Atmen Sie zum Abschluss tief ein, bringen Sie die Arme über den Kopf und strecken Sie die Wirbelsäule. Atmen Sie aus und entspannen Sie.

6. Legen Sie, immer noch im Schneidersitz, die Hände mit den Handflächen nach innen auf das Herzzentrum, die rechte Hand über der linken. Schauen Sie auf die Nasenspitze und wiederholen Sie die in Schritt 4 beschriebene Atemübung. Atmen Sie dann ein, schließen Sie den Mund und rollen Sie die Augen nach oben. Lassen Sie zu, dass der Atem Sie mit einem Gefühl der Lebendigkeit und des Seins verbindet. Werden Sie so grenzenlos wie das Meer. Lassen Sie alles los, nehmen Sie alles wahr, spüren Sie alles und vergeben Sie alles.

Aufwecken 12:

Liebevolle Gefühle

1. Führen Sie für 1 bis 3 Minuten vorbereitende Atemübungen aus.
2. Stehen oder sitzen Sie mit gerader Wirbelsäule und schauen Sie auf den Horizont. Ballen Sie beide Hände zu Fäusten. Strecken Sie die Fäuste abwechselnd mit einer Stoßbewegung nach vorn, während die jeweils andere sich nach hinten bewegt. Fahren Sie 1 bis 3 Minuten lang so fort. Atmen Sie zum Abschluss ein und halten Sie den Atem für 5 Sekunden an. Ziehen Sie gleichzeitig die Ellbogen nach hinten, ballen Sie die Fäuste noch fester und machen Sie die „Wurzelschleuse". Atmen Sie aus, und entspannen Sie.
3. Stehen Sie aufrecht, strecken Sie die Arme zu den Seiten aus und beginnen Sie mit beiden Armen gleichzeitig große Kreise zu beschreiben. Atmen Sie ein, während Sie die Arme nach vorne und oben bewegen; atmen Sie aus, wenn Sie die Arme nach hinten und unten bewegen. Fahren Sie so für 2 Minuten fort. Atmen Sie zum Abschluss ein und strecken Sie beide Arme gerade nach oben. Atmen Sie aus und entspannen Sie.
4. Setzen Sie sich nun gerade hin und verschränken Sie die Finger ineinander, wobei die Spitzen der Daumen einander berühren. Halten Sie die Hände mit nach unten zeigenden Handflächen etwa 10 cm vor dem Brustkorb und heben Sie die Ellbogen auf die gleiche Höhe. Atmen Sie ein und heben Sie Hände und Ellbogen nun auf die Höhe des Kehlkopfes. Atmen Sie aus und führen Sie die gleiche Bewegung nach unten bis auf die Höhe des Nabelpunktes aus. Halten Sie dabei Hände und Ellbogen auf gleicher Höhe. Fahren Sie so mit einer gleichmäßigen Pumpbewegung und kraftvollem Atem für 3 Minuten fort. Atmen Sie zum Abschluss ein, halten Sie die Hände auf Herzhöhe und setzen Sie mit dem Atmen für 10 Sekunden aus. Atmen Sie aus und entspannen Sie.
5. Der nächste Abschnitt kann im Stehen oder Sitzen ausgeführt werden. Heben Sie die Hände etwa auf Schulterhöhe, die Ellbogen sind neben dem Körper, die Handflächen zeigen nach vorn. Schließen Sie die Augen halb und fixieren Sie Ihren Blick sanft nach unten. Fangen Sie nun an langsam ein- und auszuatmen. Beide Atemzüge sollten gleich

lang sein. Wiederholen Sie im Geiste die Urklänge SA-TA-NA-MA, sowohl beim Ein- als auch beim Ausatmen. Nutzen Sie dabei die „Fingermagie" (vgl. Kapitel 7, Seite 132) und berühren Sie mit dem Daumen die Fingerspitze jedes anderen Fingers, angefangen beim Zeigefinger. (Sie drücken also bei SA den Zeigefinger, bei TA den Mittelfinger usw.; beginnen Sie beim nächsten SA wieder von vorne.) Machen Sie so für 3 bis 5 Minuten weiter.

6. Auch dieser Abschnitt kann sitzend oder stehend ausgeführt werden. Halten Sie mit dem rechten Zeigefinger sanft das rechte Nasenloch zu und atmen Sie langsam durch das linke Nasenloch ein. Atmen Sie dann durch die gerundeten Lippen aus. Ein- und Ausatmung dauern jeweils etwa 10 Sekunden. Führen Sie dieses Atemmuster 3 Minuten lang aus. Entspannen Sie dann und folgen Sie für 2 Minuten dem natürlichen Atemfluss.

Kapitel 15

Die 11 Atem- und Schrittmuster

Atemmuster 1: Der Adler

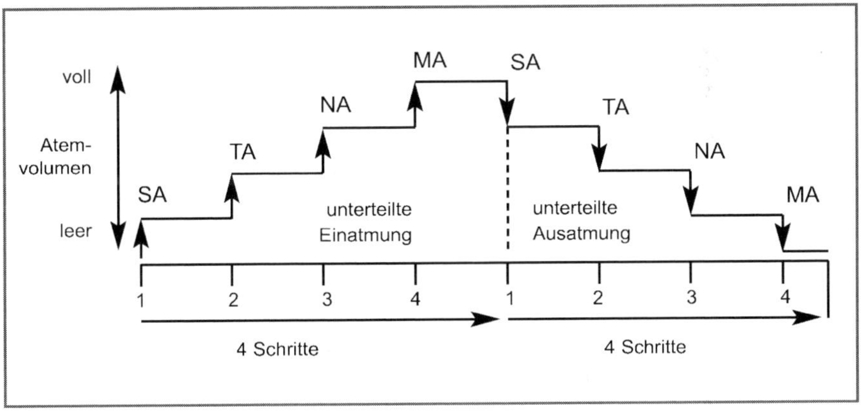

Für den „Adler“ werden ein natürlicher Gehrhythmus und ein angenehmes Atemmuster benutzt. Koordinieren Sie Schritte und Atem einfach so, dass Sie in vier Etappen oder Abschnitten ein- und dann in vier Etappen ausatmen. Sobald Sie den Rhythmus verinnerlicht haben, nehmen Sie die Urklänge SA-TA-NA-MA hinzu. Rezitieren Sie beim Einatmen und beim Ausatmen innerlich SA-TA-NA-MA. Jede Silbe korrespondiert sowohl mit einer Atemetappe als auch mit einem Schritt. Benutzen Sie auch die „Fingermagie“, um Ihre Wahrnehmung von Ausgeglichenheit und gleichmütiger Stimmung zu schärfen.

Atemmuster 2: Die Taube

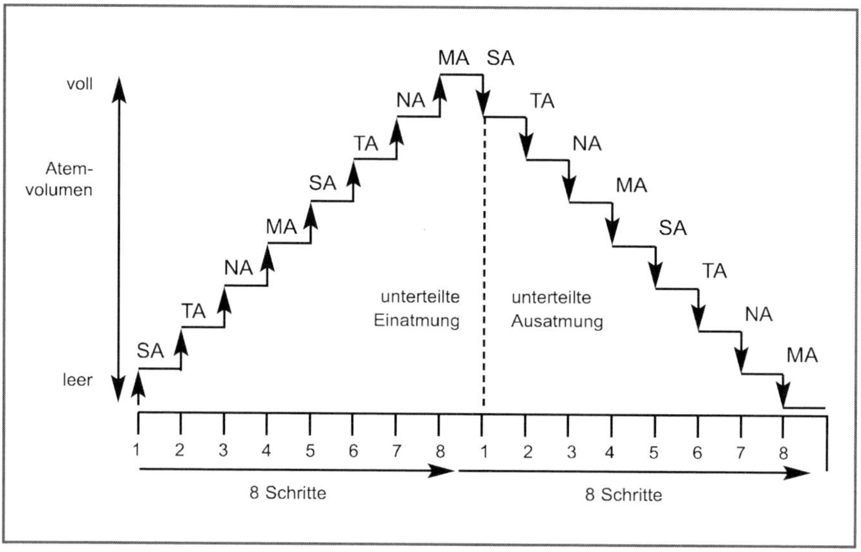

Um die „Taube“ auszuführen, synchronisieren Sie Ihre Schritte mit dem Atem. Atmen Sie hierbei jeweils durch die Nase in 8 Etappen (Abschnitten) ein und in 8 Etappen aus. Die Taube wird in einer leicht geringeren Schrittgeschwindigkeit ausgeführt als der Adler. Legen Sie den Fokus auf Tiefe und Vollständigkeit des Atems. Wiederholen Sie beim Ein- und Ausatmen in Stille die Urklänge SA-TA-NA-MA ... SA-TA-NA-MA ... Jede Silbe korrespondiert dabei mit einem Schritt und einer Etappe des Atmens. Benutzen Sie die „Fingermagie“, um die heilende Wirkung und das Gefühl des Zentriertseins zu vertiefen.

Atemmuster 3: Der Falke

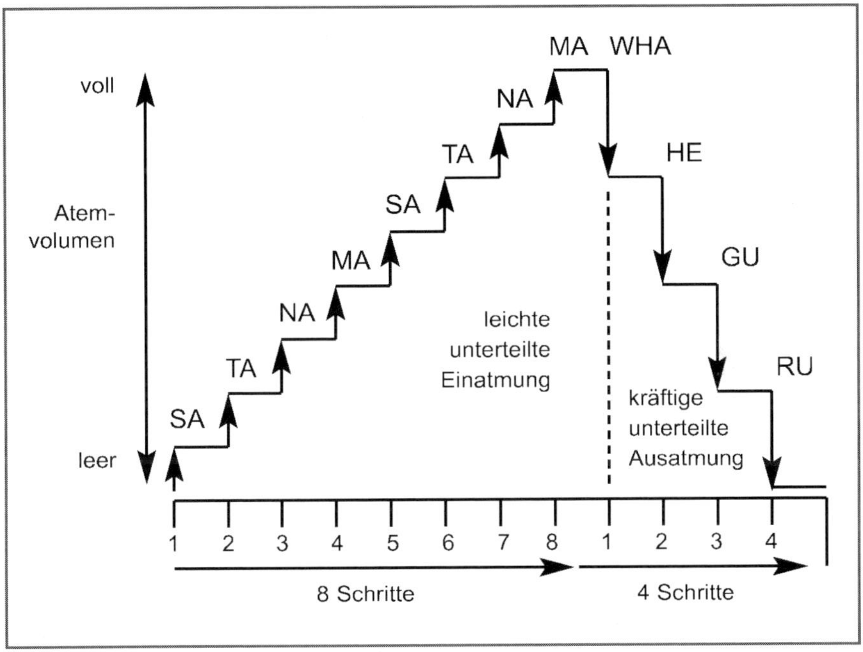

Der „Falke“ verwendet einen geteilten Atem mit dem Verhältnis von 8 : 4. Synchronisieren Sie Ihre Schritte mit Ihrem Atem und atmen Sie in 8 Etappen ein und in 4 Etappen aus. Atmen Sie durch die Nase. Die Einatmung sollte leicht und gleichmäßig sein. Die Ausatmung sollte kräftiger sein und vollständiges Ausatmen in vier Etappen ermöglichen. Der Atem wird kräftig und automatisch werden. Unterstützen Sie den Atem mit den Urklängen. Rezitieren Sie im Geiste SA-TA-NA-MA ... SA-TA-NA-MA ... beim Einatmen und WHA-HE-GU-RU ... beim Ausatmen. Jede Silbe korrespondiert sowohl mit einem Atemabschnitt als auch mit einem Schritt.

Atemmuster 4: Die Eule

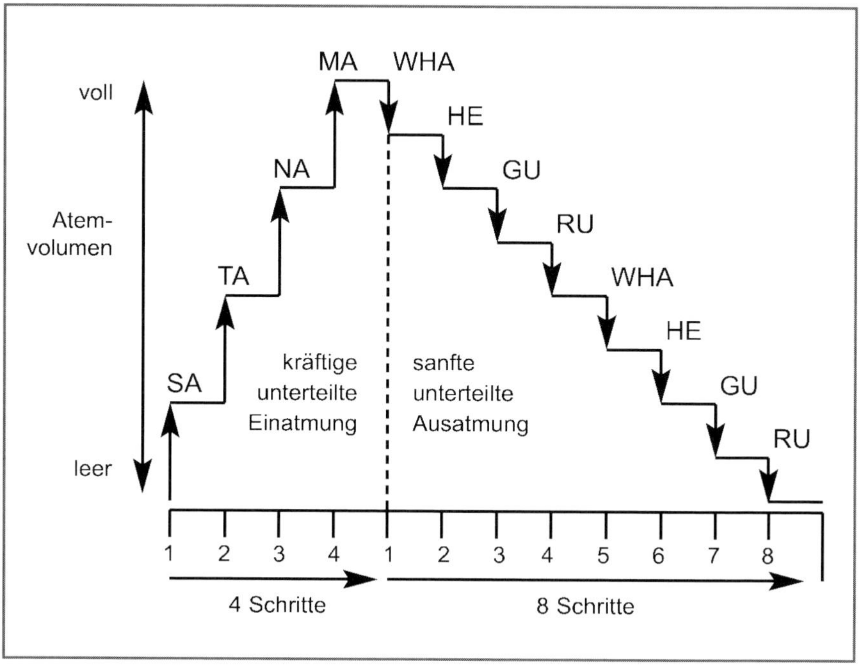

Bei der „Eule“ wird ein Atemquotient von 4 : 8 benutzt. Synchronisieren Sie Schritte und Atem, sodass Sie in vier gleichen Etappen ein- und in acht (wiederum gleichen) Abschnitten ausatmen. Atmen Sie durch die Nase. Um mit diesem Rhythmus zu fließen, betonen Sie die Einatmung und achten Sie bei der Ausatmung auf die natürliche Tendenz, zu schnell auszuatmen. Sobald Sie den Atem reguliert haben, fügen Sie einen der Urklänge hinzu. Rezitieren Sie beim Einatmen in Stille SA-TA-NA-MA ... und beim Ausatmen WHA-HE-GU-RU ... Jede Silbe korrespondiert mit einem Schritt und einem Atemabschnitt.

Atemmuster 5: Der Tiger

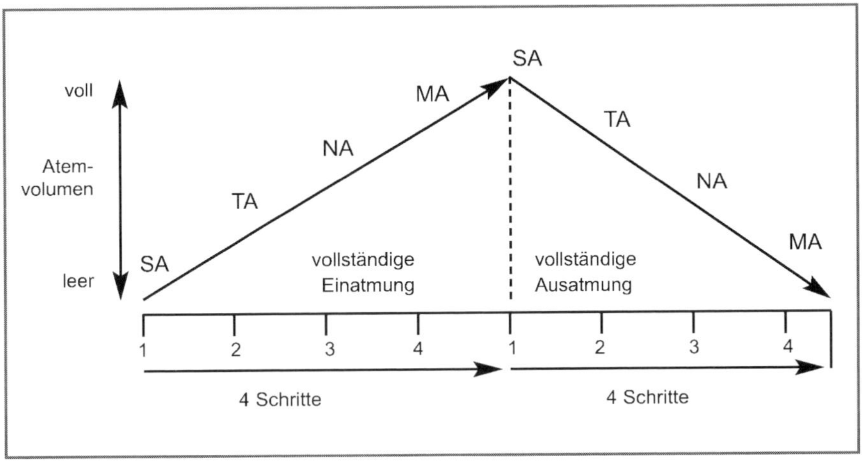

Der Tiger wird mit einem vollständigen, tiefen Atem im Verhältnis 4 : 4 oder 8 : 8 ausgeführt. Gehen Sie vier Schritte und atmen Sie dabei langsam und gleichmäßig ein. Atmen Sie während der nächsten vier Schritte auf die gleiche Art aus. Es ist wichtig, sowohl die Ausatmung als auch die Einatmung korrekt und vollständig auszuführen. Entspannen Sie bei der vollständigen Einatmung die Schultern und heben Sie gleichzeitig den Brustkorb leicht an, ohne dabei den Magen anzuspannen. Ziehen Sie bei der vollständigen Ausatmung Bauch und Nabel in Richtung Wirbelsäule. Es ist wichtig, dass Sie sich dabei wohl fühlen. Sie sollten sich nicht kurzatmig fühlen, sondern offen und gut mit Atemluft versorgt. Gleichen Sie die Schrittlänge und die Atemtiefe dem von Ihnen gewünschten Maß an Anstrengung an.

Sie können die Wirkung dieses Atem- und Schrittmusters erhöhen, indem Sie zu einem Atemquotienten von 8 : 8 übergehen. Wenn dies Schwierigkeiten bereiten sollte, lassen Sie sich Zeit dafür und kommen Sie zu einem Atemquotienten von 8 : 8, indem Sie zunächst auf 5 : 5, 6 : 6 und dann 7 : 7 erhöhen. Wichtig ist, dass Sie zu gleichen Teilen ein- und ausatmen. Wenn Sie sich an das Atemverhältnis von 8 : 8 gewöhnt haben, erhöhen Sie die Schrittgeschwindigkeit und/oder das Schrittmaß leicht über Ihr gewohntes Niveau, um den Trainingseffekt zu erhöhen.

Benutzen Sie wahlweise folgende Urklänge:

- Option 1: Wiederholen Sie bei Ein- wie Ausatmung im Geiste SA-TA-NA-MA ... Diese Urklänge geben Ihnen Ausgeglichenheit und fokussierte Aufmerksamkeit.
- Option 2: Atmen Sie ein, und rezitieren Sie im Geiste SA-TA-NA-MA ... Atmen Sie aus und rezitieren Sie innerlich WHA-HE-GU-RU ... Diese Urklänge geben Ihnen ein Gefühl von Entspannung und Unerschütterlichkeit.

In beiden Fällen korrespondiert *je eine* Silbe mit *einem* Schritt. Stellen Sie sich bei einem Atemquotienten von 8 : 8 die Urklänge einfach zwei Mal vor.

Atemmuster 6: Der Gepard

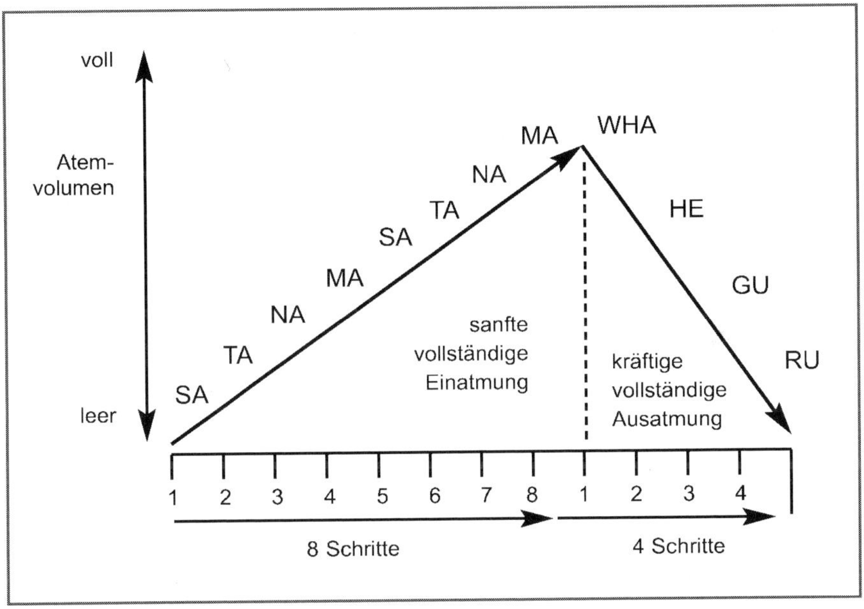

Der „Gepard“ wird mit einem vollständigen, tiefen Atemzyklus im Verhältnis von 8 : 4 ausgeführt. Atmen Sie vollständig ein, während Sie gleichzeitig 8 Schritte gehen, und atmen Sie vollständig aus, während Sie 4 Schritte gehen. Denken Sie daran, dass das vollständige, tiefe Atmen mit dem Entspannen des Bauches beginnt. Atmen Sie sanft ein, ohne nach Luft zu schnappen, und behalten Sie diesen Atemfluss während des gesamten Einatmens und über die 8 Schritte hinweg bei. Das Ausatmen dauert halb so lange wie das Einatmen. Ziehen Sie bewusst den Nabel ein, um vollständig auszuatmen. Wenn Sie das Atemmuster einmal verinnerlicht haben, können Sie die Urklänge hinzufügen. Rezitieren Sie im Geiste SA-TA-NA-MA ... beim Einatmen und WHA-HE-GU-RU ... beim Ausatmen. Gehen Sie bei jeder Silbe einen Schritt.

Beachten Sie:

- Beginnen Sie beim Üben eines Atemmusters mit einem ungleichen Atemquotienten mit kurzen Zeitintervallen. Üben Sie den Gepard 3 bis 5 Minuten, gefolgt von 2 Minuten normalem Atem.
- Erhöhen Sie die Intervalle schrittweise auf die angegebenen Zeiten.

Atemmuster 7: Der Löwe

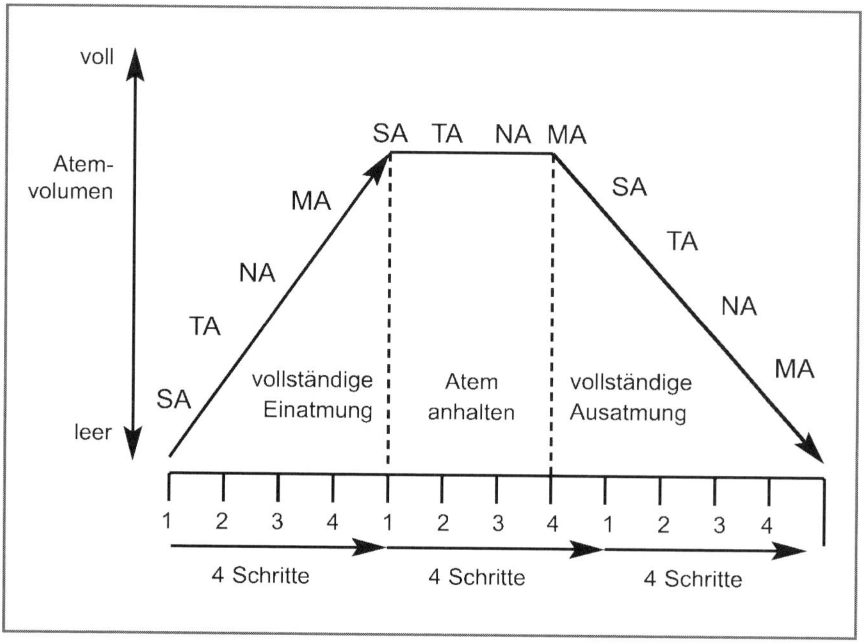

Der „Löwe" unterteilt den Atem in drei Phasen: Einatmen, Halten und Ausatmen. Atmen Sie also, während Sie 4 Schritte gehen, gleichmäßig durch die Nase ein, halten Sie den Atem für 4 Schritte und gehen Sie auch beim Ausatmen 4 Schritte. Wenn Ihnen dieses Muster 4 : 4 : 4 vertraut ist, können Sie es zu einem Muster 8 : 8 : 8 ausdehnen. Benutzen Sie beim ersten Muster die Urklänge SA-TA-NA-MA ... in allen drei Phasen. Jede Silbe korrespondiert mit einem Schritt. Für das Muster 8 : 8 : 8 können Sie beim *Einatmen* SA-TA-NA-MA ... im Geiste wiederholen. Beim *Halten* des Atems wiederholen Sie SA-TA-NA-MA-WHA-HE-GU-RU ... und beim Ausatmen nur WHA-HE-GU-RU ... Auch hier korrespondiert jede Silbe mit einem Schritt.

Atemmuster 8: Der glückselige Adler

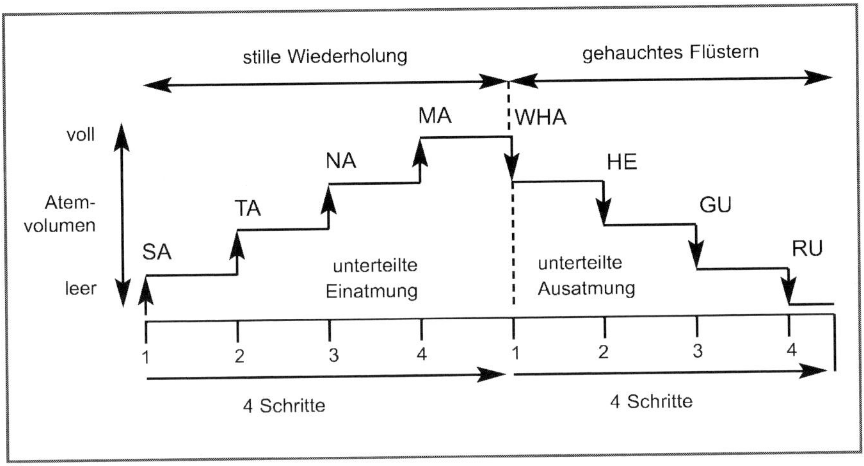

Dieses Atem- und Schrittmuster verwendet einen in zwei Mal vier Abschnitte unterteilten Atem. Atmen Sie in vier Etappen durch die Nase ein und in ebenfalls vier Etappen durch den Mund aus. Wenn Sie die Urklänge verwenden, rezitieren Sie während des Einatmens SA-TA-NA-MA ... und flüstern Sie beim Ausatmen kraftvoll hauchend WHA-HE-GU-RU ... Jede Silbe korrespondiert mit einem Atemabschnitt und einem Schritt. Die Wirkung dieses Atemmusters baut sich schnell auf, wenn Sie die Ausatmung und das dazu gehörende kraftvolle, gehauchte Flüstern betonen. Verwenden Sie auch die „Fingermagie", um die Wirkung dieses Musters weiter zu erhöhen.

Atemmuster 9: Die intuitive Taube

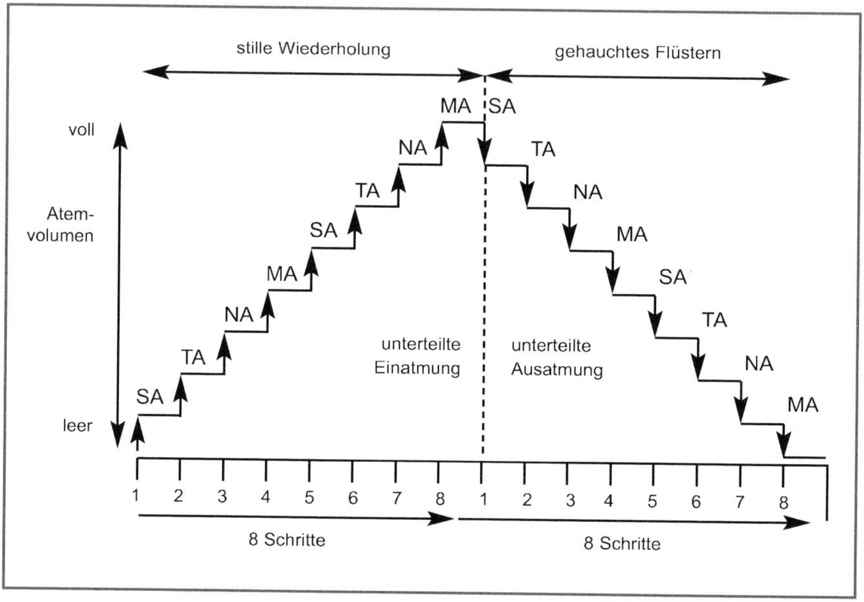

Führen Sie „intuitive Taube" aus, indem Sie Ihre Schritte mit dem Atem synchronisieren. Atmen Sie in acht gleichen Etappen durch Nase ein und dann ebenso in acht gleichen Etappen durch den Mund aus, während Sie die Urklänge flüstern. Benutzen Sie sowohl beim Einatmen als auch beim Ausatmen SA-TA-NA-MA ... Dabei korrespondiert jede Silbe mit einem Schritt und einem Atemabschnitt. Wiederholen Sie die Urklänge beim *Einatmen* in Stille. Flüstern Sie sie beim *Ausatmen* hörbar. Das Flüstern wird in der Mitte des Mundes und mit den Lippen generiert, während der Kehlkopf entspannt bleibt. Das Flüstern dient nicht dazu, leise zu sein, sondern dazu, die Energiereflexpunkte im Mund zu stimulieren. Hören Sie auf das, was Sie flüstern. Legen Sie bewusste Intention in die Worte und stellen Sie sich vor, dass Sie mit sich kommunizieren. Bewusstes Sprechen und der Gebrauch der Intention haben einen anderen Einfluss als halbherziges oder schläfriges Wiederholen.

Atemmuster 10: Der strahlende Falke

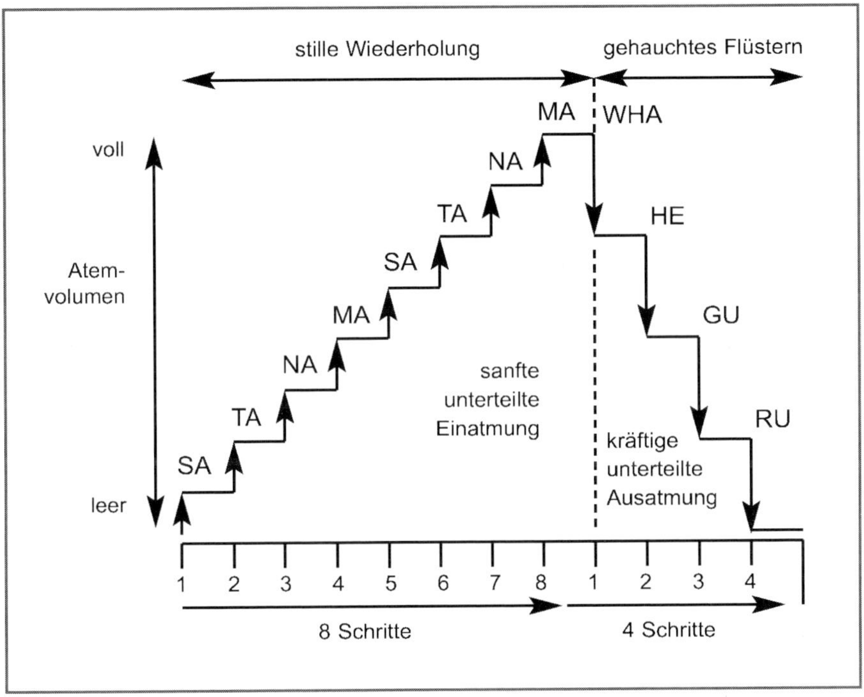

Der „strahlende Falke" wird mit einem Atemzyklus im Verhältnis 8 : 4 ausgeführt. Der Atem ist geteilt und bei der Ausatmung wird das Flüstern benutzt. Atmen Sie in acht Etappen durch die Nase ein und atmen Sie durch den Mund, die Urklänge flüsternd, in vier Etappen aus. Der geteilte Atem sollte beim Einatmen leicht sein. Um *vollständiges* Ausatmen zu gewährleisten, wird dieses kraftvoller ausgeführt. Wenn Sie das Muster erst einmal verinnerlicht haben, wird der Atem automatisch und wird Sie mit Schwung und Kraft durch die Intervalle tragen. Rezitieren Sie beim Einatmen die Urklänge SA-TA-NA-MA ... Flüstern Sie beim Ausatmen WHA-HE-GU-RU ... Sowohl beim Einatmen als auch beim Ausatmen korrespondiert je *eine* Silbe mit einem Schritt und einer Atemetappe.

Atemmuster 11: Der fabelhafte Löwe

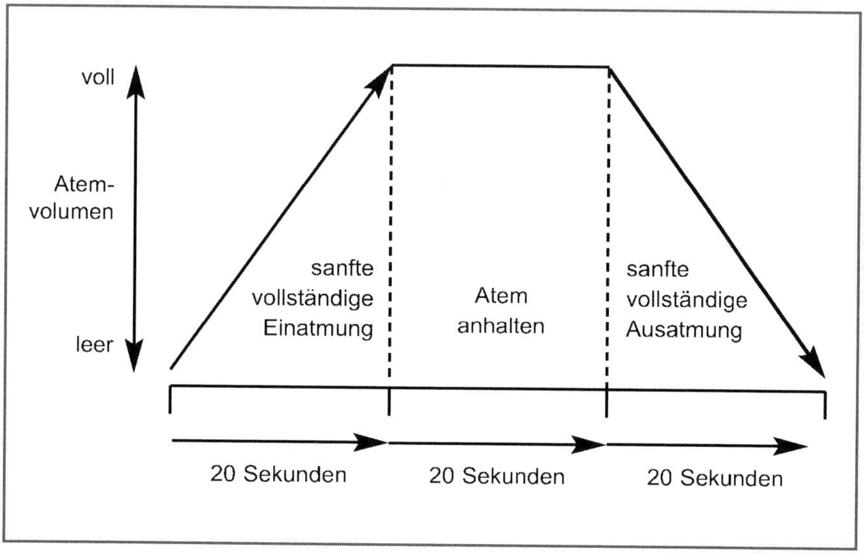

Der „fabelhafte Löwe" misst im Gegensatz zu den anderen Atem- und Schrittmustern, bei denen das Atemverhältnis in Form von Atemetappen oder Schritten angegeben wird, in Zeit (1 Minute): Atmen Sie während des Gehens langsam 20 Sekunden lang ein, halten Sie Ihren Atem für 20 Sekunden an und atmen Sie dann 20 Sekunden lang aus. Atmen Sie vollständig und tief ein und denken Sie daran, die Ausatmung dadurch zu vervollständigen, dass Sie den Nabel in Richtung Wirbelsäule ziehen. Bauen Sie dieses Atemmuster schrittweise auf. So können Sie beispielsweise mit Intervallen von 5 Sekunden beginnen, sodass ein Zyklus nur 15 Sekunden dauert. Erhöhen Sie dann die Zeiten und achten Sie dabei darauf, dass Sie das Verhältnis von Einatmen, Halten und Ausatmen gleich halten.

Benutzen Sie folgende Klänge oder Geräusche:

- Option 1: Richten Sie Ihre Aufmerksamkeit auf den sanften Klang des Atems, Ihrer Füße und der Natur.

- Option 2: Rezitieren Sie bei dem Einatmen im Geiste SA-TA-NA-MA ... Meditieren Sie auf WHA-HE-GU-RU ..., während Sie den Atem anhalten. Wiederholen Sie während des Ausatmens SA-TA-NA-MA ... Die Anzahl der Wiederholungen hängt von Ihrem Schritt und der Geschwindigkeit ab. Eine ideale Kombination ist eine Geschwindigkeit, bei der Sie die Urklänge jeweils acht Mal rezitieren.

Anhang

Danksagungen

Breathwalk® zu entwickeln, zu lehren, zu testen, zu erforschen und zu beschreiben war eine lange und lohnende Reise. Während dieser Reise haben viele Menschen unsere Bemühungen gefördert, unterstützt und kritisch beleuchtet. Wir möchten allen, die dazu beigetragen haben, diese wunderbare Methode für Körper und Geist in anwendbare Programme umzusetzen und in Buchform zu bringen, aufrichtig danken.

Wir danken denen, die die ersten Schritte mit uns gegangen sind, um das Potenzial des Geistes, die Lebenskraft des Körpers und die Dimensionen des Bewusstseins, zu erleben, die uns Breathwalk® eröffnet. Unser Dank geht an:

- Dharm Singh Graham für die redaktionelle Bearbeitung des Buches, für seine gestalterischen Beiträge und dafür, dass er uns als „Forschungsobjekt“ zur Verfügung stand;
- Jim Brault, der mit uns in der Karibik unterrichtet hat;
- Mark Canaan, der Hunderte Kilometer mit Breathwalk® zurückgelegt und dessen Potenzial erfahren hat;
- Jagat Joti Singh Khalsa, der unermüdlich jedem von diesem Programm erzählt hat;
- Hari Kaur Frank, der viele Kilometer mit uns gegangen ist und unterrichtet hat;
- Dr. John Mack für seine Weisheit und Freundlichkeit;
- Dr. Ed Resnick, dem außerordentlichen Experten für Heilung und professionelle Sporttherapie;
- Dr. Candace Royer, Abteilungsleiterin für Sport am MIT, die uns ermutigt und geholfen hat, dieses Programm in den letzten zehn Jahren Tausenden von Studenten und Lehrkräften am MIT näher zu bringen;
- Thomas Moore und Hari Kirn, die uns daran erinnert haben, dass Arglosigkeit und Zuhören die Seele des Gehens sind.

Wir sind dankbar für Zeit, Ressourcen und Ideen, die uns zur Verfügung gestellt wurden und die es ermöglichten, die Auswirkungen des Breathwalks® und seiner Komponenten, der Atmung und der Meditation, zu erforschen. Außerdem danken wir Dr. Herbert Benson vom *Mind/Body Medical Institute*, der mit seiner Großzügigkeit und Klugheit wesentlich zu unseren experimentellen Tests beigetragen hat. Unser besonderer Dank geht an Dr. Ary L. Goldberger vom *Lab for nonlinear Medicine* am *Beth Israel Medical Center* für seine Erkenntnisse und Gespräche über Wohlbefinden und die Muster, die unsere Gesundheit und Bewusstheit steuern. Wir danken auch den vielen anderen, die an unseren Experimenten mitgearbeitet haben: Dr. Greg Fricchione, Forschungsleiter für Psychiatrie am *Brigham and Women's Hospital*; Sara Lazar vom *Mind/Body Medical Institute*; Dr. George Bush von der *Harvard Medical School*, Dr. Jeffrey Hausdorff, David Kailton, Dr. Amrit Singh Khalsa vom MIT; und der *Nuclear Medicine Group* des *University of Arizona Medical Center.*

Forschung ist ohne die Großzügigkeit und die Vision von Unterstützern gar nicht möglich. Unser Dank geht an: Hari Katie Houlahan, Gessner Geyer von *Brainergy, Inc.* und an Nancy Adams und ihren Mann Dick.

Wir möchten Tony Robbins und seiner Partnerin Becky Robbins danken, die uns ermutigt und uns die Gelegenheit geboten haben, über die *Life Mastery University* Tausenden von Menschen den Breathwalk® vorzustellen. Ihre beharrliche Vision und ihr Bestreben, andere Menschen zu erreichen und ihr Leben zu verbessern, deckte sich mit unserem Wunsch, einer Vielzahl von Menschen in vielen Ländern die Erfahrung des Breathwalks® zukommen zu lassen.

Zur Fertigstellung dieses Buches haben viele Menschen mit ihren Händen und mit ihrem Herzen beigetragen. Von Anfang an war Yogi Bhajan die Quelle der Inspiration. (Er verstarb im Jahre 2004.) Dieses Buch ist wie ein erfrischender Schluck aus einem Brunnen der Weisheit, den er uns reicht. Suzanne Oaks und ihre Assistentin Lisa Olney von *Broadway Books* haben wunderbar mit uns zusammengearbeitet und das Buch kompetent redigiert. Unser Agent, Joel Fishman von *Bedford Bookworks*, erkannte unser Potenzial hat alles in seiner Macht Stehende getan, um dieses Werk zu verwirklichen. Wir danken auch Peter Caldwell und Jim Reichert von *Business Bookworks*, die uns gezeigt haben, wie man handelsübliche, gut verkäufliche Bücher herstellt, und die uns mit Rat und Tat beigestanden sind.

Und schließlich wäre dieses Buch ohne die Intelligenz, Mitarbeit, Organisation und Hingabe von Gurucharan Kaur Khalsa, CEO von *Khalsa Consultants*, wohl nie vollendet worden.

Wenn wir irgendjemanden vergessen haben, dann ist das versehentlich geschehen. Es waren viele Menschen, die dabei mitgewirkt haben, den Breathwalk® publik zu machen. Unser Dank geht an jeden einzelnen von ihnen.

Dr. Yogi Bhajan

Dr. Gurucharan Singh Khalsa

Über die Autoren

Yogi Bhajan war ein indischer Yogi, der in Kommunikationspsychologie promoviert hatte. Er ging 1969 in die USA, machte Yoga und Ayurveda im Westen bekannt und galt weltweit bald als renommierter Kundalini-Yoga-Meister. Er gründete die *3HO Foundation*, war drei Jahrzehnte lang ihr spiritueller Lehrer, gewann Anerkennung als religiöser Führer und pflegte den Dialog zwischen den Religionen. Er war Autor von rund 30 Publikationen und kreierte neben anderem auch Naturprodukte wie den Yogi-Tee®. Yogi Bhajan verstarb im Jahre 2004.

Dr. Gurucharan Singh Khalsa ist gebürtiger Amerikaner und arbeitet als Dozent, Psychotherapeut, Forscher und Autor. Er gilt heute weltweit als *der* Experte des Kundalini-Yoga, wie Yogi Bhajan es lehrte. Er war auch als Unternehmensberater und Coach tätig und lehrte am *Massachusetts Institute of Technology*. Er hat 25 Jahre klinische Erfahrung als Psychotherapeut, schwerpunktmäßig in Bezug auf Stressmanagement, Coaching, auf Höchstleistungen, Kreativität und Meditation. Inzwischen ist er Ausbildungsleiter am *Kundalini Research Institute* in Espanola (New Mexico).

Kontaktadresse des Autors Dr. G. S. Khalsa:

Breathwalk LLC
37 Walnut Circle
Espanola, New Mexico 87532
USA
www.breathwalk.com

Kontaktadresse für den deutschsprachigen Raum:

Breathwalk® Deutschland
Hanka Sat Want Kaur
Telefon: 040 / 430 97 919
Mobiltelefon: 0173 / 61 04 336
E-Mail: post@worldofyoga.de
www.breathwalk.de

Eric N. Franklin:

Fit bis in die Körperzellen!

Jung und vital mit der Franklin-Methode

Leseprobe: www.vakverlag.de

Zu viel Stress und zu wenig Bewegung? Keine Zeit für Sport und trotzdem fit? Dann machen Sie doch eine Frischzellenkur! Mit den Übungen und mentalen Bildern von Eric Franklin bringen Sie frischen Wind in Ihre Körperzellen und geben Ihrem Körper seine Leichtigkeit zurück. Das macht nicht nur Spaß, sondern aktiviert die Zellen und der Körper strahlt neue Kraft und Selbstsicherheit aus. Mit der Kraft der Vorstellung fördern Sie

- die Regeneration und Entschlackung der Zellen,
- die Fitness von Herz und Kreislauf u.v.a.m.

Gegen dieses Buch sehen teure Pillen und Cremes alt aus!

160 Seiten, 60 Abbildungen, Paperback (16 x 22,5 cm)
ISBN 978-3-935767-32-3

Thom Hartmann:

Nimm dein Problem und geh los!

Walking your blues away

Leseprobe unter: www.vakverlag.de

Wir alle kennen das: Da bedrückt uns ein Problem, eine heikle Aufgabe wartet auf Erledigung oder ein schmerzliches Erlebnis dämpft unsere Stimmung – wir gehen ins Freie, verschaffen uns Bewegung – und schon bald stellt sich Erleichterung ein! Thom Hartmann hat das näher untersucht und herausgefunden: Bewusstes Gehen und gleichzeitige Einstimmung auf unser Thema aktivieren beide Gehirnhälften, lösen emotionale Belastungen und schlechte Stimmung auf und bringen neue Motivation und Kreativität … So genial wie die Methode selbst ist ihr englischer Name: *Walking your blues away!*

152 Seiten, Hardcover (11,5 x 22,5 cm)
ISBN 978-3-935767-91-0

Doc Childre, Deborah Rozman:

Stressfrei mit Herzintelligenz®

Gelassen und voller Energie in 5 Schritten

Leseprobe: www.vakverlag.de

„Generation Stress" – so könnte man unsere Zeit charakterisieren. Frust, Ärger und Sorgen versuchen wir zu bewältigen, indem wir gegen Stress ankämpfen oder davor fliehen. Diese automatischen Reaktionen sind in das Gehirn eingebrannt, schaden auf Dauer aber der Gesundheit. Die Alternative: Stresstransformation mit Herzintelligenz®! Im Kern dieser Fünf-Schritte-Methode steht die Konzentration auf das Herz. Mit erstaunlichen Wirkungen: Das vegetative Nervensystem bleibt in der optimalen Reaktionszone für fokussierte Klarheit, optimale Gesundheit und hohe Leistungsfähigkeit. So verwandelt sich Stress in positive Emotionen und Energie.

192 Seiten, 15 Abbildungen, Paperback (15 x 21,5 cm)
ISBN 978-3-935767-83-5

Abonnieren Sie unseren Newsletter unter: www.vakverlag.de

David Corby:

Natürlich glücklich

Neuropressur® für mehr Lebensfreude

Leseprobe: www.vakverlag.de

Glück hat nichts mit Zufällen zu tun. Das Talent zum Glücklichsein ist jedem Menschen angeboren. Das sieht man, wenn Kinder spielen: Sie strahlen eine große innere Freude aus. Im Lauf des Lebens geht diese ursprüngliche Freude jedoch meist verloren. David Corby zeigt, wie man sie mit der Neuropressur® mühelos wieder entdeckt: Das Halten bestimmter Akupressurpunkte setzt Energie frei, die von Stress oder Sorge blockiert war.
Wer die Methode anwendet, öffnet sich dem Leben auf neue Weise und entdeckt die kindlich unverstellte Freude wieder: einfach nur zu sein.

160 Seiten, 15 Abbildungen, Paperback (17 x 21,5 cm)
ISBN 978-3-935767-86-6

Susanne Marx:

Neun Wege zur Freiheit

Persönliche Entwicklung mit Enneagramm und EFT

Leseprobe: www.vakverlag.de

Das Enneagramm ist eine sehr alte, in sich geschlossene Typenlehre, die neun grundsätzliche Charakterqualitäten beschreibt, ordnet und zueinander in Beziehung setzt. Dieses jahrtausendealte spirituelle System dient vor allem der eigenen Bewusstwerdung und persönlichen Entwicklung.
Doch der Weg von der Selbsterkenntnis zur Selbstveränderung kann lang und schmerzhaft sein. Hier setzt diese neuartige Synthese an: Mithilfe von EFT, der sanften Klopfakupressur-Technik, können Sie einschränkende Denk- und Reaktionsmuster, wie das Enneagramm sie bewusst macht, schnell und wirksam auflösen.

184 Seiten, 35 Abbildungen, Paperback (17 x 21,5 cm)
ISBN: 978-3-935767-87-3

Dale Schustermann:

Zeichensprache der Seele

Mit Mudras die Heilkräfte aktivieren

Leseprobe: www.vakverlag.de

Bestimmte Handstellungen (Mudras) senden Signale an das Nervensystem und erzeugen positive Wirkungen in Körper, Geist und Seele: Beheben von Haltungsfehlern, Auflösen von Traumata, mehr geistige Klarheit. Das ist lange bekannt – dieser Autor geht jedoch über die vorhandenen Mudra-Bücher hinaus: Er kombiniert Mudras mit Symbolen aus der Kabbala, er arbeitet mit Mudra-Sequenzen und setzt tiefer an: bei den Wurzeln der Probleme. Eine einzigartige Methode, mit der jeder ohne Vorkenntnisse Körper, Geist und Seele ins Gleichgewicht bringen kann.

212 Seiten, 90 Abbildungen, 150 Fotos, Paperback (17,5 x 24,5 cm)
ISBN 978-3-935767-73-6

Leseproben für alle Titel finden Sie unter: www.vakverlag.de